U0564093

権威 · 前沿 · 原创

皮书系列为
"十二五""十三五""十四五"时期国家重点出版物出版专项规划项目

BLUE BOOK

智 库 成 果 出 版 与 传 播 平 台

自由贸易试验区蓝皮书
BLUE BOOK OF PILOT FREE TRADE ZONES

中国自由贸易试验区发展报告
（2023~2024）

ANNUAL REPORT ON CHINA'S PILOT FREE TRADE ZONES
(2023-2024)

组织编写／中山大学自贸区综合研究院
主　　编／李善民
执行主编／符正平
副 主 编／李胜兰　史欣向　董淳锷

社会科学文献出版社
SOCIAL SCIENCES ACADEMIC PRESS (CHINA)

图书在版编目 (CIP) 数据

中国自由贸易试验区发展报告. 2023~2024 / 李善
民主编 . -- 北京：社会科学文献出版社，2024. 11.
（自由贸易试验区蓝皮书）. -- ISBN 978-7-5228-4383-4

Ⅰ. F752

中国国家版本馆 CIP 数据核字第 2024VQ5865 号

自由贸易试验区蓝皮书

中国自由贸易试验区发展报告（2023~2024）

主　　编 / 李善民
执行主编 / 符正平
副 主 编 / 李胜兰　史欣向　董淳锷

出 版 人 / 冀祥德
责任编辑 / 张炜丽　路　红
责任印制 / 王京美

出　　版 / 社会科学文献出版社·皮书分社（010）59367127
　　　　　地址：北京市北三环中路甲 29 号院华龙大厦　邮编：100029
　　　　　网址：www. ssap. com. cn
发　　行 / 社会科学文献出版社（010）59367028
印　　装 / 天津千鹤文化传播有限公司

规　　格 / 开 本：787mm×1092mm　1/16
　　　　　印 张：16　字 数：236 千字
版　　次 / 2024 年 11 月第 1 版　2024 年 11 月第 1 次印刷
书　　号 / ISBN 978-7-5228-4383-4
定　　价 / 138. 00 元

读者服务电话：4008918866

自由贸易试验区蓝皮书
编 委 会

主要编撰者简介

李善民 中山大学自贸区综合研究院理事长、经济与管理学部主任，管理学院教授、博士生导师，中山大学原副校长。主要研究领域为自贸区制度创新、公司并购与重组、科技金融。主持国家社会科学基金重大项目、国家自然科学基金重点项目、教育部哲学社会科学研究重大课题攻关项目、省市重大招标项目或委托项目等50多项。在《经济研究》《管理世界》等核心刊物上发表论文200余篇，从2015年起连续8年主编出版《中国自由贸易试验区发展蓝皮书》，著有《国有企业与促进共同富裕》《外资并购与我国产业安全研究》《融合——解决科技与经济"两张皮"的体制机制创新》《科技金融：理论、实践与案例——兼论广东科技金融结合的机制与对策》等专著及教材20多部，学术成果多次获广东省哲学社会科学优秀成果奖一等奖、教育部高等学校科学研究优秀成果奖（人文社会科学）三等奖等多项省部级奖项。享受国务院政府特殊津贴，获宝钢优秀教师奖，入选教育部"新世纪优秀人才支持计划"，荣获"南粤教坛新秀"称号。

符正平 中山大学自贸区综合研究院院长，管理学院教授、博士生导师。主要从事自由贸易港、国际投资与跨国公司、产业集群与新兴产业发展、战略管理等方面的教学与研究工作。主持国家社会科学基金重大项目1项、国家自然科学基金重点项目4项。在《管理世界》、《中国工业经济》、《经济学动态》、《经济科学》、《管理评论》、《科研管理》及 *Business Horizon* 等刊物上发表论文80余篇，出版专著3部、教材2部。获得教育部第六届高等教育国家级教学成果奖二等奖、广东省第七届教育教学成果奖一等奖、宝钢优秀教师奖。

李胜兰　中山大学自贸区综合研究院副院长、广东决策科学研究院副院长，岭南学院经济学教授、博士生导师。兼任最高人民法院环境损害司法鉴定研究基地研究员、中国宏观经济学会理事会理事、国家社会科学基金评审专家、广东省体制改革研究会副会长、广东省区域与产业创新研究会副会长。主要从事产业经济学、区域经济学、资源与环境经济学、公司治理等领域的理论和实践问题研究。在《中国社会科学》、《世界经济》、《财经研究》、*Energy Economics*、*Joural of Cleaner Production* 等国内外核心学术刊物发表 70 余篇论文，出版 15 部学术专著。承担 2 项国家社会科学基金重大项目，国家自然科学基金项目、省部级科研课题 30 余项。多项成果被国家发展和改革委员会、广东省人民政府和广州市人民政府采用。获得 5 项省部级人文社会科学研究优秀成果奖，2013 年度宝钢优秀教师奖、广东省第七届教育教学成果奖一等奖、中山大学第七届教学成果奖一等奖。

史欣向　中山大学自贸区综合研究院副院长、广东决策科学研究院副院长，马克思主义学院副教授、硕士生导师，广东省经济学会理事、广东省科技厅专家库成员。主要研究领域为习近平经济思想、自由贸易区制度创新、粤港澳大湾区建设。主持国家社会科学基金重大项目、国家自然科学基金重大项目、教育部人文社会科学研究青年基金项目、中国博士后科学基金面上资助项目、广东省软科学研究计划项目、广州市哲学社会科学智库项目等多项国家级、省部级课题项目；在 *Applied Economics*、*Journal of Policy Modeling*、《中国软科学》、《中国管理科学》、《中国工业经济》、《中国高等教育》等核心期刊发表论文 20 余篇；出版学术专著及教材 3 部。荣获广东改革开放 40 周年优秀调研报告奖、广东省哲学社会科学优秀成果奖一等奖、海南自贸港研究优秀成果奖一等奖等多项奖励。

董淳锷 中山大学自贸区综合研究院副院长，法学院教授、博士生导师。主要研究领域为公司企业法、合同法、市场监管法、企业法律风险防控、法律实施机制与法律实效等。在《清华法学》《中外法学》《法学家》《比较法研究》《政治与法律》《法制与社会发展》等学术期刊发表论文20余篇；出版个人学术专著3部；主持国家社会科学基金一般项目、国家社会科学基金青年项目、国家社会科学基金重大项目子课题、教育部人文社会科学研究青年基金项目、司法部国家法治与法学理论研究课题、中国法学会法学研究部级课题、广东哲学社会科学规划一般项目、中国博士后科学基金第48批资助项目等课题；获广东省第十届哲学社会科学优秀成果奖三等奖、中山大学青年教师教学竞赛文科组一等奖等；参与《广东省市场监管条例》《广东省商事登记条例》等多部地方立法的条文起草、立法论证、立法评估和立法修改工作，撰写的多篇决策研究报告被各级国家机关、政府部门采纳。

摘　要

党的二十大报告提出，实施自由贸易试验区提升战略。2023 年 9 月，习近平总书记就深入推进自由贸易试验区建设作出重要指示，"新征程上，要在全面总结十年建设经验基础上，深入实施自由贸易试验区提升战略，勇做开拓进取、攻坚克难的先锋，在更广领域、更深层次开展探索，努力建设更高水平自贸试验区"。2024 年，中国自由贸易试验区建设跨入第十一个年头，站在新起点上，自由贸易试验区迎来新任务：要充分发挥先行先试作用，坚持问题导向和目标导向，契合自身功能定位和特色，主动全面对接高标准规则，进一步加大压力测试力度，深化国内相关领域改革，推进高水平制度型开放。《中国自由贸易试验区发展报告（2023~2024）》以全球视野、中国视角，全方位、多角度地对我国自由贸易试验区的建设和制度创新经验进行深入分析和解读。全书分为总报告、政策法规篇、专题篇、区域篇和国际借鉴篇五个部分，共 14 篇报告。

总报告回答了如何深入实施自由贸易试验区提升战略的重要问题。政策法规篇紧扣国家战略，围绕自由贸易试验区如何推动制度型开放、知识产权司法保护、金融监管创新、数据出境负面清单建设等方面展开探讨，聚焦自由贸易试验区引领示范作用，不断推动区域高质量发展。专题篇选取自由贸易试验区广受关注、极具前瞻性的热点议题，如负面清单对自由贸易试验区新质生产力发展的影响机制研究、绿色发展的内涵及自由贸易试验区建设的环境效应研究、自由贸易试验区枢纽功能研究以及推进自由贸易试验区制度型开放的路径研究，力争作出时效性最强的深入分析。区域篇选取上海、广东、新疆 3 个自由贸易试验区，回顾与总结其建设成效和创新经验，呈现自由贸易试验区制度创新的亮点、特色，在一定程度上代表了自由贸易试验区下一步的发展趋势和方向。国际借鉴篇对欧美企业区、东盟成员国特殊经济功能区的建设发展经验进行深度剖析，以期为我国自由贸易试验区发展提供启示与借鉴。

总体而言，本书内容全面、观点鲜明、分析深入，系统呈现了中国自由贸易试验区及其相关领域的发展动向与实践进展，紧扣自由贸易试验区建设中的重大战略、重要政策和热点问题，在梳理翔实的典型案例和数据资料的基础上，从理论和政策的视角深入分析和研究，为自由贸易试验区管理部门、研究机构、区内企业等提供了实用的建议指导，对了解自由贸易试验区研究发展的理论动态、政策导向、制度创新进展提供理论依据和实践参考。

关键词： 自由贸易试验区　制度型开放　制度创新

目 录 ⑤

Ⅰ 总报告

Ⅱ 政策法规篇

Ⅲ 专题篇

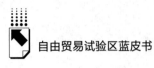

Ⅳ 区域篇

Ⅴ 国际借鉴篇

皮书数据库阅读**使用指南**

总报告

B.1

深入实施自由贸易试验区提升战略

——中国自由贸易试验区发展报告（2023~2024）

中山大学自贸区综合研究院课题组*

摘　要： 　党的二十大提出，要实施自由贸易试验区提升战略。整体来看，自由贸易试验区经过十余年的发展，取得显著成效。本报告系统总结了我国对外开放的总体形势与自由贸易试验区的发展成效、制度创新成绩，凝练了以广东、福建、浙江、江苏为代表的先进自由贸易试验区提升战略的主攻方向。本报告在对照先进的基础上，梳理了当前自由贸易试验区制度创新存在的不足和问题，提出下一阶段深入实施自由贸易试验区提升战略的思路，要进一步强化制度集成创新，重点探索建设开放型经济新体制，引领带动区域经济高质量发展。

关键词： 　自由贸易试验区　制度型开放　开放型经济

---

* 课题组组长：符正平，中山大学自贸区综合研究院院长，主要研究领域为自由贸易港、产业集群与新兴产业发展、国际投资与跨国公司。执笔人：刘颖妮，中山大学自贸区综合研究院研究助理，研究领域为自贸区制度创新。

党的二十大报告指出"推动建设开放型世界经济，更好惠及各国人民"。习近平总书记一贯强调"坚持胸怀天下"，提出要以更大的开放拥抱发展机遇，以更好的合作谋求互利共赢，促进经济全球化朝正确方向发展，"维护以世界贸易组织为核心的多边贸易体制，消除贸易、投资、技术壁垒，推动构建开放型世界经济"①。这要求我们必须坚持经济全球化正确方向，推动贸易和投资自由化便利化，支持多边贸易体制，推进双边、区域和多边合作，共同营造有利于发展的国际环境。

十余年来，我国积极参与全球经济治理，坚定维护多边贸易体制，推动世界贸易组织 2013 年达成《贸易便利化协定》、2015 年达成《信息技术协定》扩围协议、2022 年第 12 届部长级会议取得一揽子丰硕成果等。全面实施自由贸易试验区提升战略，对外签署的自贸协定由 10 个增长到 19 个，与自贸伙伴的贸易额占比从 17% 提升到约 35%。② 签署并实施《区域全面经济伙伴关系协定》（RCEP），积极加入《全面与进步跨太平洋伙伴关系协定》（CPTPP）和《数字经济伙伴关系协定》（DEPA）。连续举办中国国际进口博览会，其已经成为中国构建新发展格局的窗口、推动高水平开放的平台、全球共享的平台。中国的开放发展为世界开放合作注入源源不断的新动力。

推进自由贸易试验区（以下简称自贸试验区）建设是我国实行更加积极主动的开放战略、构建高标准自由贸易区网络的重要举措。习近平总书记在党的二十大报告中指出，高质量发展是全面建设社会主义现代化国家的首要任务，要求增强国内大循环内生动力和可靠性，提升国际循环质量和水平，其中，自贸试验区高标准高质量建设是推进高水平对外开放的重要组成部分，有利于推进人民币国际化、深度参与全球产业分工和合作、维护多元稳定的国际经济格局和经贸关系。党的二十大提出，要实施自由贸易试验区

---

① 《习近平在金砖国家工商论坛开幕式上的主旨演讲》，中国政府网，2022 年 6 月 22 日，http://www.gov.cn/xinwen/2022-06/22/content.5697148.htm。

② 《高水平开放成效显著 合作共赢展现大国担当——党的十八大以来经济社会发展成就系列报告之十六》，国家统计局网站，2022 年 10 月 9 日，https://www.stats.gov.cn/xxgk/jd/sjjd2020/202210/t20221009_1889045.html。

提升战略，扩大面向全球的高标准自由贸易区网络。这意味着要在更广领域、更深层次开展探索，要坚持以高水平开放为引领、以制度创新为核心，统筹发展和安全，高标准对接国际经贸规则，要深入推进制度型开放，加强改革整体谋划和系统集成，更好发挥自贸试验区示范作用，努力为推进中国式现代化做出更大贡献，建设更高水平的自贸试验区。

一 中国对外开放形势及自贸试验区发展情况

（一）对外开放总体形势

加入 WTO 以来，中国出口占世界市场的份额整体呈增长态势，2007 年超越美国、2009 年超越德国，成为出口第一大国，近两年达到历史高点。

我国进出口的总额稳健上升，贸易顺差不断扩大。2022 年出口额和进口额分别达到 3.59 万亿美元和 2.72 万亿美元，顺差达 0.87 万亿美元，中国进、出口占世界份额整体呈持续增长态势（见图 1、图 2、图 3）。

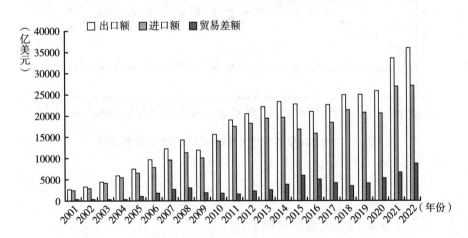

图 1 2001~2022 年中国进、出口额与贸易差额

资料来源：CEIC 数据库。

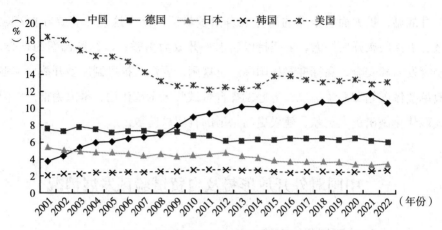

图2　2001~2022年全球主要经济体进口额占世界份额

资料来源：CEIC数据库。

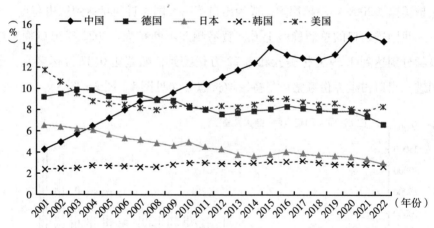

图3　2001~2022年全球主要经济体出口额占世界份额

资料来源：CEIC数据库。

（二）中国自贸试验区发展概况

1.中国自贸试验区总体分布与发展成效

十余年来，我国的自贸试验区历经七次扩容达到22个，形成了覆盖东西南北中，统筹沿海、内陆、沿边的改革开放创新格局，实现了一系列全方位、深层次、根本性的制度创新变革。自贸试验区的系统推进符合市场规律改革举措，实现了"五个率先"。一是率先实施外商投资准入前国民待遇加负面清单管理模式。截至2023年9月，自贸试验区负面清单已经过7次修订，条目由190条压减到27条，实现了制造业条目清零、服务业准入大幅放宽。二是率先建立以国际贸易"单一窗口"为核心的贸易便利化模式。三是率先以跨境服务贸易负面清单管理模式为代表推进服务业综合开放。四是率先进行"证照分离"等政府管理改革。五是率先探索自由贸易账户，金融开放创新稳步推进。十余年来，自贸试验区在贸易、投资、金融、航运、人才等方面对接国际经贸规则，推出了一大批基础性、开创性改革开放举措，形成了许多标志性、引领性制度创新成果，培育了一批具有国际竞争力的产业集群，站在了中国高水平对外开放的前列，积极服务区域重大战略、区域协调发展战略和共建"一带一路"。2022年，21家自贸试验区以不到千分之四的国土面积，贡献了占全国18.1%的外商投资和17.9%的进出口贸易，2023年上半年进一步提升到18.4%和18.6%，为稳外贸稳外资发挥了积极作用。[①]

2. 中国自贸试验区制度创新成绩

从国家公布的各自贸试验区总体方案和相关举措"加大改革授权力度""开展试点探索""大胆试、大胆闯、自主改"等描述可看出，自贸试验区拥有着"先行先试"的特定资源和发展优势，制度创新是自贸试验区的核心和生命力。中山大学自贸区综合研究院连续8年对外发布"中国自由贸易试验区制度创新指数"，围绕政府职能转变、贸易便利化、投资自由化、金融改革创新、法治化环境五大维度，针对全国21个自贸试验区[②]（54个片区）制度创新成效进行系统性、深层次和多视角的检视与考察，是系统评估自由贸易试验区改革创新特色，把脉制度创新痛点和提供深化改革对策建议的标志性研究成果。该指数旨在以评价促改革，激发自贸试验区深化首创性、集成化、差别化改革探索的精神和动力，为下一阶段实施自由贸易试验区提升战略提

---

① 《向着更高水平：中国自贸试验区这十年》，《求是》2023年第24期。
② 我国第22个自贸试验区——新疆自贸试验区于2023年11月才挂牌成立，此处不作评估。

供科学依据和实践方向。

2023 年 7 月，中山大学自贸区综合研究院正式发布"2022～2023 年度中国自由贸易试验区制度创新指数"。2022～2023 年，全国 54 个自贸片区制度创新指数平均值为 78.03，相较上年（76.70）有明显提升。① 从排名来看，广东前海、上海（浦东）、广东南沙位列前三，制度创新指数分别为 90.87、90.43、90.42，上海（临港）、天津、北京、福建厦门、四川成都、湖北武汉、重庆进入前十名（见表 1）。与 2022 年相比，京津潜力逐渐显现，已呈赶超之势。同时，江苏南京、浙江宁波、湖南长沙、安徽合肥等中心片区及河北雄安、广西钦州港、云南红河等特色片区也呈现自身特色。

整体来看，自贸试验区进入高质量发展阶段，各地片区对于制度创新也逐渐树立了新的导向，即追求量的合理增长与质的有效提升。当然，实践中受各类条件约束，不同片区进展各有差异。表现比较突出的，如北京、天津，2022～2023 年持续进步，上升势头明显。又如安徽合肥、云南昆明，一个坚持发展硬科技，不断擦亮城市品牌，一个作为东南亚的重要交通枢纽并享有国家边境贸易政策红利，逐渐形成自身优势。再如河北雄安、安徽芜湖等特色片区，前者依托国家重大战略及区域一体化进程逐渐实现要素资源集聚，后者通过坚持不懈的自身发展，培育出行业龙头企业，并依此形成稳固的产业链，成为制度创新的原动力。进入提升阶段，自贸片区自身拥有及所能撬动的资源非常重要。未来，制度创新的"竞赛"将是质量、效率、动能的全方位比拼。

表 1 2022～2023 年度中国自由贸易试验区制度创新指数

排名	片区	指数值	排名	片区	指数值
1	广东前海	90.87	5	天津	85.17
2	上海（浦东）	90.43	6	北京	84.61
3	广东南沙	90.42	7	福建厦门	84.42
4	上海（临港）	87.09	8	四川成都	84.23

① 《2022—2023 年度中国自由贸易试验区制度创新指数报告》，中山大学自贸区综合研究院，2023。

续表

排名	片区	指数值	排名	片区	指数值
9	湖北武汉	83.15	32	湖北宜昌	75.91
10	重庆	83.09	33	四川泸州	75.41
11	广东横琴	83.01	34	河北雄安	75.10
12	辽宁大连	82.57	35	广西钦州港	75.08
13	福建福州	81.81	36	江苏连云港	74.90
14	江苏苏州	81.24	37	河南开封	74.63
15	海南	80.79	38	辽宁营口	74.61
16	浙江舟山	80.67	39	河南洛阳	74.53
17	陕西西安	80.55	40	浙江金义	74.36
18	浙江杭州	80.44	41	黑龙江哈尔滨	74.16
19	江苏南京	80.05	42	陕西杨凌	73.73
20	山东青岛	79.43	43	黑龙江黑河	73.33
21	河南郑州	79.34	44	河北大兴机场	73.10
22	福建平潭	78.84	45	河北曹妃甸	72.98
23	浙江宁波	78.56	46	黑龙江绥芬河	72.37
24	广西南宁	78.28	47	湖南郴州	72.32
25	湖北襄阳	77.44	48	河北正定	72.15
26	山东济南	77.38	49	云南红河	72.04
27	湖南长沙	77.30	50	广西崇左	71.90
28	云南昆明	77.00	51	安徽芜湖	71.50
29	辽宁沈阳	76.28	52	云南德宏	71.43
30	安徽合肥	76.01	53	湖南岳阳	71.05
31	山东烟台	75.99	54	安徽蚌埠	70.49

（三）中国先进自由贸易试验区提升战略的主攻方向

改革开放以来，沿海经济带凭借优越的区位条件在推动我国经济发展历程中发挥了重要作用。沿海经济带经济发达、文化先进、服务设施完善、对外交流与合作密切。以广东、福建、浙江、江苏为代表的沿海省份，在以制度创新牵引高质量发展上取得显著成效，较全面完成了国务院在其自贸试验区设立之初批复的总体方案中设定的发展任务，率先进入质的提升阶段。从政策层面上，均迅速贯彻落实自由贸易试验区提升战略，并陆续出台相关方案（见表2）。

表2 广东、福建、浙江、江苏的自由贸易试验区提升战略方案

自贸试验区	印发时间	提升战略方案
广东自贸试验区 （南沙、前海、横琴）	2024年1月	《中国(广东)自由贸易试验区提升战略行动方案》
福建自贸试验区 （平潭、厦门、福州）	2023年1月	《福建自贸试验区提升战略实施方案》
浙江自贸试验区 （舟山、宁波、杭州、金义）	2023年7月	《中国(浙江)自由贸易试验区提升行动方案(2023—2027年)》
江苏自贸试验区 （南京、苏州、连云港）	2023年6月	《中国(江苏)自由贸易试验区实施提升战略三年行动方案(2023—2025年)》

对以上4个先行示范的沿海自贸试验区的提升战略行动方案进行文本分析，发现主要有3个主攻方向，在一定程度上代表了中国自贸试验区提升的实践导向。一是反映了自贸试验区下一阶段对标国际高标准经贸规则，加大压力测试力度，推进制度型开放的趋势；二是强调自贸试验区之间，以及与非自贸试验区加强联动的紧迫性，以此推动京津冀、长三角、粤港澳大湾区等区域协调发展，使重要功能区充分发挥关键的功能作用；三是体现差异化探索的重要性，鼓励大力发展特色产业。以浙江舟山为代表的功能性自贸试验区制度创新起点高、方向准、效果突出。浙江舟山围绕油品全产业链开展精准政策突破，体现出特有的制度创新优势。广东三大自贸片区（南沙、前海、横琴）临近港澳，特色明显，聚焦重点领域和关键环节先行探索与港澳规则衔接，改革的内驱力强劲，创新引领性与前沿性不断增强。广东、福建、浙江、江苏的自由贸易试验区提升战略重点工作任务如表3所示。

表3　广东、福建、浙江、江苏的自由贸易试验区提升战略重点工作任务

省份	重点工作任务
广东	对标国际高标准规则,提升制度型开放水平;强化航运贸易枢纽功能,提升国际贸易竞争新优势;促进投资贸易便利化,提升金融开放创新能级;聚焦制造业当家,提升产业链现代化水平;深化粤港澳全面合作,提升粤港澳大湾区国际竞争力;加强区域协同发展,提升辐射带动能力
福建	积极争取扩区提质,扩大发展空间范围;稳步扩大制度型开放,提升对外开放层级;持续发挥沿海近台优势,提升服务国家战略能力;加快现代特色产业发展,提升高质量发展新动能;营造一流营商环境,提升市场主体活力;加强联动创新发展,提升引领示范效应
浙江	实施大宗商品配置能力提升行动;实施数字自贸试验区提升行动;实施国际贸易优化提升行动;实施国际物流体系提升行动;实施项目投资提升行动;实施先进制造业提升行动;实施制度型开放提升行动;实施数智治理能力提升行动
江苏	稳步扩大制度型开放,提升开放型经济能级;强化科技和产业创新,提升产业集群竞争力;完善市场化配置机制,提升资源要素集聚力;转变政府职能,提升国际一流营商环境影响力;推动协同联动发展,提升服务重大战略能力

1. 高标准对接国际经贸规则,深入推进制度型开放

2024 年 3 月,商务部发布《跨境服务贸易特别管理措施(负面清单)》(2024 年版)和《自由贸易试验区跨境服务贸易特别管理措施(负面清单)》(2024 年版),是中国主动对标国际高标准经贸规则、推进制度型开放的重要举措。2023 年 6 月,国务院印发《关于在有条件的自由贸易试验区和自由贸易港试点对接国际高标准推进制度型开放的若干措施》,聚焦货物贸易、服务贸易、商务人员临时入境、数字贸易、营商环境、风险防控等六个方面,提出试点政策措施和风险防控举措,率先在上海、广东、天津、福建和北京等 5 个具备条件的自贸试验区片区和海南自由贸易港开展试点。以福建自贸试验区为例,在其提升战略中提出要提升对外开放的能级,实施更加开放的投资管理、更加高效的贸易管理、更加便捷的金融服务,以及更加公平的竞争策略。这些都围绕我国正积极申请加入的《全面与进步跨太平洋伙伴关系协定》(CPTPP)为代表的涉及政府采购、国有企业、数据流动及监管等制度条款而展开进一步的制度创新,旨在在自贸试验区率先打造透明、规范、可预期的贸易投资环境,吸引外资外贸。再如江苏自贸试

验区，提升战略中提到"稳步扩大制度型开放"，通过提升货物贸易便利化水平、推动服务业扩大开放、打造总部经济集聚区、推动服务贸易创新发展、培育贸易新业态新模式、推进自贸试验区与综合保税区统筹发展六大方面的举措来进一步提升开放能级。但其更注重以制度创新带动和发展本地经济，以提升实际使用外资、外资进出口规模和质量、建成高水平外资总部经济集聚区为结果导向，不断挖掘开放型经济新功能、新场景，探索贸易新业态，打造开放型经济发展先行区。

2. 加强战略整体谋划和系统集成，加强自贸试验区联动发展

全国自贸试验区主动加强协同创新，探索推进联动发展，放大改革综合效应，取得积极成效。以广东、福建、江苏自贸试验区为代表的提升战略方案中，均对"联动发展"单列一条，与"推进制度型开放"的重要性相当。福建自贸试验区提出加强联动创新发展，提升引领示范效应，具体在三方面做文章：一是，巩固创新引领地位，进一步彰显自贸试验区制度创新高地作用；二是，推动自贸片区与福州新区、厦门火炬高新区等区域之间创新联动、产业联动、招商联动、开放联动、服务联动；三是，促进区域协调发展，鼓励自贸片区与相关设区市、新区、县（市、区）或其他区域深度对接、深化合作。如支持平潭自贸片区融入平潭综合实验区"一岛两窗三区"战略蓝图，在旅游、创新、生态等领域发挥示范带动作用。江苏自贸试验区则侧重在提升服务重大战略能力的基础上推动协同联动发展，更好地服务共建"一带一路"、长江经济带发展，以及推动长三角一体化发展。如依托长三角自贸试验区联盟，加强与上海、浙江、安徽自贸试验区联动，共同进步。广东自贸试验区在加强区域协同发展、提升辐射带动能力方面谋划更深层次的提升，主要强调与海南自由贸易港加强对接合作，加快省内自贸试验区联动发展，以及加大改革创新经验复制推广。2022 年 5 月，广东省在广州、深圳、珠海、汕头、佛山、韶关、惠州、汕尾、东莞、中山、阳江、湛江、茂名 13 个地市设立第一批联动发展区（见表 4），不再是自贸试验区单点突破，而是在更大范围、更广领域、更深层次形成新一轮开放探索，进一步凸显区域联动作用与产业协同效能，形成政策联动、产业联动、创新联动，提升区域综合竞争力。

表4　广东自贸试验区联动发展区建设思路

序号	联动发展区	区域范围	基本思路
1	广州联动发展区	人工智能与数字经济片区、中新广州知识城片区、空港片区、南沙片区	与南沙片区实现现代物流领域深度合作； 与前海蛇口片区开展科技创新互动； 与横琴片区共同推进粤澳合作
2	深圳联动发展区	前海片区、盐田片区、坪山片区	与南沙片区实现现代物流等领域深度合作； 与前海蛇口片区实现要素及供应链深层次融合； 与横琴片区实现粤澳合作新优势
3	珠海联动发展区	南湾洪保十片区、金湾片区、万山片区	与南沙片区在智能制造、航运物流、海洋经济领域开展合作； 与前海蛇口片区联动发展现代服务业； 与横琴片区加强联动发展，承载其配套产业
4	汕头联动发展区	华侨试验区片区、濠江临港核心片区、南澳岛片区	与南沙片区开展高端制造、生物医药、现代物流等领域合作； 与前海蛇口片区开展数字贸易与跨境金融等领域合作； 与横琴片区开展海洋旅游领域合作
5	佛山联动发展区	三龙湾核心片区、顺德粤港澳协同发展合作区顺德港片区、顺德粤港澳协同发展合作区临港经济片区	联动南沙片区打造广佛高质量发展融合试验区； 联动前海蛇口片区拓宽金融服务实体经济通道； 对接横琴片区开展中医药及文旅商贸合作
6	韶关联动发展区	韶关高新区核心片区、翁源片区、新丰片区	与南沙片区在大数据和高端装备制造业等领域开展合作； 加强与前海蛇口片区在金融领域联动发展； 对接横琴片区高端医疗健康和旅游等产业
7	惠州联动发展区	潼湖生态智慧区片区、广东（仲恺）人工智能产业园片区、创新核心区片区	联动南沙片区开展高端制造与科技创新合作； 联动前海蛇口片区开展金融服务与现代服务业合作； 联动横琴片区深化粤澳合作

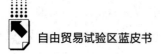

续表

序号	联动发展区	区域范围	基本思路
8	汕尾联动发展区	汕尾高新区片区、海丰片区、红海湾片区	与南沙片区在先进制造业领域联动发展；对接前海蛇口片区推动服务业和制造业融合发展
9	东莞联动发展区	滨海湾新区片区、虎门港综合保税区、东莞港沙田港区片区	与南沙片区在现代物流等领域联动创新；探索与前海蛇口片区共建深莞深度融合发展先导区；积极与横琴片区开展在海洋经济等特色领域的合作
10	中山联动发展区	翠亨新区片区、火炬开发区片区	联动前海蛇口片区打造现代服务业发展高地；联动南沙片区推动先进制造业发展；联动横琴片区布局生物医药产业
11	阳江联动发展区	海陵湾片区、阳东片区、江城片区	与南沙片区联动发展先进装备制造业和现代物流业；与前海蛇口片区在现代服务业和科技创新领域加强对接联动；与横琴片区联动发展滨海旅游业和医药产业
12	湛江联动发展区	湛江湾片区、徐闻片区、雷州片区	与南沙片区在现代物流领域协同发展；联动前海蛇口片区打造海洋金融服务体系；推进与横琴片区在海洋休闲旅游领域合作
13	茂名联动发展区	茂名滨海片区、茂名高新片区、茂名临空片区	联动南沙片区推动现代物流和先进制造高质量发展；联动前海蛇口片区打造新型金融体系；与横琴片区合作开展在中医药和滨海休闲旅游等特色领域的合作

3.深化差异化探索，推动全产业链创新发展

各自贸试验区资源禀赋、区位特点各不相同，根据党中央、国务院决策部署，在22个自贸试验区的建设方案中，明确各自发展目标和产业定位，支持各地因地制宜，开展差异化探索，围绕生物医药、海洋经济、大宗商品贸易等重点领域，促进特色产业集群，推动全产业链创新发展，更好地服务构建新发展格局。广东自贸试验区在提升战略中聚焦制造业当家，与广东这个全国工业第一大省和全球重要制造业基地的地位相契合，提出要提升产业链

现代化水平。具体而言，一是促进科技创新资源集聚，如开展科研用物资跨境自由流动和生物医药研发用物品进口便利化试点；二是推动先进制造业集群发展，如加快南沙新能源汽车企业引进和培育，建设智能网联与新能源汽车自主品牌创新基地、新能源汽车出口基地；三是培育壮大战略性新兴产业，如加快横琴中医药研发制造，积极筹建中医药广东省实验室，推动澳门药监局横琴评审服务中心落地，推动生物医药产业集聚发展等。浙江自贸试验区与广东自贸试验区的提升战略方案不谋而合，也注重先进制造业的提升，亦都强调以科技创新为引领，发展重点产业集群。结合浙江区位特点和产业基础，谋划打造新一代信息技术、高端装备、绿色石化与新材料等世界级先进产业集群，培育高端软件、集成电路、数字安防与网络通信等千亿级特色产业集群，布局人工智能、深海空天、第三代半导体等未来产业。福建自贸试验区则提出"加快现代特色产业发展，提升高质量发展新动能"。首先是做大做强先进制造业，意在攀升至产业链顶端，并运用信息化手段助力产业升级改造；其次是培育壮大新兴产业，如争取在自贸试验区内的综保区开展高技术含量、高附加值的航空航天、工程机械、数控机床、汽车发动机等再制造业务试点；再次是加快发展现代服务业，如进一步扩大服务业对外开放，大力发展会计、税务、法律、设计咨询、知识产权评估等高附加值服务业；最后是打造数字自贸试验区，明确加强对欧盟《数字服务法案》（DSA）、《数字市场法案》（DMA）等的研究，充分发挥自贸试验区先行先试的优势。江苏自贸试验区以"建成实体经济创新发展和产业转型升级示范区"为目标导向，提出强化科技和产业创新，提升自主创新能力，聚焦"卡脖子"关键技术领域的攻关。谋划打造战略性新兴产业和先进制造业集群，推动生物医药全产业链开放创新发展、现代服务业集聚发展，以及数字产业的发展。

二 自贸试验区制度创新存在的问题

（一）集成性、差异化的制度创新水平有待提升

自贸试验区经过十余年的发展，制度创新普遍出现同质化现象，集成化、

差异化的制度创新相对较少。随着各地改革逐渐步入深水区，自贸试验区制度创新事项越来越多地涉及跨部门协作，其中许多事项也涉及国家事权，往往需要一事一议，请示协调难度大，消耗的时间成本比较高。在政策的优化、复制推广调整方面，自贸试验区的灵活性和自主性比较欠缺，因而集成式的改革试点任务落地或复制推广难度较大。此外，制度创新多数由政府部门主导，由市场主体自下而上发起的为少数，普通消费者的参与感和获得感也较弱。少数先进自贸试验区围绕高水平经贸规则开展了先行先试，但在推动投资、贸易、人员流动、运输往来自由便利方面，往往是流程性的改革较多，制度型的涉及体制机制的改革较少。例如，在探索实施更加开放的人才集聚和停居留政策方面，自贸试验区还缺乏相关部门的授权。

（二）聚焦开放型经济体制的改革力度有待提升

自贸试验区压力测试功能尚未得到充分体现，当前改革关注的重点还是偏向于政府职能转变领域，尤其在金融改革创新、法治化环境等领域的改革创新较少，在开放型经济体制的突破性改革方面仍需进一步提升。在加快转变外贸发展方式方面，外贸新业态新模式还处在初期阶段，尤其是跨境电商、海外仓、市场采购贸易、保税维修、离岸贸易等都未进入规模化发展轨道。此外，相关的配套监管制度亟须创新完善。在深化投资领域改革方面，一些境外投资者较为关注的部分领域有待进一步扩大开放，如电信、药品、出版物、文艺表演等。与外资负面清单管理模式相比，自贸试验区在跨境服务贸易开放方面探索的步伐相对滞后。在产业发展方面，当前外部环境恶化导致高端制造业有回流的风险，部分行业如电子信息、精细化工、高端医疗等面临"卡脖子"的问题，自贸试验区在打造中国企业"走出去"综合服务基地建设上的力度还需加大，为重点产业有序"走出去"探索切实有效的可复制可推广的经验。

（三）区域经济的辐射带动功能有待提升

自贸试验区对区域经济的辐射带动功能有待进一步提升。自贸试验区需要理顺与自由贸易港、海关特殊监管区之间的关系，如果只是强调贸易促进功能，海关特殊监管区已有的有利于发展转口贸易及货物流通的服务，如物流、仓储和展览等就能实现，但自贸试验区需同时发展金融业和高端服务业，如不进行联动容易形成产业发展的障碍。① 当前自贸试验区与各个部门之间缺乏部际联席会议机制，一些自贸片区与海关特殊监管区亦缺乏高效联动发展机制，容易导致有些自贸试验区具备相应的条件，但保税研发、保税维修等业态因政策问题无法及时落地。个别省份的自贸片区之间缺乏良性互动协同发展机制，在各自的发展规划中都涉及发展服务贸易、金融、数字经济、生物医药等产业，无法形成优势互补，甚至会引起过度竞争，带来制度创新的边际效益递减。

三 深入实施自由贸易试验区提升战略的思路

（一）进一步强化制度集成创新

自贸试验区要坚持主业，以制度创新为核心，分阶段分步骤加大压力测试力度。对接《区域全面经济伙伴关系协定》（RCEP）、《中欧双边投资协定》（BIT）、《中日韩自由贸易协定》（FTA）、《全面与进步跨太平洋伙伴关系协定》（CPTPP）等国际经贸规则，构建链接国内国际、对接国际规则、全面深化改革的内外贸融合发展先行先试制度高地。一方面，进一步深化投资贸易自由化便利化改革，加强系统性、集成性。重点围绕高水平贸易规则在自贸试验区开展先行先试和压力测试，推动投资、贸易、人员流动、运输往来自由便利。实行清单开放模式，制定服务业放宽市场准入特别措施清单。对标《数字经济伙伴关系协定》（DEPA），推动数据安全有序流动，大力发展数字经济。探索实施更加开放的人才集聚和停居留政策，健全人才服

---

① 符正平、彭曦：《广东自由贸易试验区联动关系研究》，《国际经济合作》2024 年第 3 期，第 59~67、93 页。

务管理制度。另一方面，侧重围绕企业诉求、项目审批流程、科技创新机制等重点领域，加强储备性和前瞻性研究，推动跨部门、跨区域的系统化制度创新探索。以数字化为抓手打造数字政府，鼓励打造如"粤省事""浙里办""苏服办"等政务服务 App，打通企业、市民办事的难点堵点，全面提升政府服务效能。参考借鉴《全面对接国际高标准经贸规则推进中国（上海）自由贸易试验区高水平制度型开放总体方案》《浦东新区综合改革试点实施方案（2023—2027 年）》，鼓励有条件的自贸试验区关注更广泛的"边境后"规则，积极探索在金融开放创新、人才便利进出、数据有序流动、知识产权全链条运营等方面开展深层次的改革创新，推动重点产业外资准入、数据跨境安全流动、绿色经贸规则对接等制度型开放举措先行先试。

（二）重点探索建设开放型经济新体制

自贸试验区要回归特殊经济功能区定位，聚焦探索建设开放型经济新体制，服务和带动地方经济发展。一方面，要持续推动市场化、法治化、国际化营商环境改革取得新突破。营商环境是市场主体生存发展的土壤，打造一流营商环境，是经济全球化、建设全国统一大市场背景下吸引优质生产要素的必然选择，是保持经济平稳健康运行的重要举措，是打造区域竞争优势的有效抓手。要对标世界银行最新的宜商环境评估体系（BEE），在营商环境方面提出整体性的建设方案，且聚焦难点瓶颈问题，提出具体的优化措施和实施路径清单路线图，加速推进减环节、压时间、降成本、优服务、加强监管等改革进程。另一方面，要通过制度创新增强服务实体经济的能力，推动产业聚集、产业集群形成。通过自贸试验区带动周边区域和特色产业发展，提升服务国家双循环新发展格局能力。引导自贸试验区实现开放型经济的"四个转型"，即在国际贸易领域由货物贸易主导向服务贸易、离岸贸易新业态转型；在国际金融领域由在岸服务为主向科技金融、创业金融创新、"走出去"金融转型；在国际航运领域由聚焦吞吐量规模向全球枢纽网络化、具备定价话语权转型；在国际市场开放领域着力实现由利用国际市场型开放向获取国际高端战略性科教资源、人才资源、智慧资源、信息、数据与知识资源开放转型。

（三）引领带动区域经济高质量发展

自贸试验区对外要联结共建"一带一路"国家，大力推进与共建国家和地区建立自由贸易区合作，深耕共建"一带一路"国家大市场。抢抓"一带一路"服务贸易大市场建设的机遇，推动自贸试验区深度参与和服务"一带一路"倡议，以服务广东制造、福建制造、浙江制造等"走出去"企业为立足点，将自贸试验区打造成为企业"走出去"的桥头堡，从前沿风险管理、投融资便利等方面提升服务质量，健全"一带一路"投资政策和服务体系，打造多个"一带一路"重要服务贸易支点城市，助力国内国际双循环。对内要形成自贸试验区发展共同体，在自贸试验区基础上试行自由贸易港政策，赋予自贸试验区更大改革自主权。促进国内外高端要素在自贸试验区集聚，鼓励发展条件成熟的自贸试验区向自由贸易港转型，带动区域经济高质量发展。借鉴国际先进的自由贸易港建设经验，港区内要同步规划制造业集群、研发服务、法律服务、金融服务等组团，建立和完善信用体系，为专业服务提供发展土壤。把"引智"放在比"引资"更重要的位置来抓。参考中国香港和新加坡的自由贸易港建设经验，围绕出入境居留自由、学术交流自由、执业从业自由、投资兴业自由、创新创业自由、生活便利自由、人才法治保障七个方面，为跨境人才提供自由贸易投资营商空间和基本生活空间。

政策法规篇

B.2
中国自由贸易试验区推进制度型开放的理论、优势及路径

史欣向*

摘　要： 党的二十大报告强调，要推进高水平对外开放，稳步扩大规则、规制、管理、标准等制度型开放。制度型开放不仅关乎中国自身发展质量与效率，也是积极参与全球经济治理、构建开放型经济的必然要求。自由贸易试验区的核心任务是制度创新，在制度型开放中扮演着举足轻重的角色。从理论上看，制度型开放超越了以往侧重于商品和服务自由流通的开放模式，转而聚焦规则、标准、监管环境等制度层面的国际化对接与融合，具有更丰富的内涵与特征。自由贸易试验区在推动制度型开放过程中具有明显的优势。中山大学自贸区综合研究院发布的最新指数结果显示，2022~2023 年全国 54 个自贸片区制度创新指数平均为 78.03，与上年相比有明显提升。各地自由贸易试验区坚持以制度创新为导向，形成了一大批制度创新成果，为

---

* 史欣向，中山大学马克思主义学院副教授，中山大学自贸区综合研究院副院长，主要研究领域为习近平经济思想、自由贸易区制度创新、粤港澳大湾区建设。

推动制度型开放奠定了坚实的实践基础。下一阶段，自由贸易试验区应率先探索打通国内外市场之间的各种壁垒，不断推进制度型开放，为构建开放型经济新体制做出应有贡献。

关键词： 自由贸易试验区　制度创新　开放型经济

党的十八大以来，习近平总书记多次强调开放型经济的重要性，并指出："中国开放的大门不会关上。过去十年，中国全面履行入世承诺，商业环境更加开放和规范。中国将在更大范围、更宽领域、更高层次上提高开放型经济水平。"① "要坚定不移实施对外开放的基本国策、实行更加积极的开放战略，坚定不移提高开放型经济水平。"② "开放是实现国家繁荣富强的根本出路。我们要遵循历史发展的客观规律，顺应当今时代发展潮流，推进结构性改革，创新增长方式，构建开放型经济。"③ 党的十九大报告指出："推动形成全面开放新格局。开放带来进步，封闭必然落后。中国开放的大门不会关闭，只会越开越大。"④ 党的二十大报告明确指出："要推进高水平对外开放，稳步扩大规则、规制、管理、标准等制度型开放。"⑤ 这是我国顺应经济全球化趋势，参与全球治理，构建开放型世界经济的必然选择。自由贸易试验区（以下简称自贸试验区）作为我国扩大对外开放的一项重大举措，

---

① 《习近平同出席博鳌亚洲论坛 2013 年年会的中外企业家代表座谈》，中国共产党新闻网，2013 年 4 月 9 日，http://theory.people.com.cn/n/2013/0409/c49154-21065319-2.html。
② 《习近平主持召开中央全面深化改革领导小组第十六次会议》，央广网，2015 年 9 月 16 日，http://china.cnr.cn/news/20150916/t20150916_519878295.shtml。
③ 《习近平在金砖国家领导人第八次会晤上的讲话（全文）》，新华网，2016 年 10 月 16 日，http://www.xinhuanet.com/politics/2016-10/16/c_1119727543.htm。
④ 《习近平：决胜全面建成小康社会　夺取新时代中国特色社会主义伟大胜利》，中国共产党新闻网，2017 年 10 月 27 日，http://cpc.people.com.cn/19th/GB/n1/2017/1027/c414395-29613458.html。
⑤ 《高举中国特色社会主义伟大旗帜　为全面建设社会主义现代化国家而团结奋斗》，人民网，2022 年 10 月 26 日，http://politics.people.com.cn/n1/2022/1026/c1024-32551597.html。

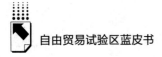

是新时代改革开放的新高地，是制度创新的"试验田"，建设自贸试验区是改革开放的重大战略与重大决策。

十多年来，习近平总书记多次强调要以开放促改革、促发展、促创新，并密切关注自贸试验区从"总蓝图"迈向"实景图"的施工进展。2023年9月，习近平总书记就自贸试验区建设作出指示："新征程上，要在全面总结十年建设经验基础上，深入实施自贸试验区提升战略。"① 这一指示不仅明确了自贸试验区作为改革先行者的关键角色，而且彰显了对通过自贸试验区建设不断推进制度型开放的高度期望。为推动制度型开放的深入实施，中央部门及地方政府积极响应党中央号召，纷纷出台了一系列政策文件，以实际行动落实制度型开放的战略部署。其中，《关于在有条件的自由贸易试验区和自由贸易港试点对接国际高标准推进制度型开放若干措施》的发布，标志着我国在制度型开放领域迈出了实质性的步伐。《全面对接国际高标准经贸规则推进中国（上海）自由贸易试验区高水平制度型开放总体方案》以上海自贸区为范例，详细规划了如何在投资自由化、贸易便利化、金融服务、数字经济、知识产权保护、环境保护等领域，与国际最高标准和最佳实践全面对接。

在全球经济秩序重塑的关键时点，制度型开放不仅关乎中国自身发展质量与效率，也是积极参与全球经济治理、构建开放型经济的必然要求。自贸试验区作为推进制度型开放的先锋，在制度型开放中扮演着举足轻重的角色，不仅是我国改革开放的"窗口"，更是推动规则、规制、管理、标准等制度性因素与国际先进水平接轨的"探路者"。通过一系列政策的引导和支持，自贸试验区正逐步形成一系列可复制、可推广的制度创新成果，为我国全面深化改革、构建开放型经济新体制奠定坚实基础。

---

① 《习近平就深入推进自由贸易试验区建设作出重要指示强调：勇做开拓进取攻坚克难先锋 努力建设更高水平自贸试验区》，中国政府网，2023年9月26日，https://www.gov.cn/yaowen/liebiao/202309/content_6906406.htm。

一 制度型开放的内涵及理论依据

（一）制度型开放的内涵与特征

制度型开放超越了以往侧重于商品和服务自由流通的开放模式，转而聚焦规则、标准、管理、监管等制度层面的国际化对接与融合，旨在构建一个更开放、透明、包容且与国际高标准规则衔接的经济体系。制度型开放是指一国或地区通过改革和创新，主动与国际通行的规则、标准、管理、监管等制度性因素接轨，以实现更深层次、更宽领域、更高水平的对外开放。它不仅涉及市场准入、贸易便利化等传统开放领域，更注重制度环境的整体优化，包括但不限于法律制度、监管政策、知识产权保护、环境保护标准、数字贸易规则等。制度型开放的实质是通过制度层面的改革和创新，提升国家治理体系和治理能力的现代化水平，为经济全球化和区域经济一体化提供更为坚实的基础。相较于侧重商品与要素流通的开放模式，制度型开放在涉及的领域、核心理念及规范覆盖面上，展现了显著的特异性和扩展性。

1. 内容涵盖更多新的议题

制度型开放相较于仅关注商品与要素流通的开放模式，涵盖了更广泛的新内容与议题，实现了领域更深远的开放格局。根据国家对制度型开放的阐释，这一模式至少蕴含四大维度的开放内涵。首先是规则层面的开放，着重与国际经贸准则的接轨，此过程不仅界定了中国在全球规则体系中的地位，也增强了我们的国际话语权；其次是规制层面的开放，核心在于积极参与国际组织及经贸协议，此策略能有效增强中国在全球分工中的效能与获益；再次是管理层面的开放，致力于打造一个公平透明的监管框架和优越的营商环境，此举旨在吸引并留住更多的外资、先进技术和高端人才，为国家的持续发展注入活力；最后是标准层面的开放，这不仅加速了中国与全球标准体系的接轨，也推动中国标准的国际化进程，确保中国在世界产业链和创新链中能够占据更有利的战略位置，促进全球范围内的互联互通和协同创新。

2. 更加强调隐性要素的开放

第二次世界大战以后，在美国引领下创立的世界银行（WB）、国际货币基金组织（IMF）及关税及贸易总协定（GATT）有效推动了全球经济治理的协调发展，为经济全球化的兴起打下了制度基础。[①] 特别是 WTO 及其前身 GATT，通过不断推进关税削减和非关税壁垒的消除，有力地推动了全球自由贸易的繁荣，使自由贸易的理念成为国际经济合作的广泛共识。伴随中国经济的快速发展，中国跃升为全球最大的贸易国，并在国际分工中取得了重大成果。然而，一些发达国家，尤其是美国，面临着经济增长放缓和内部矛盾激化的问题，这促使他们开始质疑经济全球化和自由贸易的价值，转向倡导"公平贸易"，寻求在国际互动中实现更加平衡的利益分配。在这样的国际环境中，制度型开放凸显了对公平价值的追求，通过制定一系列详尽的规则，比如实行国民待遇加负面清单的外资管理方式，以及推行"竞争中立"原则来保障市场的公平竞争，这些举措充分体现了对制度品质和公正性的高度关注。此外，制度型开放还进一步拓展到知识产权保护、环境保护、数字经济治理等领域，力图在全球化的新阶段中，不仅促进商品与服务的自由流动，还确保技术交流、绿色可持续发展以及数据安全等方面的国际协调与合作，为全球治理体系的现代化与包容性增长开辟新路径。这表明，制度型开放已超越了传统自由贸易的范畴，正引领全球经济秩序向更加均衡、透明、互惠的方向演进。

3. 向"边境后"规则延伸

相较于商品与要素流动型开放所侧重的"边境"层面开放，即主要通过减少关税和非关税障碍促进跨国界的自由流通，制度型开放则更深层次地触及"边境后"的领域，要求一国的国内制度框架与国际标准紧密对接，涵盖从产业政策、投资体系、监管框架、劳动力法规到环境保护等多维度的

---

① 裴长洪、彭磊：《中国开放型经济治理体系的建立与完善》，《改革》2021 年第 4 期，第 1~14 页。

国内规则，这些构成了"边境后"规则的核心。当前，国际贸易规则正逐步从"边境"规则向"边境后"规则过渡与扩展，标志着国际经贸规则体系正在经历深刻的结构调整与升级。这种转变的一个重要原因在于，在当前高度融合化、碎片化的国际分工体系下，一国国内的产业政策、补贴政策、劳工政策等会通过国际贸易和跨国投资等国际活动间接影响其他国家的微观主体，进而对其他国家的经济发展产生影响。① 因此，制度型开放不仅是对外经济合作深度与广度的拓展，更是对国内制度改革与国际化适应能力的一次全面考验，旨在构建一个内外规则协调、促进全球公平竞争与共同发展的新型开放格局。

（二）推进制度型开放过程中的几个重要问题

1. 新质生产力与制度型开放

2024 年 1 月，习近平总书记在中共中央政治局第十一次集体学习时，对新质生产力的内涵进行了明确界定："新质生产力是创新起主导作用，摆脱传统经济增长方式、生产力发展路径，具有高科技、高效能、高质量特征，符合新发展理念的先进生产力质态。它由技术革命性突破、生产要素创新性配置、产业深度转型升级而催生，以劳动者、劳动资料、劳动对象及其优化组合的跃升为基本内涵，以全要素生产率大幅提升为核心标志，特点是创新，关键在质优，本质是先进生产力。"② 可见，新质生产力标志着生产力的重大提升，对中国经济高质量发展至关重要，并预示着中国将为全球生产力的创新与可持续发展提供创新方案。

为了促进新质生产力的加速形成与拓展，相应地调整和完善生产关系是至关重要的。国家的经济体系及体制作为生产关系的集中体现，要求构建一

---

① 魏浩、卢紫薇、刘缘：《中国制度型开放的历程、特点与战略选择》，《国际贸易》2022 年第 7 期，第 13~22 页。

② 《习近平在中共中央政治局第十一次集体学习时强调 加快发展新质生产力 扎实推进高质量发展》，光明网，2024 年 2 月 1 日，https：//politics. gmw. cn/2024－02/01/content_37126182. htm。

个高标准的市场体系，以此为新质生产力的成长奠定坚实的制度基石。这一市场体系需与国际标准衔接，具备环球竞争力，并鼓励开放式创新，是确保生产关系与新质生产力发展需求相匹配的关键环节。制度型开放旨在达成市场化、法治化、国际化的顶级商业环境，是推进新质生产力发展的制度保障的核心。加快制度型开放步伐，被视为新时代中国在复杂全球经济变局中的一项重要战略决策，旨在通过这种开放模式实现更高层次的对外开放。2023年中央经济工作会议强调了"扩大高水平对外开放"的必要性，并具体指出要"对比国际最高经贸规范，切实处理数据跨境流通、公平参与政府采购等问题，持续优化市场化、法治化、国际化的一流水准商业环境"。制度型开放策略通过创造卓越的商业生态系统，能够吸引全球顶尖的生产要素，强化技术创新的动力机制，并且在制定数字经贸规则中扮演主动角色，推动技术创新成为经济发展的核心要素。此外，优越的商业环境不仅促进技术创新的爆发，还通过高效配置创新性生产要素，加速创新成果转化和产业化，充分发挥市场在资源配置中的决定性作用。它同样增强了生产性服务业的国际竞争地位，为推进产业向高端化、智能化及绿色化转型提供了强有力的后盾。总之，制度型开放经由创建一流商业环境、驱动技术创新、引导生产要素的创新配置及产业升级，为新质生产力的进步开辟了路径。

2. 发展动力与制度型开放

改革、开放、创新是推动国家发展的三大核心动力，它们相辅相成，共同推动了中国经济的增长和国际竞争力的提升。改革是释放生产力的关键，通过制度创新和结构优化，打破旧有体制的束缚，激发市场活力和社会创造力，为开放和创新提供制度保障。开放是促进资源优化配置的桥梁，通过开放可以拓宽市场边界，引入国际资本、技术、管理经验，促进发展，同时将国内发展融入全球经济体系，可以为改革提供外部压力和动力，为创新提供更广阔的舞台。创新则是提升竞争力的核心，技术创新、管理创新、模式创新等，是推动经济转型升级的直接动力，同时也是改革和开放的内在要求和结果体现。制度型开放在促进改革、开放、创新三者良性互动中扮演着核心角色。

制度型开放作为一种催化剂，深度融合国际最佳实践与本土改革进程，为国家治理体系现代化注入了新的活力。自贸试验区作为制度型开放的先锋队，扮演着制度创新"实验室"的角色，通过实施诸如负面清单管理、行政简化与放权、强化知识产权保护等一系列先行先试的政策，不仅测试了政策的可行性和有效性，也为政府职能的重塑和市场机制的优化提供了鲜活案例。制度型开放的推进，实质上是在国内经济体系与国际市场之间搭建起一套兼容并蓄的规则框架，这不仅增强了国内外市场的相互渗透与互动，还为全球价值链的深度融合与重塑提供了坚实基础。它通过提升规则的透明度和一致性，减少了跨国经营的不确定性和交易成本，创造了一个更为稳定、可预见的商业环境，进而激发了全球资本、技术、人才等要素的流动，提升了配置效率。制度型开放作为激活创新潜能的关键杠杆，其核心在于构建一个与全球市场同频共振的创新生态系统。制度型开放如同一座桥梁，将国际先进的理念、知识和技术引入国内，为本土创新生态注入新鲜血液。它不仅丰富了创新资源的多样性，更促进了不同知识体系间的碰撞与融合，加速了科研成果向实际生产力的转化。尤为重要的是，制度型开放还促进了国际的人才流动与智力合作，吸引了全球顶尖科学家、工程师和企业家来华工作和交流，带动了国内人才素质的整体提升，同时也为中国创新人才走向世界提供了舞台。

3. 产业链韧性与制度型开放

在全球经济一体化不断深化的背景下，我国经济发展既面临着严峻的挑战，也迎来了前所未有的机遇。全球化产业链布局虽然促进了经济的快速发展，却也使经济体对外部市场的依赖性显著增强，这无疑增加了国际贸易摩擦、地缘政治紧张局势等外部因素对经济的冲击。此外，全球疫情等黑天鹅事件的发生，暴露出现有供应链的脆弱性，关键原材料和零部件供应中断的情况频发，对生产稳定性和经济安全构成了直接威胁。

习近平总书记指出，"围绕产业链部署创新链，围绕创新链完善资金链，消除科技创新中的'孤岛现象'，破除制约科技成果转移扩散的障碍，提升国家创新体系整体效能"。① 党的二十大报告明确指出："着力提升产业链供应链韧性和安全水平。"② 制度型开放在增强产业链韧性方面发挥着至关重要的作用，它通过一系列深层变革推动经济结构的优化升级。制度型开放致力于与国际高标准经贸规则接轨，引领国内产业政策、环保标准、知识产权保护等领域的深刻变革，引导企业向高技术、高附加值方向转型。自贸试验区内的负面清单制度就是一大例证，它降低了外资准入门槛，引入国外的先进技术和管理理念，有力地促进了我国制造业的高端化进程。制度型开放鼓励企业在全球范围内进行资源优化配置，建立多元化供应链体系，减弱了对单一市场或供应商的依赖，提升了供应链的灵活性和抗风险能力。同时，通过签订自由贸易协定和参与 RCEP 等区域合作，加深了经济一体化程度，促使区域内的供应链整合与优化。此外，制度型开放还助力价值链的全面提升，不仅加速了产业内部的升级，还促进了全球价值链的整合，使我国企业能更广泛地参与到从研发设计到品牌营销等高附加值环节，实现了从制造到创造的跨越。

二 自由贸易试验区率先推进制度型开放的优势和条件

（一）自贸试验区的核心任务是制度创新

自贸试验区建设的核心任务是制度创新。2023 年 7 月，上海自贸试验区迎来李强总理的考察。考察期间，李强总理强调了自贸区战略提升的五大关键领域，即推进货物贸易的自由化与便利化至更高层次，带动服务贸易的

---

① 《习近平主持中央政治局第九次集体学习》，人民网，2013 年 10 月 1 日，http：//politics.people. com. cn/n/2013/1001/c1024-23094554. html。

② 《高举中国特色社会主义伟大旗帜　为全面建设社会主义现代化国家而团结奋斗》，人民网，2022 年 10 月 26 日，http：//politics. people. com. cn/n1/2022/1026/c1024-32551597. html。

创新成长，推进关键领域的深化改革和开放，研究建立新的跨境数据管理模式，以及与"边境后"规则相衔接。目前在福建、浙江、江苏已出台的自由贸易试验区提升战略行动方案中，均强调"坚持以制度创新为核心""稳步扩大制度型开放"，凸显了制度创新在自贸区建设中的重要地位。[1] 2024年1月，我国商务部集中公布了自贸试验区47项制度创新成果。包括第五批23个最佳实践案例和第三批24个部门推广改革试点经验。这些成果将为各地在相关领域深化改革、扩大开放提供借鉴和参考。23个最佳实践案例主要涵盖贸易便利化、政府职能转变、要素资源保障、产业高质量发展四大重要领域。24个部门推广改革试点经验重点在外商投资门槛、科研创新、生态维护、交通建设、金融服务等五大领域。截至2024年1月，国家在自贸试验区共推广了349项制度创新成果。[2] 各地通过实施高标准开放政策，加强市场经济的根本制度建设，并促进高质量增长，取得了显著成效。这些成就不仅为自贸试验区改革提供了积极的示范，而且确保了开放成果能够惠及所有参与者，营造了一个共享和普惠的发展环境。2023年7月20日，中山大学自贸区综合研究院正式发布"2022~2023年度中国自由贸易试验区制度创新指数"。数据显示，全国54个自贸片区制度创新指数平均为78.03，与上年相比有明显提升。各地自贸试验区坚持以制度创新为导向，形成了一大批制度创新成果和实践。中山大学自贸区综合研究院对各自贸试验区2022~2023年的创新案例和先进经验进行了科学分析研究，从"省级维度"的角度对21个自贸试验区的制度创新能力和综合发展成效进行了综合测算。从各省综合排名来看，如图1所示，上海2022~2023年自贸试验区制度创新指数为88.77，表现优异。广东、天津、北京、重庆、四川、福建、海南、湖北、陕西的指数超过了平均水平（80）。

---

[1] 王方宏、李振：《我国自贸试验区制度创新回顾与展望》，《南海学刊》2024年第2期，第58~69页。

[2] 《商务部：国家层面累计推广349项自贸试验区制度创新成果》，《中国证券报》2024年1月19日。

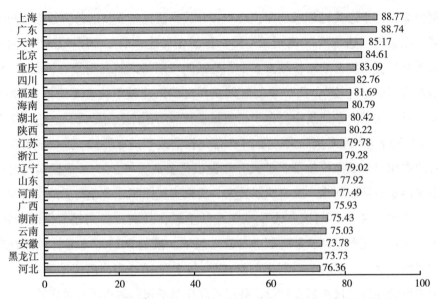

图1　2022~2023年度21个省区市自由贸易试验区制度创新指数

资料来源：中山大学自贸区综合研究院。

（二）自贸试验区是对外开放的高地

自贸试验区建设是新时代中国进一步扩大开放的试验田，也是连接"双循环"的重要平台，对推动经济实现高质量发展具有重要意义。早在2013年，上海自贸试验区便率先推行了针对外资企业的"负面清单市场准入制度"，此举极大地激发了市场的潜力，并有效促进了服务业领域的资本流入。海南自由贸易港负面清单的发布标志着自贸试验区以更宽广的视野、更深的层次、更高的目标，运用自身改革的主动权，推进中国对外开放达到新的高度。[①] 2022年，全国21个自贸试验区吸引实际使用外资达到了2225.2亿元，这一数字占到了全国外资利用总额的18.1%。其中，高技术产业实际使用外资863.4亿元，同比增长53.2%。21个自贸试验区实现进

---

① 姜启军、韦有周：《构建双循环交汇的自贸试验区联动发展的机制及路径》，《现代商贸工业》2023年第18期，第53~56页。

出口总额 7.5 万亿元，同比增长 14.5%，占全国的 17.8%。① 商务部自贸区港司数据显示，2023 年上半年，21 个自贸试验区实际使用外资 1300 亿元，同比增长 8.2%，高出全国平均水平 10.9 个百分点。综合考量，21 个自贸试验区贡献了全国 18.4% 的外商投资以及 18.6% 的进出口总额。② 可见，自贸试验区在扩大贸易投资规模、优化贸易投资结构方面有着积极作用，有利于促进我国开放型经济体制更高水平发展。2023 年，新疆自贸试验区的设立进一步扩大了自贸试验区的数量，为我国经济发展注入了新的活力。至此，我国自贸试验区数量已扩大至 22 个。商务部发布的数据显示，2023 年 22 个自贸试验区合计进出口 7.67 万亿元，吸引外资总额达到 2086.4 亿元，自贸试验区的面积虽然小，但是外贸和外资均占到全国的 18.4%，为稳外贸稳外资发挥了重要作用。③

（三）自贸试验区是制度型开放的压力测试地

在制度型开放的道路上，自贸试验区已率先行动，出台了一系列对接国际高标准经贸规则的政策，积极探索如何有效管理这些风险，以推动更高水平的对外开放和区域经济发展。南沙自贸试验区于 2022 年 1 月公布了《南沙自贸片区对标 RCEP 与 CPTPP 进一步深化改革扩大开放试点措施》。这一措施标志着中国首次针对《区域全面经济伙伴关系协定》（RCEP）和《全面与进步跨太平洋伙伴关系协定》（CPTPP）建立的自贸试验区全面启动。措施针对贸易自由便利、投资自由便利、要素流动便利、金融服务、竞争政策和绿色发展六大关键领域，共计推出十七条创新性试点政策。在贸易自由便利领域，着力提升货物贸易通关效率，同时创新了原产地标准制度。在投资自由便利领域，致力于打造公平、透明、稳定的国际化营商环境，保障境

---

① 《中国自由贸易试验区发展报告（2023）》，https://zmqgs.mofcom.gov.cn/cms_files/oldfile//zmqgs/202311/20231128163039377.pdf。
② 林志刚：《自贸试验区建设助力高水平对外开放》，《中国社会科学报》2023 年 9 月 7 日，第 A02 版。
③ 《智库要论丨赵忠秀：推动我国自由贸易试验区深化发展》，《中国经济时报》微信公众号，2024 年 6 月 18 日，https://mp.weixin.qq.com/s/XWBmQBugaKzl3JaIBHJyBw。

外投资者的权益。在要素流动便利领域，探索数字贸易发展新模式和国际数据合作治理新规则，并积极吸引人才集聚。在金融服务领域，推动离岸贸易产业集群建设，同时探索自贸区金融监管创新，促进区域金融合作。在竞争政策领域，秉承竞争中立原则，探索国企改革，推动公平竞争的国际形象。在绿色发展领域，加强与 RCEP 成员国在农业领域的合作，响应全球节能减排号召，推动低碳经济下的新发展模式。南沙自贸区采取的行动展示其在遵循高规格国际经贸规范方面的领先地位，这为该区的进一步开放和进步带来了新的动力。2022 年 5 月，广西壮族自治区人民政府印发《广西高质量实施 RCEP 行动方案（2022—2025 年）》①，提出了一系列具体措施，以推动广西与 RCEP 成员国的经贸合作，提升广西在国际经济合作中的地位和影响力。通过实施这些措施，广西将积极融入 RCEP 的经济合作体系，加强与成员国的贸易往来，促进投资合作，推动产业升级和创新发展，提高广西在国际经济合作中的地位和影响力。这将为广西经济的高质量发展提供重要支撑，并为广西融入国际经济合作体系做出积极贡献。

三　自由贸易试验区推进制度型开放的现实路径

自贸试验区作为制度创新高地，应率先从规则、规制、管理、标准等多个层面入手，打破国内外市场之间的各种壁垒，构建国内国际双循环相互促进的新发展格局。国务院印发的《关于在有条件的自由贸易试验区和自由贸易港试点对接国际高标准推进制度型开放若干措施》② 以及《全面对接国际高标准经贸规则推进中国（上海）自由贸易试验区高水平制度型开放总体方案》③ 两份文件就是自贸试验区引领制度型开放的注脚。

---

① 《广西壮族自治区人民政府关于印发广西高质量实施 RCEP 行动方案（2022—2025 年）的通知》，《广西壮族自治区人民政府公报》2022 年第 13 期，第 2~10 页。
② 《国务院印发关于在有条件的自由贸易试验区和自由贸易港试点对接国际高标准推进制度型开放若干措施的通知》，《中华人民共和国国务院公报》2023 年第 20 期，第 25~29 页。
③ 《国务院关于印发〈全面对接国际高标准经贸规则推进中国（上海）自由贸易试验区高水平制度型开放总体方案〉的通知》，《中华人民共和国国务院公报》2023 年第 35 期，第 5~11 页。

（一）规则开放

1. 货物贸易规则

自贸试验区对于特定进口货物，如葡萄酒和医疗器械，如果国内代理商已经在区内注册，则不需要在标签和包装上添加中文翻译、有效期、保质期和最迟销售日期。但是，如果由于包装或容器损坏或添加了易腐烂的成分，那么交易各方必须对标签进行适当的调整。对于从国外引进的医疗设备，如果负责注册或备案的海外机构在区内设有办事处，则该办事处在确保产品质量管理体系运行良好的前提下，被允许在医疗设备销售或分发前贴上中文标识或分类标签，并应遵守当地药品监管机构的监察规定。对于中转货物，由境外发出，经区内装卸、拆分、集中，最终运往其他国家和地区的无须检验，按照不进境则不检验的原则处理。此外，还鼓励自贸试验区探索国际中转拼箱平台的运营方式创新，使出口拼箱、国际中转拆拼箱等多种作业能在同一地点完成。例如，青岛自贸片区创新性地开展了舱单状态下的国际中转集拼业务，建立了一种无须报关的业务模式。

2. 服务贸易规则

推动服务贸易发展是促进经济转型升级、构建新发展格局的必然要求和关键突破。[①] 金融服务方面，在保证重要数据和个人信息安全的前提下，允许金融机构将日常运营所需的数据传输到国外。允许在自贸试验区注册的企业和个人跨境合法购买境外金融服务，同时也加强对境外金融机构申请的审批时效性。提升自由贸易账户系统功能，实现自贸试验区内外资金有序自由流动。实践中，为支持上海发展离岸经贸业务，人民银行上海分行与上海市商务委员会出台自由贸易账户支持离岸经贸业务相关措施，中国银行上海市分行落地首单自由贸易账户为离岸加工贸易提供跨境结算业务。电信服务方面，基础电信运营商须在确保服务品质与稳定性不受损害的前提下，供应公正无私的通信服务，按照相关法规，对移动通信转售服务进行优化，确保收

---

① 刘佳林：《推动我国服务贸易高质量发展》，《服务外包》2024年第6期，第50~56页。

费标准的公正性，并避免制定任何形式的歧视性条款。

3. 数字贸易规则

数字经济已成为全球要素资源重组、经济结构重塑和竞争格局变化的重要驱动力。数字技术的发展直接影响了全球贸易结构，贸易方式和贸易对象的数字化日益成为全球贸易的重要特征。[①] 例如，针对数据跨国传输的情况，准许企业和个体在商业需求的驱动下向海外转移数据，但前提是这些数据传输行为必须遵守国家有关跨境数据管理的法律法规。制定保护数据的分级分类制度，鼓励自贸试验区制订关键数据清单，引导数据管理者开展跨境风险评估，尝试构建合规、安全、便捷的数据跨国传输机制。在数字技术应用方面，推动电子票据应用，如电子提单、电子仓单等，加强电子发票的跨境交互性。

（二）规制开放

1. 知识产权保护

知识产权保护对于国家治理体系和治理能力的现代化至关重要，是全面对外开放的纽带。[②] 为加强知识产权保护，自贸试验区应不断提高专利申请的效率以及知识产权保护标准。为了更全面地保护商业秘密，对现行的商业秘密保护体系进行优化，确保商业秘密所有者能够获得充分的法律支持。加大对非法获取、盗用及泄露商业秘密行为的监管力度，并实施有效的保护措施。商标注册申请也需要规范，标明商品或服务的名称并对其进行分类，同时规范商标标签和包装的使用。

2. 政府采购改革

按照"整顿市场秩序、建设法规体系、促进产业发展"[③] 的原则，自贸

---

① 王少辉等：《全球数字贸易的发展特征、中国的发展现状及建议》，《西南金融》2024 年第 6 期，第 54~66 页。

② 《全面加强知识产权保护工作激发创新活力推动构建新发展格局》，《理论导报》2021 年第 2 期，第 29 页。

③ 万静：《我国推出未来三年政府采购重点改革任务路线图》，《法治日报》2024 年 7 月 12 日。

试验区需加快政府采购改革，规范采购程序，实行公平竞争，针对特定情形采取的单一来源采购方式，须公开相关信息。提升采购流程管控，全面权衡各项成本要素，依照法律法规推进政府购买公告透明化。改善政府电子采购平台的服务体验，推动采购流程透明化和智能化。推动将中小企业纳入采购流程，鼓励使用电子采购手段。不断提升政府采购治理，邀请专门的审查实体对投标者对公共采购过程中的意见进行及时反馈，鼓励买方与卖方通过对话方式处理争议。

3. 生态环境保护

自贸试验区要打造经济高质量发展与生态环境高水平保护协同推进的样板。自贸试验区应加强国际低碳环保协作，加快碳排放权交易平台的建立。支持绿色产品和生态产品的认证和溯源，建立产品认证溯源机制。建立对环境友好型产品交易的支持体系，扩展绿色金融产品与服务的范围，加快环境友好型产品与服务的发展步伐。

4. 风险防控体系建设

以制度化安全保障制度型开放。自贸试验区应率先探索通过大数据分析技术识别和监测风险，并采取相应的处置措施，利用新技术提升监管效率。完善全流程监督体系，优化监管准则与手段，巩固市场监管、品质监控、安全监控以及网络监控之间的配合与协作。加强监管互认与合作，借鉴国际通行惯例与规则，加强与其他国家监管机构的合作。

（三）管理开放

1. 商用密码产品管理

在数字化转型过程中产生了大量数据，数据需要密码保护，因而商用密码产业的兴起是必然趋势，商业密码管理也变得尤其重要。[1] 在商用密码产品管理方面，自贸试验区可以做一些率先尝试。例如，除列入进口许可清单的部分商用加密产品外，对不涉及国家安全和公共利益的商用加密产品放松

---

① 陈雨康：《锻造"数字长城"上海商用密码产业聚势远航》，《证券时报》2024年6月19日。

进口限制；除涉及国家安全和社会公共利益的特定领域外，从事商业加密产品的制造、销售、分销、进口或使用的商业实体，不强制实施或执行国内技术规范和合格评定流程以获取独家加密信息，也不强制要求有国内合作伙伴或依赖特定的加密算法。同时，加快商用密码测试认证体系建设，鼓励积极采用商用密码测试认证结果。

2.商务人员临时入境管理

自贸试验区应加强便利商务人员临时入境的改革举措。对非永久入境的商务人员，自贸试验区对外商投资企业外籍专家的随行配偶和家属，给予与外籍专家相同的临时入境权利和停留期限。对于计划在自贸试验区设立分支机构或子公司的外资企业的高级管理人员，其短期居留许可有效期延长至2年。同时，其随行配偶及家属也将获得同等期限的入境和居留许可。这些措施旨在为外籍专家在华工作和生活提供保障，对来华进行投资的外国企业高管及其家属提供更加便捷的入境和居留安排。

3.国有企业改革管理

国有企业改革是高标准国际规则的常规议题。自贸试验区要在推进国有企业改革中走在前列，加快推进国资监管机构职能转换，采取与国有独资公司不同的管理策略，对股东履职的流程进行标准化管理，不断加强股东大会的职能。完善国有企业信息披露机制，不断优化信息披露流程，细化国有企业信息披露分类指导意见，促进国有企业控股或参与的上市公司提高治理和运营的规范化水平。

（四）标准开放

1.对接国际标准

鼓励技术及产品领域与国际标准保持一致，将国际及海外先进的规范纳入自贸试验区技术经济策略。例如，在金融行业中，推动金融机构与支付服务供应商采纳国际领先水平的电子支付系统，提升支付的效率及便捷性。在数据交换时，在确保数据安全的前提下，支持国际贸易"单一窗口"建设数据跨境交换系统，采纳国际广泛认可的标准，增强系统的操作性和兼容性。同时积极探索与全球标准相匹配的数字身份验证体系，推动数字身份的跨境认可试点建设。

2. 标准制定修订

在自贸试验区内鼓励海外相关实体公平地介入相关标准的制定和修订。通过公开征求意见、提供外文版本等方式，推进标准国际化、公开透明，吸引更多国际企业和机构参与自贸试验区建设。同时，也鼓励自贸试验区内的企业和机构积极参与国际标准的制定和修订。

B.3
中国自由贸易试验区知识产权司法保护机制的创新与完善

董淳锷　郑书月*

摘　要： 高效且健全的知识产权司法保护机制是推进高水平对外开放、实施自由贸易试验区提升战略的重要法治保障。近年来，在知识产权司法保护制度创新和机制改革的道路上，自贸试验区取得了诸多成果，但也存在不足。知识产权司法保护的专门化程度有待提升，知识产权司法审判的效率和质量有待提升，知识产权涉外审判机制有待完善。自贸试验区应当继续深化知识产权司法保护机制的创新与优化，通过推进自贸试验区知识产权审判体制机制的改革创新，推进自贸试验区知识产权审判程序的改革创新，推进自贸试验区知识产权司法保护协同合作机制的创新，努力构建一个更加完善、高效、公正的知识产权司法保护体系。

关键词： 自贸试验区　知识产权　制度创新　营商环境

　　党的二十大报告提出，要"加强知识产权法治保障，形成支持全面创新的基础制度"。高效且健全的知识产权司法保护机制，能够营造优良的营商环境，激发企业创新活力，为推进高水平对外开放、实施自由贸易试验区提升战略提供法治保障。为了更好对接高水平国际经贸规则、进一步优化营商环境，需要高度重视自由贸易试验区（含各自贸片区和海南自贸港，以

---

* 董淳锷，中山大学法学院教授，中山大学自贸区综合研究院副院长，主要研究领域为公司企业法、合同法、市场监管法、企业法律风险防控、法律实施机制与法律实效等；郑书月，中山大学法学院经济法硕士研究生。

下统称自贸试验区）知识产权司法保护机制的创新和完善工作。一方面，自贸试验区是全面深化改革、构建开放型经济新体制的试验田和重要窗口，承载着为国家试制度、为开放探新路的历史使命。另一方面，自贸试验区内知识产权纠纷的复杂性对知识产权保护提出了新问题、新挑战。知识产权司法保护是知识产权保护体系的重要力量，对推动我国经济高质量发展、建设更高水平开放型经济新体制意义重大。① 因此，知识产权司法保护机制的创新和完善是自贸试验区法治建设的关键一环，自贸试验区应当先行先试，推动对知识产权司法保护机制的改革创新，形成更多可复制可推广的制度创新成果，打造市场化法治化国际化营商环境，助力知识产权强国建设。

在知识产权司法保护方面，近年来各省区市正在持续推进制度创新和机制改革，已经取得诸多成效，包括设立知识产权专门法院及专门审判庭等审判机构、优化诉讼程序规则、推行"三合一"审判机制、推进惩罚性赔偿制度的司法适用、构建多元纠纷解决机制等，据此提升了知识产权司法保护的质量和水平。在此过程中，一些自贸试验区所在地的立法机关和司法机关发挥了重要作用，但是从对标高水平国际规则、打造市场化法治化国际化营商环境上来衡量，当前的知识产权司法保护工作还存在一些不足。整体来看，部分地区法院的不少制度创新和机制改革，是在最高人民法院指导下实施的"规定动作"，自贸试验区制度试点创新的功能尚未完全释放，主要通过个案挖掘进行一些制度创新和机制改革的探索，存在碎片化、可复制性不强等特征，② 而且不同地域的自贸试验区之间的制度创新成效也存在较大差异，东部的创新成效明显优于西部，沿海的创新成效明显优于内地。

本报告聚焦中国自贸试验区知识产权司法保护机制的创新与完善。遵循点面结合的研究思路，采用制度分析、案例分析、比较分析等研究方法，在考察中国自贸试验区知识产权司法保护制度创新和机制改革总体现状的基础上，重点关注广东、上海、北京、江苏、浙江、海南、重庆等省

---

① 《最高人民法院关于全面加强知识产权司法保护的意见》（法发〔2020〕11 号）。
② 曹晓路、王崇敏：《中国特色自由贸易港知识产权保护制度创新研究》，《行政管理改革》2020 年第 8 期，第 10~18 页。

区市的自贸试验区的实践现状，① 总结其创新经验并归纳存在的问题，为知识产权司法保护机制的专业化、高效性及国际化程度的提升，提出推进自贸试验区知识产权审判体制机制创新、审判程序规则创新、司法保护协同合作机制创新等优化建议。

一 自贸试验区知识产权司法保护机制创新发展的现状

（一）有关知识产权保护的最新政策法规

1. 国家关于知识产权保护的政策导向

近年来，国家立足知识产权强国建设的战略目标，发布了一系列指导全国知识产权保护工作的文件，并将知识产权司法保护机制的改革创新作为关键，提出加强知识产权审判改革的具体建议。2018 年，中共中央办公厅、国务院办公厅发布《关于加强知识产权审判领域改革创新若干问题的意见》，提出关于知识产权司法保护改革的意见，致力于破解制约知识产权审判发展的体制机制障碍，从知识产权诉讼制度完善、法院体系建设和审判队伍建设等方面提出改革建议，旨在深化知识产权审判领域改革，充分发挥知识产权审判激励和保护创新作用。2021 年 9 月，中共中央、国务院印发《知识产权强国建设纲要（2021—2035 年）》，提出健全公正高效、管辖科学、权界清晰、系统完备的司法保护体制，为国际一流营商环境提供有力支撑。同年 10 月，为贯彻落实《知识产权强国建设纲要（2021—2035 年）》关于知识产权工作决策部署的详细规划，国务院出台《"十四五"国家知识产权保护和运用规划的通知》，提出推行"三合一"审判机制改革，建设"审判法官+技术调查官"审判队伍，以及加大知识产权刑事案件打击力度等。

---

① 本报告涉及的案例等实证材料，一部分来自法院官方网站或媒体公开报道，其余部分来自各自贸片区提供给中山大学自贸区综合研究院的调研资料。

2. 最高人民法院对知识产权司法保护的规定

近年来，最高人民法院在知识产权司法保护领域连续出台了一系列重要规定，既有宏观上强化司法保护的总体策略，又有微观上针对具体知识产权诉讼机制和程序的细致规定。在宏观总体策略方面，为推动经济高质量发展、建设更高水平开放型经济新体制，2020年最高人民法院印发《关于全面加强知识产权司法保护的意见》，提出应当牢牢把握知识产权司法保护服务大局的出发点，完善知识产权诉讼程序，健全知识产权审判体制机制，加强各方协同合作、审判基础建设等。在微观制度层面，2019年最高人民法院印发《关于技术调查官参与知识产权案件诉讼活动的若干规定》，明确了技术调查官在知识产权案件中的职责和权限，为技术问题的专业判定提供了法治保障。2020年，最高人民法院印发《关于知识产权民事诉讼证据的若干规定》，完善了在知识产权案件中适用证据提交、证据妨碍、证据保全及司法鉴定等规则的规定，有效减轻了权利人的举证负担。2021年，最高人民法院印发《关于审理侵害知识产权民事案件适用惩罚性赔偿的解释》，完善了知识产权侵权案件中惩罚性赔偿的适用条件和标准，加大了对知识产权侵权行为的惩戒力度。2024年，最高人民法院进一步出台《关于规范和加强办理诉前保全案件工作的意见》，为自贸试验区通过诉前保全以保障知识产权裁判切实执行提供了法律依据。

3. 自贸试验区对知识产权法律保护的最新规定

一是总体性的政策法规框架。为了提高自贸试验区内知识产权保护的针对性和可行性，各地自贸试验区结合本地经济社会发展的特点，陆续出台了地方性的政策法规文件，搭建了总体性的法律法规保护框架。如《北京市知识产权保护条例》《上海市浦东新区建立高水平知识产权保护制度若干规定》《海南自由贸易港知识产权保护条例》《广州南沙新区（自贸片区）知识产权促进和保护办法》等，都有积极的示范意义。

二是精细化的司法审判规定。为更好推动知识产权司法审判工作，自贸试验区的司法机关针对证据规则、诉讼程序等，出台了不同的具体实施细则，如大连市中级人民法院《知识产权速裁案件要素式审判若干规定（试

行）》、广州市南沙区人民法院的《互联网电子数据证据举证、认证规程
（试行）》以及重庆两江新区（自贸区）人民法院《关于审理知识产权小额
诉讼案件的实施办法（试行）》等具体审判指引，为知识产权案件的审理提
供了明确、具体的操作规范，进一步提升了司法审判的质量、效率和公正性。

（二）知识产权司法保护的总体现状

1. 最高人民法院知识产权司法审判的总体情况

最高人民法院知识产权法庭自 2019 年 1 月 1 日成立以来，不断深化审
理机制改革，充分发挥国家层面知识产权案件上诉审理机制的职能作用，审
判工作质量显著提高。截至 2023 年，最高人民法院知识产权法庭受理案件
总量达到 18924 件，审结 15710 件，结案率 83%。其中，受理涉外、深港澳
的案件总量为 1934 件。[①] 在重大复杂案件方面，最高人民法院知识产权法
庭成功审结了涉"西门子"商标侵权及不正当竞争纠纷案、涉"丹玉 405
号"玉米植物新品种侵权纠纷案等在国内外有重大影响的案件。整体而言，
最高人民法院知识产权法庭坚持严格保护的审判理念，通过适用惩罚性赔
偿、完善证据规则等方式持续破解知识产权维权"举证难、周期长、赔偿
低、成本高"等难题，探索完善技术调查官制度，充分运用"知己"裁判
规则库推行智慧法庭建设，多层次推进知识产权审理机制的现代化发展。

2. 北京、上海、广东等自贸试验区知识产权司法保护的总体情况

2019~2023 年，知识产权案件来源排全国前五位的一审法院分别是北京
知识产权法院、广州知识产权法院、深圳市中级人民法院、上海知识产权法
院、杭州市中级人民法院（见图 1）。[②] 根据《北京法院知识产权专业化审
判三十年白皮书（1993—2023）》的统计数据，1993~2023 年北京各级法
院受理的一审、二审、申诉、再审等各类知识产权案件共计 624577 件，审

---

① 《最高人民法院知识产权法庭年度报告（2023）》，最高人民法院网，2024 年 2 月 23 日，
　　https：//www.court.gov.cn/zixun/xiangqing/425872.html。

② 《最高人民法院知识产权法庭年度报告（2023）》，最高人民法院网，2024 年 2 月 23 日，
　　https：//www.court.gov.cn/zixun/xiangqing/425872.html。

结 598228 件。其中，新收一审、二审知识产权案件共计 621762 件，年均增长率为 21.8%；审结 595520 件，年均增长率为 22.2%。① 在涉外知识产权案件方面，2014～2021 年北京知识产权法院受理涉外知识产权案件已达 2.81 万件，占总收案量的 22.3%，涉外案件结案量达 2.4 万件，占总结案量的 21.6%，当事人遍及全球五大洲超过 100 多个国家和地区。② 以 2023 年为例，上海市浦东新区人民法院自贸区法庭在知识产权纠纷案件处理上也表现出色，受理与审结量均超过五千件，结收比更是高达 102%，且受理涵盖美国、日本、韩国等十余个国家的涉外知识产权纠纷案件共 34 件。③ 2018～2022 年，广州市南沙区人民法院受理的知识产权民事案件数量达到 26140 件，相较于前一个五年，数量增长了 644.09%，案件总标的额高达 21.24 亿元，同比增长了 650.53%；其中，互联网行业等新类型侵权案件和涉外案件增加最为显著。④

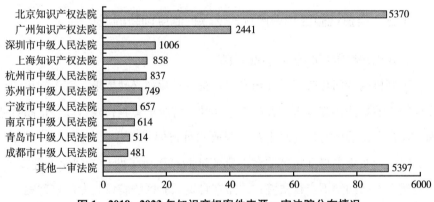

图 1　2019～2023 年知识产权案件来源一审法院分布情况

---

① 《北京知识产权专业化审判三十年：共受理各类案件 62 万余件　审结超 59 万件》，人民网，2023 年 11 月 30 日，http://bj.people.com.cn/n2/2023/1130/c82840-40660429.html。

② 《彰显知产审判的"中国范儿"——北京知识产权法院加强国际交流工作纪实》，《人民法院报》2022 年 1 月 12 日，第 4 版。

③ 《上海市浦东新区人民法院知识产权司法服务保障新质生产力高质量发展白皮书》，上海浦东法院微信公众号，2024 年 4 月 26 日，https://mp.weixin.qq.com/s/DSSfOwrWc38VKula DJdJbA。

④ 《知识产权审判白皮书（2018 年—2022 年）》。

在具体的审判工作模式方面，各自贸试验区积极探索了各具特色的知识产权司法保护创新实践。北京法院设立了知识产权巡回审判庭审理疑难案件，通过惩罚性赔偿等手段强化了保护力度，同时与版权局等共建"e版权"诉源共治体系，有效减少了信息网络传播权纠纷，体现了高效的案件处理能力。上海市浦东新区人民法院则全面落实惩罚性赔偿制度，推进"三合一"审判机制，整合社会力量以推动纠纷多元化解，推进知识产权协同共治，实现对高技术企业严保护、快保护。广州市南沙区人民法院则积极应对新类型及跨境纠纷案件的增长，通过智慧法院平台提升审判效率，成立首个法院驻口岸知识产权纠纷调处中心，通过港澳陪审员、港澳专家咨询机制等方式拓宽港澳人士司法参与渠道，联合南沙海关、南沙区综合行政执法局、南沙区市场监督管理局等8家职能单位共同打造"1+8"知识产权全链条协同保护机制，充分发挥高水平知识产权司法对湾区发展的保障作用。

（三）自贸试验区知识产权司法保护制度创新的现状

1.知识产权审判机构专门化的改革

审判机构专门化改革是知识产权司法现代化的必然要求，基于知识产权案件纠纷兼具法律和技术难题的双重属性，传统的审判模式难以公正高效处理，在自贸试验区对接高水平对外开放和科技创新的背景下更是捉襟见肘。为了整合司法资源提升审判质效，自贸试验区形成了两种专门化审理模式：一是建立专门的知识产权法院；二是在自贸试验区法院设立专门审判庭。

党的十八届三中全会明确提出"探索建立知识产权法院"。截至2024年，全国已建立四家知识产权法院，即北京知识产权法院、上海知识产权法院、广州知识产权法院、海南自由贸易港知识产权法院。建立知识产权专门法院既是"实施高水平知识产权审判机构建设工程"[1] 的要求，也是对国外知识产权专门法院（如日本知识产权高等法院、德国和瑞士的专利法院[2]）

---

① 《知识产权强国建设纲要（2021—2035年）》。
② 易继明：《构建知识产权大司法体制》，《中外法学》2018年第5期，第1260~1283页。

设置的合理借鉴，充分发挥了司法保护对知识产权的主导作用，有助于提升审判质效，推动自贸试验区营商环境的优化。

除了专门的知识产权法院，截至 2023 年 12 月 31 日，上海、天津、深圳、重庆、苏州、长沙等省市共有 27 个地方法院设立了独立的知识产权审判庭，[①] 集中审理商标、著作权等知识产权案件，显著提升了审判质量和效率，确保了法律适用的统一。知识产权审判庭的设立不仅加大了自贸试验区内的知识产权保护力度，也有效促进了创新活动的蓬勃发展，通过公正高效的司法审判，为自贸试验区的持续健康发展提供了有力的法律支撑和保障。

2. 知识产权诉讼证据制度的改革

我国的知识产权诉讼证据制度改革已形成减轻举证负担、证据数字化、促进诚信诉讼的发展态势。北京法院依据《北京知识产权保护条例》，积极采用时间戳、区块链等电子存证技术，显著提升了知识产权保护相关证据的真实性和可信度。上海法院在侵犯"邵东家""赤坂亭"注册商标等案件中积极探索证据披露、证据妨碍排除、举证责任转移等证据规则的合理适用，有效减轻了权利人的举证负担，降低了知识产权的维权成本。广州市南沙区人民法院发布的《民商事案件证据开示指引》倡导诚信诉讼，遵循属实申述原则，借鉴港澳规则，允许当事人自行商定证据开示，在知识产权等民商事证据方面积极探索与国际接轨的制度创新。

3. 知识产权诉讼保全制度的改革

知识产权诉讼保全制度的改革主要体现在创新利用互联网技术提升保全措施的可信度和执行效率，有效地将企业可能面临的不利影响降至最低。如广州市南沙区人民法院积极推广《互联网电子数据证据举证、认证规程（试行）》，并探索区块链技术在证据保全领域的应用，利用技术手段提升证据的真实性和可信度。苏州工业园区人民法院通过物联网技术如"电子封条"等，实现了活查封、活扣押，有效减少了诉讼保全对企业正常生产经营的影响。

---

① 《最高人民法院知识产权法庭年度报告（2023）》，最高人民法院网，2024 年 2 月 23 日，https://www.court.gov.cn/zixun/xiangqing/425872.html。

4. 知识产权侵权损害赔偿制度的改革

知识产权损害赔偿制度改革的目的是强化对权利人的救济和对侵权人的惩戒，其主旨是通过完善侵权损害赔偿数额的确定方法，尽可能查明侵权受损或获利相关事实，务求科学合理认定专利侵权损害赔偿数额，从严打击侵权假冒行为。近年来，上海、深圳、广州等市的法院充分重视惩罚性赔偿制度在保护知识产权方面的作用。深圳前海合作区人民法院通过制定《关于适用知识产权惩罚性赔偿的裁判指引》，明确了惩罚性赔偿的适用条件和赔偿数额、法定赔偿中的惩罚性因素等内容。广州市南沙区人民法院在《广州南沙新区（自贸片区）知识产权促进和保护办法》中规定，在专利、著作权等领域依法依规引入侵权惩罚性赔偿制度。数据显示，2023 年全国法院新收一审、二审、申诉、再审等各类知识产权案件 54 万余件，审结数量与新收数量基本持平，分别比 2022 年上升 3.41% 和 0.13%，各地各级法院在 319 件知识产权民事侵权案件中适用惩罚性赔偿，判赔金额达 11.6 亿元。[①] 2023 年上海市浦东新区人民法院累计在 31 起知识产权案件中适用惩罚性赔偿，适用效果良好。这些改革措施共同体现了自贸试验区在知识产权侵权损害赔偿方面加大力度的决心。

5. 知识产权案件民事、刑事与行政"三合一"审判机制的改革

知识产权案件"三合一"审判是指由指定的知识产权法庭将知识产权民事、刑事和行政案件合并审理，这种模式可以有效节约司法成本，统一裁判标准，提高审判质量和效率。截至 2024 年 4 月，知识产权民事、刑事与行政案件集中管辖已经在全国大部分法院有序开展。天津、内蒙古、浙江等十二地法院全面实现辖区内三级法院知识产权案件"三合一"审判，有效提升了知识产权司法保护整体效能。[②] 上海、南京、长沙、海南等地的法院也深入推进知识产权案件民事、刑事与行政"三合一"审判机制，充分发

---

① 《最高法发布全国法院 2023 年知识产权司法保护情况 以法治之力服务保障新质生产力发展》，法治网，2024 年 4 月 23 日，http://www.legaldaily.com.cn/index_article/content/2024-04/23/content_8987805.html。

② 《最高人民法院举行知识产权宣传周新闻发布会》最高人民法院网，2024 年 4 月 23 日，https：//www.court.gov.cn/zixun/xiangqing/430732.html。

挥知识产权案件专业化、集约化审判的积极效应，有力提高了自贸试验区知识产权保护水平。广州市南沙区人民法院自 2014 年实施知识产权案件"三合一"审判以来，取得了良好的专业审判质效，如依法审结了广州首例对侵犯商业秘密犯罪适用"从业禁止"原则的刑事案件等。

6. 知识产权司法执行机制的改革

法律的生命在于实施，裁判的价值在于执行，司法裁判能否获得有效执行直接影响知识产权司法保护水平。当前，各自贸试验区都在积极推动改革以保障司法执行落到实处，推出了一些创新做法。一是健全严重失信主体联合惩戒机制。南京法院通过建立知识产权诚信档案，将知识产权侵权违法案件信息向社会公开，并将不依法执行行为等纳入信用"黑名单"管理，促进诉讼诚信体系的建设，支持执行到位。二是推行"标准化+数字化"执行模式。苏州法院创新设置标准化执行流程，并实现执行全流程数字化、可视化，高效推进执行工作，切实兑现各类市场主体胜诉权益。三是探索承认执行外国判决机制。海南法院试点依据国际公约直接向外国提出司法协助请求，促进判决互认，确保仲裁裁决执行。

7. 知识产权纠纷多元解决机制的改革

北京、上海、海南等地通过先行先试，完善了调解、仲裁、和解与诉讼衔接、协调的知识产权纠纷多元解纷机制，形成了诉源治理为先、非诉机制挺在前、司法保护主导的矛盾纠纷化解体系。京沪两地法院通过签署合作协议，搭建知识产权纠纷京沪联动联调多元化解平台，整合京沪两地知识产权类行业协会、调解组织等资源，协同高效化解跨域版权纠纷。海南自贸港知识产权法院和海南省知识产权局联合建立知识产权纠纷调审一体化机制，同时还与多家知识产权调解组织签订了诉调对接协议，极大地提高了调解成功率。此外，深圳前海合作区人民法院通过加强同中国（深圳）知识产权保护中心、粤港澳调解联盟、知识产权仲裁中心等域内外专业机构的合作，引入有知识产权专业背景的港澳台地区及外籍调解员，提供更专业化、多元化的知识产权纠纷化解选择。广州市南沙区人民法院出台了全国首个《关于知识产权民事案件要约和解程序的适用指引》，通过调解诉讼费负担比例推

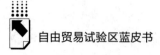

动以非诉讼争议解决方式处理纠纷，适当增加无正当理由拒绝和解的当事人应当承担的诉讼成本，促进调解成功。

二 自贸试验区知识产权司法保护机制存在的不足

（一）知识产权司法保护的专门化程度有待提升

1. 知识产权地方立法的体系化问题

首先，自贸试验区涉及知识产权保护的文件多数以指引、办法、规定等一般规范性文件的形式发布，依托自贸试验区所在省区市制定的地方立法情况较少。其次，各自贸试验区之间在制度创新和机制改革方面的进程不同。一方面，北京、广州、海南等地已经出台了整体性的知识产权保护条例或者办法，但大部分中西部地区尚未出台一般性、总体规划性质的地方性法规。另一方面，一些自贸试验区出台了各具特色的知识产权诉讼规则改革文件，在不同层面提升了当地法院的司法审判质效，但内容差别较大、规范话语体系不同。再次，各自贸试验区在制度创新和机制改革方面的经验尚未得到系统总结，制度创新经验的相互借鉴、复制仍有不足。截至 2023 年，尽管商务部已完成七批次的改革试点经验总结，但这些经验总结主要着眼于整个自贸试验区改革经验的概括性梳理，其中涉及知识产权司法保护改革经验的总结仍待加强。

2. 知识产权审判机构专门化的问题

首先，知识产权专门审判机构的建设仍待推进。截至 2024 年，我国仅有北京、上海、广州、海南自由贸易港四家知识产权法院，这一数量相对于庞大的知识产权案件数量和广阔的地域分布而言仍不足够。数量上的不足导致部分地区的知识产权案件难以得到及时、高效的审理，一定程度上影响了知识产权保护的力度和效果。其次，知识产权法庭管辖案件分散，不仅增加了案件处理的复杂性和难度，也会影响审判效率和判决的准确性、公正性。在某些地区，由于基层法院知识产权法庭审理知识产权案件的能力有限，一些复杂、疑难的案件可能难以得到妥善解决。

3. 知识产权审判队伍专业性的问题

首先，各地法院负责知识产权案件的法官的专业水平存在较大差异。法院内部轮岗工作机制还可能导致审理知识产权案件的法官缺乏足够的经验和专业知识的积累。部分审理知识产权案件的法官的业务水平不高，处理新型、复杂、高技术案件的能力不足，需要进一步加强业务交流和培训，培养更多技术、法律的复合型审判人员。同时，审判队伍的人员构成中具有留学或者国外交流背景的法官较少，大多数法官虽然具有丰富的审判经验但不熟悉国外法律法规，导致整体队伍的国际化视野受限。

其次，技术调查官参与知识产权案件审理的机制仍需优化。技术调查官在审判中的职责定位有待进一步明确，一些技术调查官在履职过程中存在行为不规范现象。在一些案件中，存在法官过度依赖技术调查意见等情况。另外，各知识产权法院或知识产权法庭选聘技术调查官的方式不统一，由此选任的不同来源的技术调查官出具的技术调查意见的质量参差不齐。① 事实上，加强技术调查官队伍的建设，规范其履职行为，提升其技术调查的专业性，对于建设高水平、专业化知识产权审判队伍至关重要。

（二）知识产权司法审判的效率和质量有待提升

1. 知识产权司法维权成本问题

知识产权侵权案件的固有难题是司法维权成本高昂，权利人需要花费很多时间和金钱去调查取证、进行第三方评估鉴定、聘请律师以及等待漫长诉讼程序之后的判决等。而且在付出了司法维权成本之后，权利人面对的仍然是不确定的诉讼结果，以及可能较低的补偿，诉讼成本与收益回报不匹配。其原因在于，知识产权侵权行为调查、认定难度大，侵权收益和损害数额的计算也非常复杂，而且司法判决往往难以对侵权人造成足够惩戒，对付出了

---

① 杨秀清：《我国知识产权诉讼中技术调查官制度的完善》，《法商研究》2020 年第 6 期，第 166~180 页。

高成本的维权者的激励更是不足。因此，知识产权司法维权的高成本常常导致企业的创新积极性不足，制约自贸试验区的高质量发展。

2. 知识产权案件审理周期问题

知识产权案件审理周期长的问题长期存在，是影响知识产权司法保护效率的重要原因之一。以最高人民法院知识产权法庭的审理周期为例，2021 年各类案件的平均审理周期为 134 个自然日，2022 年增加到 165.2 个自然日，总体呈上升趋势。[①] 尤其是技术类案件所涉事实查明较为复杂，往往需要委托技术鉴定、保全、勘验等步骤，还需要邀请具备此类知识的专家陪审员、技术调查官参与审理，或开展技术咨询等工作，与一般知识产权案件相比，审理周期更长。随着自贸试验区经济发展水平和对外开放水平的日益提升，受案量越来越多，将会进一步导致审理周期的拉长，降低诉讼效率和便捷性。

3. 知识产权司法裁判标准问题

司法裁判标准的统一性是审判公正与法院公信力的基石。当前司法实践中，裁判标准的不统一问题一定程度上还存在。一方面，知识产权司法裁判标准尚不统一。尽管有司法解释和案例指导，但是审判实践中仍然存在着裁判标准不统一的质疑之声。另一方面，司法裁判标准与行政执法标准之间存在脱节。裁判标准的差异化制约着自贸试验区知识产权司法保护水平的提升。2020 年 11 月 30 日，习近平总书记在主持中央政治局第二十五次集体学习时强调："要促进知识产权行政执法标准和司法裁判标准统一，完善行政执法和司法衔接机制。"[②] 自贸试验区知识产权司法保护机制的完善，需要确保行政执法标准与司法裁判标准的统一，以重塑公众对司法的信任，维护法治的尊严。

[①] 李佳、王斌：《网络知识产权犯罪刑附民的必要性与正当性——以被害人的损失填补为视角》，《上海法学研究》2022 年第 2 期；《最高人民法院知识产权法庭年度报告（2021）》，最高人民法院知识产权法庭网，2022 年 2 月 28 日，https://enipc.court.gov.cn/zh-cn/news/view-1783.html。

[②] 《习近平主持中央政治局第二十五次集体学习并讲话》，中国政府网，2020 年 12 月 1 日，https://www.gov.cn/xinwen/2020-12/01/content_5566183.htm。

（三）知识产权涉外审判机制有待完善

1. 知识产权涉外审判规则提炼仍有不足

近年来，我国自贸试验区涉外知识产权的纠纷案件受案量越来越多，知识产权跨域保护问题越来越需要充分重视，但是当前从中央到地方，相关政策法规对知识产权涉外审判问题的规定不多且多为原则性规定。自贸试验区的法院还需加强对涉外案件审理过程中所形成的裁判思路、法律适用经验、域外法优势的总结和提炼，为知识产权法律的完善和优化提供智力支持，填补当前知识产权法律法规在涉外司法保护方面的不足。

2. 知识产权国际规则研究滞后于新技术新业态的发展

科技是第一生产力，是国家核心竞争力的重要因素。要实现科技强国，需要建立健全与国际接轨的高水平知识产权司法保护机制。当前，互联网、人工智能、生物技术等前沿性、交叉性领域新技术新业态的快速发展使知识产权侵权行为变得更加复杂和隐蔽。部分自贸试验区法院在应对这些新型侵权行为时，往往缺乏足够的司法经验、技术知识，不能为涉外案件的处理和我国企业"走出去"提供有力的法治保障。究其原因，自贸试验区法院对国际规则的研究投入不足，难以与新技术新业态的快速发展保持同步，影响了我国在国际知识产权领域的话语权。

3. 知识产权涉外审判人才国际视野有待拓宽

为提升知识产权审判人才水平，国家知识产权局与司法部出台了《关于深化协同保护以加强知识产权法治保障的意见》，最高人民法院、国家知识产权局出台了《关于强化知识产权协同保护的意见》。虽然两个文件都强调各级知识产权管理部门和司法行政机关间的交流学习，但其内容主要聚焦国内审判经验的交流，对于涉外审判人才的培养和国际视野的拓宽支持不足。拓宽知识产权专业法院涉外审判人才的国际视野，加强与国际知识产权领域的交流与合作，成为当前亟待解决的问题。

4. 对外传播知识产权司法保护经验的主动性不够

一是自贸试验区法院对司法保护经验和成效的传播主要聚焦国内层面，

特别是针对自贸试验区内企业，如广州市南沙区人民法院便通过制作形式新颖、生动有趣的系列微视频并开办法官互动直播讲座等方式向企业普法，四川自由贸易试验区人民法院设立巡回法庭向企业送法等。二是在国际知识产权司法交流活动中，法院往往充当积极参与者，如派人员参加知识产权法官论坛等知名国际会议，但在引领主办国际知识产权保护交流会议、论坛等方面力量有限，主动对外传播知识产权司法保护经验的领导力、积极性不足，目前我国除了参加博鳌亚洲论坛知识产权圆桌会议、中欧知识产权司法论坛、知识产权司法保护国际研讨会，尚未参与其他有影响力的相关国际会议，这在一定程度上限制了我国司法保护国际影响力的拓展。

5. 对出海企业的知识产权司法保护力度待提升

我国出海企业应对知识产权纠纷能力存在不足，最直接的体现是企业对国外的知识产权保护法律法规和相关政策缺乏了解，知识产权保护意识相对薄弱，尤其企业通过涉外知识产权诉讼维权的能力较差，法院对企业的海外诉讼维权保护程度需提升。2022 年，中国企业在美国的知识产权诉讼案件数量达到 986 起，其中有 63.39% 的专利诉讼和 50% 的商业秘密诉讼以和解或撤案的方式结束，在商标诉讼中高达 74.56% 的被告企业因缺席应诉而被判败诉；在已结案的商标诉讼案件中，我国企业获得的最有利结果也仅仅是与对方达成和解。① 这一数据凸显了我国企业在海外应对知识产权诉讼的困境，高撤案率和高败诉率背后折射出我国对出海企业的普法宣传、诉讼支持等司法保护需要加强，也揭示了加大出海企业知识产权保护力度的重要性和紧迫性。

三　完善自贸试验区知识产权司法保护机制的对策

（一）推进自贸试验区知识产权审判体制机制的改革创新

1. 优化知识产权案件管辖法院布局

为进一步落实《知识产权强国建设纲要（2021—2035 年）》提出的

---

① 《2022 年中国企业在美知识产权纠纷调查报告》，智南针网，2023 年 7 月 18 日，https：//www. worldip. cn/index. php? m＝content&c＝index&a＝show&catid＝83&id＝1792。

"实施高水平知识产权审判机构建设工程"，自贸试验区法院可以积极探索知识产权案件管辖法院的布局优化路径，推进司法审判的集约化、专业化。一是根据实际需要，适时建立跨行政区划的知识产权法院。为集中审判资源、提高审判质效，重点在知识产权案件数量充足、司法保护需求较大地区，如浙江、江苏、四川等自贸区，设立若干跨行政区划的知识产权法院，同时结合国家区域发展规划以确定法院管辖范围，由知识产权法院负责审理管辖范围内的技术类知识产权案件，确保知识产权案件的审理具有更高的专业性和统一性。二是合理实施知识产权案件集中管辖机制。在未达到知识产权法院设立条件的地区，对地区内自贸试验区法院的知识产权法庭进行调研评估之后，集中指定其中一家自贸试验区知识法庭跨区管辖。这既可以发挥知识产权案件集中管辖的规模效益，也可以减轻法院的压力，使法官有更多精力投入疑难复杂案件的审理。①

2. 提升知识产权案件审理的专业化水平

司法审判活动的主体是案件审理人员，其素质直接决定司法审判水平。因此，必须重视审判队伍建设，并充分发挥专业人才在知识产权司法保护中的作用。一是打造专业化的审判队伍。通过组建专业的知识产权审判团队，完善法官队伍培养机制，强化政治理论、专业能力和外语培训，以培养政治坚定、精通法律、熟悉技术并具有国际视野的专家型、复合型审判人才。具体措施包括与各地法院建立法官助理交流培养常态化机制，定期开展业务培训研讨，以及推动国际交流培养项目等。二是完善专家辅助人制度。通过选任具备相关专业或行业背景的专家陪审员参审，弥补审判人员知识结构的不足，确保案件审理的专业性。三是建立多元化的技术事实查明机制。通过设立技术调查官、开展技术鉴定、开展专家咨询、设立专家陪审员等多种方式，为知识产权案件审理提供专业、中立、客观的技术审查意见。同时，明确技术调查官的法律地位与职责，完善其选任与培养机制，规范技术审查意

---

① 朱丹：《加强知识产权司法保护 促进新质生产力发展》，《人民法院报》2024 年 4 月 25 日，第 2 版。

见的采信机制，确保技术事实查明的准确性和科学性。

3. 推动新型科技在知识产权审判中的运用

自贸试验区可以通过积极使用新型科技促进知识产权审判，大力建设"智慧法庭"，提升知识产权智慧司法水平。一是完善在线裁判规则库。分类编纂技术类知识产权案件裁判规则，推行办案裁判规则检索报告工作机制，推动案件信息、裁判规则、司法大数据等审判资源互联互通。二是大力推进在线诉讼。提供知识产权纠纷跨域网上立案、远程视频在线审理、质证、辩论、电子送达等诉讼服务，推动办案全流程在线支持、全过程智能辅助、全方位信息公开。例如，深圳前海合作区人民法院结合区块链、人工智能、云计算等技术，实现了知识产权案件全流程线上快立、快审、快结。重庆自由贸易试验区人民法院建立自助式证据交换平台，以科技赋能创新知识产权小额诉讼审判实践。三是探索适用涉知识产权应用场景建模、实物证据3D 成像等新技术辅助案件审理，提升在线审理的效果和效率。四是加强不同法院间"智慧法庭"系统对接，实现和上诉法院间顺畅在线移送电子卷宗，提高司法程序衔接效率。

（二）推进自贸试验区知识产权审判程序的改革创新

1. 推进案件繁简分流机制改革

推进案件繁简分流机制改革，是优化司法资源配置、提高审判效率的重要举措。一是需要强化庭前会议的功能。通过庭前简案识别、庭前调解、庭前证据交换、庭前比对等流程，有效固定侵权证据，明确案件争点，为案件繁简分流提供科学依据。[①] 例如，深圳前海合作区人民法院采用小额诉讼程序审理知识产权简易案件，实现知识产权案件的快速受理和科学分流。[②] 这

---

① 《国务院关于做好自由贸易试验区第七批改革试点经验复制推广工作的通知》，中国政府网，https://www.gov.cn/gongbao/2023/issue_10586/202307/content_6892995.html。

② 《深圳商报 | 前海法院实行最严格的知识产权司法保护 助推粤港澳大湾区和自贸区创新驱动发展》，深圳前海合作区人民法院微信公众号，2019 年 12 月 16 日，https://mp.weixin.qq.com/s/rWk1dt7_KBf12VOUtik8Lw。

一做法能够确保庭审的针对性和高效性，实现简案快审、繁案精审。二是可以设立速审合议庭，专门负责审理程序性案件和批量维权案件，实现案件快慢分道。同时，探索民事和行政案件审理合议庭的适当分工机制，对专业性较强的案件进行集中审理，以提升法庭审判的专业化水平。

2. 完善知识产权案件速审速判机制

一方面，自贸试验区法院需要持续探索知识产权庭审新模式，优化审理程序。通过推行"争点式庭审"，在庭前准备阶段明确案件的争议焦点，庭审时围绕这些焦点直接开展法庭调查和法庭辩论。此外，还可以建立书状先行的庭审方式，引导诉讼双方在庭前完成多轮书面意见的发表，可相应简化法庭调查、法庭辩论的审理环节。另一方面，自贸试验区法院可以通过人工智能辅助技术促使要素式判决的快速生成并提高知识产权案件快速审结的速度。在判决书中，将当事人、诉讼请求、证据等关键要素按标准列明，制作诉讼要素表和答辩要素表，实现判决生成的标准化、流程化和人工智能化。

3. 完善知识产权侵权损害赔偿制度的司法适用

为有效解决知识产权侵权诉讼赔偿低问题，需完善补偿性赔偿和惩罚性赔偿相结合的侵权损害赔偿机制。自贸试验区法院可以借鉴深圳前海合作区人民法院的做法，完善惩罚性赔偿裁判指引，明确恶意侵权行为的认定标准和加倍赔偿的适用条件。同时，发布适用惩罚性赔偿的典型案例，提高公众对知识产权保护的重视。在实体法上，有必要进一步提高侵权赔偿上限，强化惩罚性赔偿制度的适用，加大侵权成本。程序法上，要优化计算惩罚性赔偿金基数的方法，避免因计算困难而拒绝适用惩罚性赔偿制度。

（三）推进自贸试验区知识产权司法保护协同合作机制的创新

1. 优化知识产权保护协作机制

自贸试验区法院需要加强与公安局、检察院及其他行政部门的协作。在知识产权保护工作中，法院与公安、检察院、行政部门的紧密协作至关重要。通过加强与公安、检察机关在知识产权司法程序中的沟通协调，以及与市场监管、版权、海关等行政主管部门的执法程序衔接，能够形成知识产权保护的整体合力。在协作机制的改革创新方面，广州市南沙区人民法院所建立的"1+8"全链条协同保护机制，海南自由贸易港知识产权法院与海口市、三亚市的知识产权主管部门签订的协同保护框架协议，都是可以借鉴的实例。

自贸试验区法院还需要推动与不同地区的法院之间的协作。在跨地区知识产权保护方面，不同地区法院间可以通过签订框架协议、搭建协作平台以实现跨地区司法保护。如广州南沙、深圳前海、珠海横琴法院共同签署框架协议，强化知识产权跨区域司法协同保护，服务粤港澳大湾区建设。湖北的3家自贸试验区法院则构建司法协作共同体，推动自贸试验区司法保障工作，该做法被最高人民法院作为亮点措施向全国推广。① 此外，京沪两地法院还探索了京沪联动联调机制，加强司法联动，构建矛盾纠纷化解体系，为两地创新环境和营商环境营造良好氛围。上述都是可以复制推广的创新模式。

2. 优化信息沟通协调共享机制

为加强自贸试验区知识产权的协同保护，自贸试验区法院需优化司法机关与相关部门间的信息共享机制，确保各部门在互联互通基础上实现高效、顺畅的合作。一是推进共建法治信息化平台。自贸试验区法院建立健全与有关行政部门的数据共享和交换机制，建立案件裁判数据、驰名商标认定记录等指标统计信息定期互报制度，实现知识产权大数据分析工具运用常态化，提高综合研判和决策水平。二是完善业务交流探讨机制。通过联席会议、联络员交流等方式互通案件处理情况，加强针对重大疑难案件的审判、行政问题的协作调研制度建设，完善调研成果共享、利用机制，共同寻求解决方案，不断提升知识产权保护的能力和水平。

3. 优化知识产权司法审判与行政执法的衔接机制

我国知识产权保护体系是司法救济和行政救济并存的双轨制。双轨制可

---

① 乔文心：《深化自贸区司法保障 护航"领头雁"展翅高飞——人民法院司法服务保障自贸区建设发展工作综述》，《人民法院报》2022年2月22日，第1版。

能带来的问题是，如果缺乏司法审判和行政执法间的有效衔接，导致两者职能冲突、裁判标准不统一，就可能造成司法行政资源的浪费。自贸试验区法院可以从以下三个方面优化司法审判与行政执法的衔接机制。一是加强司法机关与自贸试验区相关部门间的案件对接制度，明确案件移送条件和程序，实现案件信息共享、线索证据快速移交等。二是推动知识产权领域行政执法标准和司法立案追诉、裁判标准协调衔接，通过典型案例通报、案件研讨交流等方式统一两种标准对事实认定、法律适用的理解，避免司法保护和行政保护相悖，保障法律的权威性。三是健全行政调解与司法确认衔接机制，充分发挥司法确认促进行政调解积极性、创造性的作用。

4. 优化知识产权国际交流合作机制

知识产权不仅是国家发展的重要战略资源，更是衡量国际竞争力的重要指标。自贸试验区法院应积极推动知识产权国际交流合作机制的优化，在国际上展现其专业化的审判能力，深度参与和引领知识产权的国际保护，扩大国际影响力。一是努力提升知识产权国际规则研究能力，推动完善知识产权保护相关国际规则和标准制定。尤其需要跟踪研究新兴技术领域的知识产权保护规则和实践，了解其国际发展趋势和现存问题，有选择地在自贸试验区范围内先行试点审理新技术、新业态领域案件的国际规则和标准，从涉外审判案例中总结经验，为完善知识产权保护相关国际规则和标准提供有益建议。二是积极开展司法保护经验的国际交流，传播中国司法保护经验。通过组织发起大型国际知识产权研讨交流活动等形式，推进知识产权典型案例和审判指导文件的翻译和传播工作。例如，北京知识产权法院通过出版中英双语版本的《侵犯商业秘密民事案件诉讼举证参考》，积极讲好中国司法故事，有效扩大了中国知识产权司法的国际影响力。三是建立健全与国际组织的深入交流合作机制，为中国海外企业提供有力司法保护。一方面，自贸试验区需要大力加强与世界知识产权组织的合作，营造国际一流营商环境。另一方面，自贸试验区可以进行国际规则和国外法律的普法宣传，提供法律援助、知识产权保护基金等国外诉讼支持，助力我国企业"走出去"。

近年来，知识产权司法保护制度创新和机制改革的道路上，中国自贸试

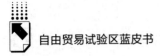

验区取得了诸多成果。设立知识产权专门法院及审判庭、优化诉讼程序规则、推行"三合一"审判机制、借助人工智能技术支持知识产权判决文书写作等创新举措，都显著加大了知识产权的司法保护力度。

展望未来，自贸试验区应当继续深化知识产权司法保护机制的创新与优化。通过推进审判体制和程序的改革，提升审判的专业化、效率化和国际化水平，努力构建一个更加完善、高效、公正的知识产权司法保护体系。这不仅能促进创新活力，推动经济高质量发展，还能为我国在全球知识产权治理中发挥更大作用、提升国际影响力奠定坚实基础。

参考文献

曹晓路、王崇敏：《中国特色自由贸易港知识产权保护制度创新研究》，《行政管理改革》2020 年第 8 期。

崔汪卫：《自贸区知识产权司法保护制度的构建》，《中国科技论坛》2015 年第 3 期。

马治国、张楠：《中国自贸区知识产权保护研究》，《科技与法律》2018 年第 6 期。

潘亚楠：《河南自贸区知识产权保护的国内外经验借鉴与启示》，《中共郑州市委党校学报》2021 年第 2 期。

孙国瑞：《对知识产权行政执法标准和司法裁判标准统一的几点认识》，《中国应用法学》2021 年第 2 期。

唐立、苏育安：《检察视野下"一带一路"建设中的知识产权司法保护》，《人民检察》2021 年第 14 期。

万里鹏：《专利行政执法与司法保护衔接的三个面向》，《河北法学》2019 年第 10 期。

吴汉东：《中国知识产权法院建设的理论与实践》，《知识产权》2018 年第 3 期。

杨秀清：《我国知识产权诉讼中技术调查官制度的完善》，《法商研究》2020 年第 6 期。

易继明：《司法体制改革中的知识产权法庭》，《法律适用》2019 年第 3 期。

邹享球：《技术调查官制度的理论设计及现实困惑》，《知识产权》2021 年第 4 期。

B.4
新时代自贸试验区金融监管逻辑 与机制创新路径[*]

徐世长^{**}

摘　要： 自贸试验区是新时代国家全面深化改革与扩大开放的战略新高地，金融领域的改革与开放创新成为国家赋予自贸试验区制度创新的重头戏。本报告首先对新时代自贸试验区强化金融监管的逻辑进行多维度解析，其次在对具有代表性的自贸试验区金融监管典型案例分析基础上，提炼出新时代自贸试验区金融监管存在金融监管理念在安全与效率之间艰难平衡、国际规则对接压力测试呈现不足、金融监管"二传手"现象明显、金融监管规则内容缺乏动态性、金融监管体系匹配性不足、金融创新与监管缺乏自主权、监管模式兼容性与科技性不足等问题，并提出发挥先行先试制度创新优势、构建全维度金融监管新框架、强化金融稳定的兜底保障体系、坚持"强监管"与"稳服务"相统一、强化"金融开放"与"金融安全"有机结合等对策建议。

关键词： 自贸试验区　金融监管　深化改革

自2014年以来，我国自贸试验区已经在全国22个省区市落地布局，作为新时代的改革开放战略阵地，自贸试验区围绕"金融服务与开放创新"展开了多主题、多领域的系列制度创新，特别是在对标对表国际高标

* 本报告系广东省哲学社会科学规划青年理论学术带头人项目（项目编号：GD23X22Y05）的阶段性成果。

** 徐世长，经济学博士，中山大学马克思主义学院、自贸区综合研究院助理教授，广东省习近平新时代中国特色社会主义思想研究中心研究员，主要研究领域为社会主义先行示范区。

准金融规则体系（CPTPP/TISA/RCEP/BEE)[①] 层面积极尝试，致力于形成具有国际竞争优势的金融业发展的营商环境。金融监管能力是金融服务与开放能力的关键，我国虽然在金融开放问题上强调对接国际水平，但我国自贸试验区诞生于中国特色的制度环境与现代化路径大背景下，金融开放的前提是能够做好金融监管，高水平的现代化金融监管能力是高质量开展金融服务与金融开放的前提。本报告将体系化梳理自贸试验区金融监管创新的实践经验，并结合当前的国家战略背景与发展实际，提炼金融监管领域存在的不足和优化路径。

一 新时代自贸试验区金融监管现代化的逻辑解析

（一）约束非对称性金融创新

现代金融理论聚焦信息、技术、目标三个维度的不对称现象，我国自贸试验区在金融发展战略层面主要是探索服务中国式现代化建设的金融支撑方案。解决中央与地方围绕金融目标一致性的治理路径问题，一方面考虑金融规划的中央事权，另一方面考虑金融创新的地方利益。在金融制度创新层面主要解决由信息不对称引起的金融服务效率低下等问题；在金融技术创新层面主要是解决面对新产业、新需求引起的风控技术相对滞后问题。自贸试验区走在改革与创新前列，围绕解决信息、技术、目标三个维度的不对称机制成为制度创新的首要逻辑，要取得先行先试的改革创新成效必须给予地方金融监管部门和相关金融机构更大的容错试错空间。

（二）夯实中国特色金融文化主阵地

我国自贸试验区坚持马克思主义金融方法论，金融服务与开放创新建立在夯实中国特色金融文化主基调基础上，树立四大理念。一是坚持人民

---

① 《全面与进步跨太平洋伙伴关系协定》（CPTPP）、《国际服务贸易协定》（TISA）、《区域全面经济伙伴关系协定》（RCEP）、"宜商环境评估体系"（BEE）。

金融服务理念。自贸试验区的金融改革与创新要做到以人民为中心，立足于满足人民对美好生活的向往，坚持金融服务人民的需求导向和战略导向，压实普惠金融责任和普及率。二是坚持产业金融支撑理念。自贸试验区既要把金融作为一类产业去规划，不断丰富和拓展金融产品体系和完善现代化金融市场机制，探讨和开创金融产业高质量发展的制度与政策体系，又要以服务实体经济为重心，强化金融对产业全周期发展的支撑逻辑，实现多链合一的发展格局。三是坚持开放金融对接理念。通过金融业双向开放促进国际金融合作和资源配置效率的提升，加大制度型开放压力测试，对标对表国际高标准金融规则体系，提升中国金融在国际市场的话语权和影响力。四是坚持法治金融约束理念。自贸试验区作为金融创新的试验田，更需要加强法治建设，确保金融创新在合法合规的轨道上运行，要能够结合自贸试验区金融创新的实际需要，及时动态制定和修订相关法律法规，确保金融创新和监管的法律依据充足、体系完备。

（三）强化数字时代的大数据金融监管

大数据技术的突破与应用将自贸试验区的金融改革与创新带进数字时代。新情况、新矛盾与新需求共同推动新时代的金融行业发展迎来大监管新格局。首先要尊重大数据驱动金融监管的内在规律，在应对现代金融需求的复杂性、金融产品和服务供给的多层次性以及金融面向国际市场开放创新的多维度风险性等方面，大数据技术的应用可以帮助监管机构实时监控金融市场的动态，识别潜在风险，通过提升金融市场的信息透明度，助力金融市场的公平竞争，切实保护金融消费者的合法权益。另外，大监管新格局的形成还有赖于大数据金融监管基础设施的不断完善，依托算法升级和不断优化的风控模型，智能化时代的金融监管能够显著提升监管效率和精确度，开发个性化的金融产品和服务，提升客户体验和市场竞争力。自贸试验区的金融监管还要强化金融数据安全和隐私保护。大监管的金融格局有利于提升金融数据的全面性、准确性，技术的先进性、安全性，以及平台的开放性、协同性。

二 新时代自贸试验区金融监管的实践成效

本部分从制度创新（体制机制改革、监管理念、政策供给）与技术创新（跨境协同、大数据监管、沙盒机制）两大维度系统解析当前自贸试验区金融监管实践的代表性案例以及改革成效。

1.金融监管体制机制改革

自贸试验区涉及金融监管体制改革与机制创新的案例，主要围绕明确职责、强化合力、透明稳定、降本增效四个目标实施，致力于健全和优化科学规范的金融风险防控体系。代表性改革经验有以下三例。上海（浦东）首创一套风险可控的金融审慎管理制度。建立自贸试验区金融监管制度体系，围绕市场准入、特殊业务授权、统计风险监测等出台多项配套制度，有力加强监管政策引领；创设创新监管互动机制，以一事一议评估方式对创新业务给予支持；建立健全自贸试验区事中事后监管工具箱，构建自贸试验区特色报表监测制度。模拟海关特殊监管区的物理围网，创新设立"电子围网"，尤其是创设有利于风险管理的自由贸易账户体系，建立一线放开、二线有限渗透的跨境资金流动管理模式，为涉外金融改革开放构筑了电子围网式生态环境。山东自贸试验区烟台片区创新"政汇引导、财政奖补、担保增信"模式，探索中小微外贸企业汇率避险增信服务试点，与外汇局烟台市中心支局、合作银行、担保公司实行四方联动制定"汇率保"，在企业信用评价的基础上采取风险共担方式，由风险补偿资金、担保公司、银行机构分担风险，强化汇率风险中性意识。天津自由贸易试验区人民法院通过创建多元解纷新模式、搭建协同共治平台、设立多元解纷中心、延伸金融审判职能四项举措，探索形成互联网金融纠纷源头治理模式；率先探索融资租赁公司和商业保理公司信用保全担保机制，建立以信用为核心的信用保全担保机制，推进信用保全试点工作规范化、标准化建设；探索小微企业汇率避险服务新模式，推出国内首个由区域型政府性融资担保基金提供全额风险补偿的创新金融产品，形成汇率避险担保"东疆模式"。

2. 金融监管理念的创新

新时代的金融监管理念不仅要关注金融市场的稳定、安全和高质量发展，更要强调引导各类金融资源流向实体经济、促进前沿生产力布局和保障金融消费者的合法权益。代表性改革经验有以下五例。北京自贸试验区出台了一系列政策措施，鼓励金融机构加大对科技创新企业的支持力度，推动科技与金融的深度融合，大力发展绿色金融，出台了《北京市绿色金融发展规划》，引导金融投资绿色产业，促进可持续发展。成都高新区在已推行的金融立、审、执一站式服务模式基础上，创新打造消费金融案件集约化快速解纷模式；四川银监局设立四川银行业纠纷调解中心，探索开展银行业矛盾纠纷多元化解试点；天府国际基金小镇开展以信用监管为核心的社会共治大监管试点。海南自贸港提出了国际化、法治化、便利化的监管理念，积极借鉴国际先进经验，提升金融监管的国际化水平，建立金融消费者权益保护中心，为金融消费者提供全方位的服务和保障。重庆自贸试验区实施原则导向监管与创新监管相结合的新型金融监管模式。建立自贸试验区银行业务创新监管互动和风险评估机制；顶层设计上，构建"1+4"（1个指导意见，4项配套政策）的自贸试验区银行业监管政策体系；监管平台上，落地西部陆海新通道纯线上信用产品"通道 e 融"强化金融服务陆海贸易质效，搭建"区块链+大数据与信用+风险缓释"大数据风控平台，实现精准企业画像和授信额度测算。湖北武汉自贸片区创新多层级金融监管理念，建立"宏观审慎+微观审慎"的外汇风险管理机制，建立"现场+非现场"的金融监管体系。挂牌运行国家外汇管理局数据研判中心（湖北），自主开发科技金融统计与评估系统，建立科技信贷政策导向效果评估机制。

3. 监管政策与制度文件供给

近年来，随着我国金融市场的快速发展、金融运行环境的复杂多元和金融创新场景的不断涌现，自贸试验区围绕金融监管政策的制定和制度文件的供给开展了积极探索。通过制定具有前瞻性、适配性、可操作性的政策措施和规程，确保金融监管目标能够切实落地实施，发挥实际效果。代表性改革经验有以下五例。天津自贸试验区制定实施了一系列支持金融创新和开放的政策文件，如《天津自贸区金融创新指导意见》和《天津市金融开放发展规划》，这些政策文件明确了金融创新和开放的具体方向和措施，为金融机构提供了明确的指引和保障。成都自贸试验区实施了《四川省地方金融监管条例》和《四川省地方金融风险防控办法》，为金融监管提供了法律依据和操作指南。此外，成都市人民政府还积极推动金融监管政策的创新，制定了一系列支持金融科技、绿色金融和普惠金融发展的政策措施，促进金融市场的多元化和创新发展。湖北武汉自贸片区制定《湖北省跨境资金流动监测预警实施办法（试行）》，建立以研判风险为导向、形势分析为指引、业务监测为线索、检查核查为验证的跨境资金流动立体监测预警体系；探索实施基于风险导向的企业微观审慎分类监管，对跨境转股、返程投资和跨境融资等进行动态监测，建立全辖跨境投融资重点企业动态台账。深圳前海蛇口自贸片区率先启动资本市场金融科技创新试点，建设智能化金融监管系统。前海管理局和深圳证监局签署了《私募基金监管合作备忘录》。北京自贸试验区强化金融风险联防联控和金融监管协同；设立北京城市副中心金融风险监测预警与监管创新联合实验室，构建京津冀金融风险监测预警平台，探索形成覆盖各类金融活动的风险监测指标体系。

4. 金融监管技术创新成效

技术驱动型金融监管水平的提升是行业所需、治理所依、时代所趋。我国自贸试验区在技术性监管领域开展了成效显著的改革探索，重点围绕协同监管平台①的设计与研发、智能化金融风险防控技术②研发与场景建设等。代表性改革经验有以下四例。深圳前海蛇口自贸片区在全国首创中央地方协

---

① 协同监管平台的建设是提升金融监管效率和扩大覆盖面的重要手段。通过整合不同监管机构的数据和信息，实现信息共享与实时监控，协同监管平台可以有效应对金融市场的复杂性和快速变化，增强监管的及时性和精准性。协同监管平台还促进了不同监管机构之间的协同合作。更好地协调工作，形成监管合力，避免重复监管和监管盲区。

② 当前比较流行的监管沙盒技术就是智能化金融风险防控技术的一种。通过建立"监管沙盒"，监管机构可以在受控环境下测试和观察新技术和新业务模式的运行情况，确保创新在可控风险范围内进行。通过沙盒监管，金融科技企业可以更容易地获得监管支持和市场准入，促进金融市场的多样化和创新活力。沙盒监管技术还建立了有效的反馈机制，帮助监管机构了解新技术的运行特性和风险点，从而制定更加科学和合理的监管政策。

同监管模式，共建私募基金领域监管信息系统平台；国家互联网应急中心、深圳前海管理局、深圳市通信管理局三方共同签署了《网络与金融安全战略合作框架协议》，搭建国家互联网金融风险分析技术平台——前海监控系统，全国首创数字化金融风险预警体系；探索深港跨境金融监管合作机制，强化金融科技创新监管工具与香港金融管理局"监管沙盒"的协同联动；搭建金融资产审查 AI 智能服务平台。广州自贸区南沙片区探索智能化地方金融风险监测防控平台。智能化地方金融风险监测防控平台入选商务部自贸试验区最佳实践案例。南沙片区联合区内金融科技公司探索搭建的智能化金融风险防控体系服务各级地方金融监管，碧江供应链金融（广州）有限公司开发的应收账款融资平台——筑链通平台，被纳入广东省第一批供应链金融"监管沙盒"，广州商品清算中心股份有限公司运用大数据等高新技术建设全国首个地方政府成立的重要金融基础设施——广东省地方金融风险监测防控平台。广东自贸试验区通过与香港金融管理局进行联网对接，在依法依规前提下稳妥有序推进金融科技创新合作，提升粤港澳大湾区金融服务质效，加大金融支持粤港澳大湾区建设力度。建立了监管沙盒的评估和反馈机制，帮助监管机构不断优化和完善监管措施。天津自贸试验区沙盒监管技术主要应用于区块链金融的创新监管，通过模拟真实市场环境，测试区块链技术在金融交易、供应链金融等方面的应用效果。海南自贸港沙盒监管技术侧重于跨境金融服务的创新监管。海南省政府与多家跨境支付公司合作，建立了跨境金融"监管沙盒"，测试跨境支付和结算的新技术和新模式。福建自贸试验区厦门片区搭建地方金融风险预警数字化监管平台。建立自贸试验区跨境资金监测机制，构建了准确完整的自贸试验区跨境资金监测数据链条；建立自贸试验区信用信息体系，设立信用信息并行查询窗口；建立自贸试验区金融联合统计机制，构建跨部门、多维度、离在岸、本外币相结合的自贸试验区金融统计监测制度，实现跨部门数据同步共享；设立全国首个数字人民币航运物流和台资企业融资增信基金，健全和完善金融区块链和数字人民币生态体系建设。

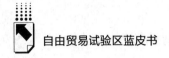

三 新时代自贸试验区金融监管存在的问题与对策建议

（一）当前金融监管存在的主要问题

新时代，自贸试验区金融监管已经取得了显著成效，但面对国内外金融变局的复杂性、波动性和高水平对外开放的新形势新任务新压力，自贸试验区实施金融监管的治理逻辑与政策供给均迎来新的挑战。通过对政策文本数据的体系化梳理、代表性自贸试验区持续的调研与专题案例的研究发现，目前自贸试验区金融监管仍面临着监管理念、监管体系和监管技术三大方面的制约。

1. 金融监管理念在安全与效率之间艰难平衡

通过研究 2014~2024 年全国自贸试验区的总体方案以及系列实施性、规范性政策文件发现，各大自贸试验区的金融监管既有共性又有差异。一方面，共性的特征是把制度创新作为自贸试验区建设的核心任务，把防控金融风险作为改革的逻辑底线，区域的个体化差异是锚定片区自身发展实际，开展投资与贸易便利化自由化的金融政策，从客观上分析，这类政策和制度设计具有事实上放松金融管制、促进金融开放创新的倾向。已有的金融领域制度创新案例也体现出自贸试验区虽然加快了利率和汇率市场化的改革步伐，但涉及金融监管理念层面和金融产品创新的力度上均相对保守，一定程度上限制了区域金融改革与制度创新的深度和发展空间，导致金融监管成效不及预期，安全与效率之间艰难平衡。

2. 国际规则对接压力测试呈现不足

自贸试验区建设受到我国经济金融发展实际以及监管文化的影响，金融监管理念与国际高标准的监管惯例与范式之间存在一定的区别。总体而言，新形势下的自贸试验区金融改革与开放创新涉及汇率风险、市场风险、交易风险、企业经营风险等多重挑战，自贸试验区往往受上位法约束以及制度改革路径依赖的内在影响，现行监管思路延续的是传统经济开发区、高新产业园区的监管模式，导致风险防控的技术特征识别不够和风险压力测试不足并存，造成金融监管的实际效果与高水平产业开放和应对风险形势变化的动态适配性不够，特别是被动型监管特征明显，与国际高标准的金融监管规则之间存在理念、范式、技术等差异。

3. 金融监管"二传手"现象明显

系统梳理当前自贸试验区的金融监管类制度创新经验可知，创新能力不平衡，案例碎片化与区域同质化现象明显，金融监管制度供给的首创性和突破性成果较少，大部分自贸试验区扮演"二传手"角色，主要承接和复制推广发达城市自贸片区的改革经验，结合自身的金融发展基础和地域特色进行首创式监管创新的情况较少，也缺乏与其他自贸试验区协同联动的攻坚式创新，难以形成系统性、集成性经验成果的"极点—外溢"效应。自贸试验区的金融监管创新成果向制度性公共产品转化的情形较少，金融监管经验尚未系统化，难以充分发掘战略联动机制的制度红利。

4. 金融监管规则内容缺乏动态性

当前我国自贸试验区金融立法监管模式仍然是危机型立法和监管模式（事后型法律体系和监管规则），难以实现与金融创新发展的及时匹配和动态调整，导致自贸试验区金融监管规则相对滞后于产业发展需要。尽管各片区金融创新和金融监管具有显著区域特色，但监管规则笼统地停留在总体规划和指导性政策文件当中，内容文本的系列规定多定性、少定量，缺少从整体出发针对自贸试验区金融监管的系统化政策文件和规则体系，清单化的监管实施细则供给不足，相对国际一流自由贸易港而言，尚未形成健全完善的金融监管法律体系。

5. 金融监管体系匹配性不足

自贸试验区现有的金融监管模式主要以机构型监管为主，而近年来的实践表明金融混业经营趋势明显，由于其存在业务交叉化、功能趋同化、边界模糊化等多元特征，以机构型监管为主的单一金融监管框架缺乏对关联性、中心性、交叉性金融领域和金融风险的识别与应对机制，难以适应多元化金融创新需要。另外，随着本外币利率倒挂与跨境投融资不断放开，催生了跨境资本流动需求，自贸试验区作为境内外两个金融市场资源的联通枢纽，离岸金融业务的账户与在岸金融业务账户的相对分离（事实上，金融开放的账户体系虽然有所突破，但依然无法满足当前资本项下的跨境金融活动需要），制约着自贸试验区培育离岸金融相关的产业模式和业务创新。

6.金融创新与监管缺乏自主权

自贸试验区自下而上推动金融改革的方式与现行自上而下授权管理体制之间存在错位，不利于自贸试验区开展深层次金融改革与开放创新；金融监管政策"大门敞开、小门不开"特征与片区金融业务创新和大金融监管的实际诉求存在差距。另外，金融监管体制依然存在多头管理、虚权管理和交叉管理等现象，特别是监管部门之间未形成有效的监管合力，导致自贸试验区制度创新高地的功能发挥不彻底，定位不凸显，制约了自贸试验区自主创新开展金融监管的空间和潜力。

7.监管模式兼容性与科技性不足

当前自贸试验区金融监管主要采用现场监管、报表式监管、静态监管等监管模式，侧重于市场准入门槛和行业边界监管，命令和控制式监管呈现刚性有余、柔性不足状态，金融监管能力、金融活动规律与金融风险形态的动态适配性不够，制约着自贸试验区金融监管制度创新能级和应用效率的提升。另外，当前各大自贸试验区数字治理尚处于初创时期，尚未建立起完善的数字化金融监管体系，对大数据、云计算、AIGC等新兴技术应用不足，未能充分发挥金融科技创新的治理效能。各监管部门之间存在数据偏见困境、数据孤岛等；数字金融新业态发展使金融风险隐蔽性、传染性更强，需要构建与其适配的常态化数字金融监管框架，提升金融监管的透明度、包容性和可解释性。

（二）优化自贸试验区金融监管路径的对策建议

强大的金融监管是新时代建设金融强国的关键支撑，站在新的历史起点，金融监管要"长牙带刺"、有棱有角，要求自贸试验区要扛起新时代金融监管的历史使命，为推动金融高质量发展贡献力量。

1. 发挥先行先试制度创新优势

完善自贸试验区金融监管的顶层设计，系统梳理出更加具有区域适配性的先行改革试验目标以及监管政策体系，探索在自贸试验区建立"分类管理+负面清单"的金融监管模式，推动自上而下开展集成性系统性金融监管制度供给，重点解决金融发展过程中混业经营、资金跨境等体制机制问题；持续转变金融监管理念，深入把握金融监管和金融创新、风险防范与先行先试之间的辩证关系，积极推动金融监管的立法和改革，探索建立适应自贸试验区功能定位和金融混业经营趋势的监管体制机制，压缩监管套利和监管权力寻租的空间，拓展自贸试验区金融集成性改革创新的安全空间。另外，要重点做好金融领域改革创新的差异化授权，放宽自贸试验区自主改革权限，赋予自贸试验区在金融机构市场准入、业务经营、离岸金融发展等关键领域更多的地方自主探索权限，为区域金融创新发展营造更具主动性的制度环境优势。

2. 构建全维度金融监管新框架

强化跨行业、跨区域金融风险动态监测，实现金融风险数据共享和联动监测。加强自贸试验区之间的金融监管合作。创新金融监管方式，以数字赋能强化监管能级提升，构建"人防+技防"的科技驱动型金融监管体系，灵活运用信用监管、行业监管、"互联网+"监管与触发式监管等监管模式，探索构建"数字监控+现场调查"的"科技+监管"工具组合。以金融科技拓展金融监管"帕累托最优边界"；优化大模型时代的风险预测算法，探索建立事前预警、事中控制、事后管理的精准高效智能化跨境金融风险防控体系，提高金融风险识别和预测的准确性，建立智能化的风险预警系统，减少金融风险对实体经济的冲击，与高校和科研机构合作，研发先进的风险预测模型，开展金融风险的前瞻性研究。

3. 强化金融稳定的兜底保障体系

健全金融监管法律体系，有必要在国家层面加快制定金融监管法，确立集中统一的金融监管原则，依托自贸试验区构建试验性监管法律制度，统筹协调现有金融监管法律法规体系，及时消除法律层面的制度空白和规则盲区，提高现行金融监管规则的适应性和灵活性；探索构建央地协同、监管责任归属认领和兜底监管、监管"长牙带刺"三大机制，提升金融监管纵向联动效能。尤其是要建立健全自贸试验区事中事后监管工具箱，构建自贸区特色报表监测制度，包括重点跨境业务定期监测、新产品动态报备、重大事项及时报告等。健全"现场+非现场"分类分级监管体系，建立科学规范的现场检查对象选取机制，强化对重点机构、风险高发领域的监管力度，强化监管评级在风险评价判断、高风险机构认定、监管资源配置中的基础性作用，提高金融监管精准性、专业性和有效性；强化金融监管人才支撑，完善自贸试验区金融监管人才培养体系，联合高校和科研院所开展金融与数字技术、法学和经济学等交叉型人才培养，培育金融监管的专业人才队伍。

4. 坚持"强监管"与"稳服务"相统一

优化自贸试验区金融服务营商环境，充分发挥片区内市场化征信机构资源优势，稳步推进政务、金融、商务三大数据库建设，切实做好自贸试验区金融业务风险防范，联合地方政府和金融管理部门，推进对自贸试验区创新产品和业务的风险识别、评估、监测和管控，实现"1+1>2"的监管效应；构建多层次可持续的自贸试验区金融服务体系。转变金融监管理念，适时调整优化金融监管模式和监管重心，树立安全与效率并重的监管理念，推动从命令和控制式静态监管走向适应性动态监管，实现"创新—监管—再创新"的良性循环；灵活运用现行监管规则，在国家宏观监管框架下正确把握为与不为的监管边界，既要严监管、防风险，为重大战略提供相匹配的金融服务和金融机制，围绕匹配新质生产力金融供给与科技企业资金需求，积极推广数字人民币在自贸试验区商贸领域的应用，试点实施一批新产品、新工具、新模式，又要坚持市场化法治化国际化原则，明确政府与市场的边界，在监管过程中避免付出区域金融生态和信用环境恶化的长期代价。

5. 强化"金融开放"与"金融安全"有机结合

中国特色金融发展之路是一条开放之路，越是开放越要重视金融安全。新阶段自贸试验区要高度关注金融开放与金融安全的动态平衡和最优适配，建立既安全有效又合乎国际规范的金融监管模式。强化自贸试验区内外联动中的战略能级，加大金融开放的压力测试力度，设计并完善包容性监管模式，构建与国际高标准经贸规则衔接的制度体系和监管模式，提升现行自贸试验区金融监管体系的适配性与弹性度；构建与自贸试验区高度开放特性相匹配的金融监管体系，探索建立更多与国际规则接轨的金融交易机制和监管制度，做好利率汇率市场化改革风险控制，构建防范跨境资金流动风险宏观和微观的审慎管理框架，重点探索以 FT 账户体系为代表的跨境金融流动性风险管理和金融安全保障体系；探索构建适应中国国情的离岸金融发展模式，推动离岸金融从严格分离型向更高层次的渗透型模式发展，支持有条件的自贸试验区的离岸金融市场（尤其是联动香港与上海浦东、广州南沙、深圳前海、天津东疆等的金融高地）建设成为业务范围更广、市场化程度更高的国际离岸金融中心。

参考文献

程翔、杨宜、张峰：《中国自贸区金融改革与创新的实践研究——基于四大自贸区的金融创新案例》，《经济体制改革》2019 年第 3 期。

孔庆峰：《中国自贸试验区十周年：成就、挑战与机遇》，《人民论坛·学术前沿》2023 年第 19 期。

刘斌、刘一鸣：《国际经贸规则重构与中国自贸试验区发展：对接与联动》，《中国特色社会主义研究》2023 年第 3 期。

龙云安、袁静、廖晓宇：《自贸试验区金融监管研究》，《时代金融》2020 年第 29 期。

陆岷峰、欧阳文杰：《现代金融治理体系视角下的监管体制改革研究》，《经济学家》2023 年第 8 期。

桑百川、王殿杰：《自贸试验区制度创新：成效、路径与发展思路》，《国际贸易》2023 年第 9 期。

王新军、王征：《论我国自贸试验区金融监管法律制度的完善》，《金融发展研究》2020 年第 2 期。

韦洁、武长海：《金融科技风险监管困境的二元应对路径：理念转变与方式优化》，《南方金融》2024 年第 3 期。

《习近平在省部级主要领导干部推动金融高质量发展专题研讨班开班式上发表重要讲话强调坚定不移走中国特色金融发展之路推动我国金融高质量发展赵乐际王沪宁丁薛祥李希韩正出席蔡奇主持》,《中国经济周刊》2024 年第 2 期。

阳建勋:《论自贸区金融创新与金融监管的互动及其法治保障——以福建自贸区为例》,《经济体制改革》2017 年第 1 期。

B.5
自贸试验区的数据出境负面清单
建设对数据跨境流动的影响和挑战

刘金玲 *

摘　要： 自贸试验区作为我国对外开放重要战略布局的一部分，在促进贸易和投资便利化方面起到了关键作用。然而，随着数据流动的日益加速和数据量的激增，数据跨境流动引发的监管问题越发突出。数据负面清单作为对外开放的新模式，为自贸试验区中数据跨境流动提供了规范，在一定程度上确保了数据流动的自由与安全，亦为其建设带来了一系列挑战。本报告结合自贸试验区模式的最新实践，深入探讨数据负面清单建设对数据跨境流动的影响和挑战。研究表明，数据跨境流动负面清单在有效促进数据便利性和保护个人隐私权益方面具有重要意义，但在操作层面存在界定不清、执行力度不足以及国际规则不一致等问题。为了提高自贸试验区数据跨境流动负面清单制度的制定与实施效果，建议进一步明确数据分类和管理要求，加强国际合作与规则协调，同时强化企业在数据合规方面的能力建设。

关键词： 负面清单　数据跨境流动　自贸试验区

近年来，我国为了保障数据安全，保护个人信息权益，促进数据依法有序自由流动，出台了《中华人民共和国网络安全法》（以下简称《网络安全法》）、《中华人民共和国数据安全法》（以下简称《数据安全法》）、《中

---

* 刘金玲，澳门科技大学经济法博士，中山大学自贸区综合研究院博士后，主要研究领域为数据、知识产权、国际贸易、自贸区制度创新。

华人民共和国个人信息保护法》（以下简称《个人信息保护法》）等法律法规，基本建立了数据出境安全管理制度体系。然而，我国企业在执行相关规定时仍然面临一些不确定性，如关于重要数据的定义相对笼统、缺少具体识别标准等，使企业难以准确把握。为此，国家互联网信息办公室于2024年3月发布了《促进和规范数据跨境流动规定》，其中第六条指出，"自由贸易试验区在国家数据分类分级保护制度框架下，可以自行制定区内需要纳入数据出境安全评估、个人信息出境标准合同、个人信息保护认证管理范围的数据清单（以下简称负面清单）……"① 自贸试验区作为我国对外开放重要战略布局的一部分，在促进贸易和投资便利化方面起到了关键作用。然而，随着数据流动的日益加速和数据量的激增，数据跨境流动引发的监管问题也越发突出。因此，数据出境负面清单作为对外开放的新模式，为自贸试验区中数据跨境流动提供了规范，在一定程度上确保了数据流动的自由与安全，亦为其建设带来了一系列挑战。

对此，我国提出了数据跨境安全流动理念，并以自贸试验区为"试验田"，在梳理全球规制数据跨境流动基本关切和主要分歧的基础上，结合我国国内制度的探索和完善，提出迈向数据跨境流动全球规制的"中国方案"。

我国首个自贸试验区——上海自贸试验区于2013年9月挂牌成立，其任务是加快政府职能转变、积极探索管理模式创新、促进贸易和投资便利化，为全面深化改革和扩大开放探索新途径、积累新经验。在此过程中，上海自贸试验区推出了一项突破性的举措——"投资负面清单"制度，其中列明了针对外资的与国民待遇、最惠国待遇不符的管理措施，以及业绩要求、高管要求等方面的管理限制措施。负面清单作为中国大幅度开放市场、促进国际贸易投资、深化改革创新的重要制度创新，实现了投资领域规则的国际化对接，但在对接美国的双边投资协定（BIT）谈判方面仍存在不足，

---

① 《国家互联网信息办公室令 促进和规范数据跨境流动规定》，中国政府网，https://www.gov.cn/gongbao/2024/issue_11366/202405/content_6954142.html。

尤其体现在数据跨境流动方面。美国 BIT 模式中针对数据流动设置了开放性条款，而中国与其他国家签订的自由贸易协定（FTA）中，关于数据跨境流动的规定，则保留了对数据的管制措施。在全球数字贸易蓬勃发展的背景下，这一差异对中国参与国际经贸规则制定、深度融入全球价值链带来了挑战。有研究采用 GTAP 模型对中美 BIT 谈判情景下的数据跨境流动进行了定量测算，发现开放数据流动将使中国 GDP 增速提高 0.45 个百分点[①]，这表明在我国自贸试验区探索数据跨境流动负面清单，消除我国数据流动壁垒，对促进中国经济增长具有重要意义。

然而，我国目前对数据跨境流动的限制性规定仍然较多。自贸试验区的数据出境负面清单中明确要求对业务数据和个人信息等进行本地化存储，部分行业对数据传输有审批或安全评估要求。这反映出相关监管部门对数据安全和隐私保护存有顾虑。从技术层面看，国内外数据安全标准尚未实现有效对接，缺乏统一的数据分类分级、脱敏技术规范，给数据合规跨境流动带来障碍。从法律层面看，现行的《网络安全法》《数据安全法》对数据流动设置了较高门槛，但配套的标准、规程等还不够细化，企业面临合规成本高、操作性差等难题。数据跨境流动还涉及国家主权、执法司法管辖权等复杂敏感问题，不同经济体在数据治理理念和规则方面存在分歧，亟须加强国际协调。

我国应进一步优化自贸试验区数据出境的负面清单，为数据跨境流动营造开放、公平的制度环境。应重点厘清哪些数据可以在安全前提下实现自由流动，哪些属于关系国家安全和公共利益的敏感数据需要加强监管，并制定差异化的管理措施。可考虑对一般性商业数据在自贸试验区内实行更加开放的跨境流动政策，对涉及国家安全、重要领域的核心数据严格管理。同时要加快推进数据安全标准体系建设，研究制定数据出境安全评估、数据去标识化处理等关键技术标准，为数据跨境流动提供可操作的技术依据和规范。积

---

① 魏新亚：《自贸试验区负面清单与中美 BIT 谈判对接的基础研究》，《亚太经济》2017 年第 6 期，第 158~164 页。

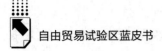

极参与数字贸易规则谈判，推动数据跨境传输便利化，在坚持数据主权、维护网络安全的同时，为数字经济发展创造有利条件。

一 自贸试验区探索数据出境的背景

（一）自贸试验区的概述

自贸试验区建设是中国为适应新一轮经济全球化的需要，主动融入全球经济的重大举措。自 2013 年上海自贸试验区设立以来，截至 2023 年 12 月，中国已先后批准设立了 22 个自贸试验区。自贸试验区积极探索外商投资负面清单管理模式，参照国际通行规则，明确列出禁止或限制外商投资的领域，规定负面清单之外的领域，给予外商国民待遇。这一模式作为外商投资管理体制改革的创新，一改过去采用的外商投资正面清单模式，给予外商更大的投资自由，提升了投资便利化水平。

然而，在自贸试验区投资负面清单的制定和实施过程中，仍存在一些有待完善之处。一方面，部分限制类管理措施的规定过于笼统和弹性，如大型主题公园的建设、经营属于限制类，但对于"大型""主题公园"等关键元素缺乏明确界定。这造成负面清单的透明度不足，对外资的吸引力不足。另一方面，要使外资真正享受到国民待遇，完善与国际接轨的国内外资管理法律体系至关重要。目前我国除了海南自贸港，其他自贸试验区的法律法规体系尚不够健全，缺乏专门的立法来调整和规范自贸试验区的贸易和投资行为，这与新加坡、韩国等国为其自贸园区专门制定法律的做法还有一定差距。

可以预见，随着中国投资自由化水平的不断提高，未来自贸试验区的负面清单内容将越来越精简，这将吸引更多外商投资进入中国市场。但要实现这一良性循环，必须依托完善的法律体系保障"准入前国民待遇+负面清单"管理模式的有效运转。这就需要立法机构制定内在统一、与国际规则相衔接的法律法规，进一步优化自贸试验区的投资环境。此外，负面清单作为国民待遇的重要组成部分，其制定和实施应与国民待遇紧密结合、协同并进。只有不断完善负面清单的管理，才能为外商投资创造公平、透明、可预期的制度环境，增强中国利用外资的国际竞争力。

（二）数据出境负面清单的政策解读

自贸试验区建设是我国推进高水平对外开放的重大举措，而推动数据安全有序跨境流动是高水平对外开放的重要内容，也是当前全球经贸发展的热点议题。数据出境负面清单作为自贸试验区制度创新的核心内容之一，在促进贸易、投资便利化和自由化方面具有重要作用。以《中国（天津）自由贸易试验区数据出境管理清单（负面清单）》（2024 年版）为例，天津自贸试验区制定实施负面清单，将出境数据分为 13 大类 46 子类，并根据数据基本特征作出详细描述，给出具体示例。

数据出境负面清单通过列举存在投资准入限制的行业和领域，反向推定未列入清单的领域均对外资开放，以列明方式将政府管理权力关进制度的"笼子"，提高了政策的透明度和可预期性。目前，中国（上海）自由贸易试验区临港新片区场景化数据跨境一般数据清单及清单配套操作指南。临港新片区围绕一般数据清单、重要数据目录、负面清单等数据跨境分类分级管理制度的有力落实。跨境数据分为一般数据、重要数据、核心数据 3 个级别。一般数据清单是针对企业数据跨境需求最紧迫的场景，在评估论证的基础上进行归纳，明确无需纳入数据出境安全评估的数据形成的。重要数据目录是经论证明确需要纳入数据出境安全评估的数据形成的。核心数据则禁止跨境。临港新片区一直在探索数据跨境流动场景化试点，通过专业评估、一事一议的方式，满足企业具体场景业务数据跨境需求。先后对接了供应链可视化、跨境查等 50 余个业务场景，解决跨国企业全球供应链上下游货物追踪、跨境交易真实性核验等实际问题。在一般数据清单的编制过程中，临港新片区坚持"一般数据清单+负面清单"工作路径，从正面入手，结合跨境场景细化至具体字段，编制形成可操作、可落地的一般数据清单，同步迭代拓展更多场景、更多领域，以此为基准凝练形成场景化、精细化、可操作的负面清单。

然而，在数据跨境流动方面，我国现行法律规定在境内运营中收集和产生的个人信息和重要数据，应当在境内存储。如确需向境外提供，则应当按照国家网信部门的规定进行安全评估。同时，国务院印发的《自由贸易试验区外商投资准入特别管理措施（负面清单）》要求，在线数据处理与交易处理业务（经营类电子商务除外）的外资比例不超过50%。由此可见，我国对数据跨境流动采取了严格管控的态度，对外资企业在数据收集、存储、使用等方面都设置了比较高的门槛要求。

尽管负面清单模式能够提高投资自由化水平，但在数据跨境流动领域的实践中仍面临诸多挑战。第一，目前的负面清单对数据的限制条款仍然较多，所列举的行业和领域范围过于宽泛，导致外资企业难以把握政策边界。第二，由于缺乏明确的定义和标准，一些限制措施的规定过于宽松，执行中容易产生随意性，导致政策透明度下降。第三，我国与多个国家签订的自由贸易协定要求允许数据自由流动，而负面清单中的有关规定显然会构成对协定义务的违反，从而引发贸易摩擦。第四，过于严格的数据跨境流动限制会阻碍国内外企业的正常业务开展，不利于国内信息产业的进一步发展。

（三）数据跨境流动的现状

我国自贸试验区自设立以来，对数据跨境流动开放与监管并重。在开放层面，各自贸试验区陆续出台诸多措施，试图打造数据要素市场化配置的新高地。上海自贸试验区试点数据跨境流动安全评估，建设国际数据港，探索数据跨境流动创新应用。海南自贸港提出建设全球数字贸易枢纽，推动数字产业集聚。在监管层面，各自贸试验区高度重视数据跨境流动的安全风险，在制度设计上纳入数据跨境流动负面清单，实行分级分类监管。《工商总局关于支持中国（广东）自由贸易试验区建设的若干意见》提出完善数据跨境流动管理制度，明确数据跨境传输负面清单，开展数据跨境流动安全评估。《海南自由贸易港建设总体方案》明确提出建立健全数据跨境传输管理制度，明确跨境传输的数据范围，制定数据出境负面清单，严格数据出境监管。

尽管自贸试验区在推动数据跨境流动方面进行了积极探索，取得了一定成效，但由于起步较晚，仍面临诸多现实挑战。一是各地区数字基础设施发展不平衡，跨区域数据共享难度大。二是现有监管体系尚不完善，数据跨境流动的分类分级管理有待深化细化。三是数据要素价值评估体系尚未建立，数据市场化配置机制有待进一步完善。四是数字贸易规则体系不健全，企业数字化转型缺乏政策引导。此外，一些敏感数据的跨境流动还可能引发国家安全、个人隐私等方面的风险隐患。因此，未来自贸试验区在推进数据跨境流动过程中，需要统筹考虑数据开放与安全、效率与公平，加快健全制度规则，优化监管模式，深化数据价值化应用，以高质量数据跨境流动赋能高水平对外开放。

二　数据出境负面清单建设框架

（一）法律法规体系评析

在当前自贸试验区数据负面清单建设框架下，对相关法律法规体系进行评析是十分必要的。目前中国自贸试验区在数据流动监管方面主要依据《网络安全法》《数据安全法》等法律，以及一系列配套法规和规章。这些法律法规在维护国家安全、保护个人隐私等方面发挥了积极作用，但在具体实践中仍存在一些不足。

首先，现有法律对数据跨境流动的规定操作性不强。《网络安全法》第三十七条规定关键信息基础设施的运营者在中华人民共和国境内运营中收集和产生的个人信息和重要数据应当在境内存储。因业务需要，确需向境外提供的，应当按照国家网信部门会同国务院有关部门制定的办法进行安全评估。但何为确需向境外提供、如何开展安全评估等关键问题尚未明确。同时，不同法律法规在数据分类分级、数据 exit 等方面的规定不尽一致，甚至存在冲突，给企业合规带来困难。此外，负面清单所涉及的数据范围有待进一步明

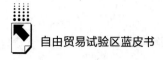

晰。目前负面清单仅覆盖了部分行业和领域，尚未形成全面系统的框架。

其次，执法监管有待加强。由于缺乏有效的技术手段和监管机制，对违规跨境数据传输行为的监测和查处力度不足。相关部门在制定和实施数据政策时，透明度和企业参与度有待提高。一些地方制定的数据规则与中央层面的要求不一致，执法尺度把握不到位，影响了企业合规的确定性和可预期性。

概而言之，现有法律法规体系为自贸试验区数据跨境流动奠定了基础，但仍需在细化规则、统一标准、完善制度、加强监管等方面持续发力，为数据要素市场化配置营造良好的制度环境。未来应加快推进数据分类分级、数据 exit 安全评估、数据跨境流动合规认证等重点领域立法，提高法律制度的针对性、协调性和可操作性，推动形成既开放又安全的数据跨境传输新秩序。

（二）技术安全标准探讨

目前自贸试验区数据跨境流动安全管理主要依靠企业的自律及第三方安全评估认证。企业需要建立健全数据安全管理体系，落实数据分类分级保护制度，制定跨境数据安全事件应急预案，配备专门的数据安全管理人员。此外，鼓励企业积极申请信息安全管理体系认证（ISO27001）、云安全国际认证（CSA STAR）等第三方安全评估认证，以增强数据安全保障能力。

但现有的技术安全标准还存在一些不足。首先，缺乏针对性的数据分类分级标准。目前《信息安全技术　网络安全等级保护定级指南》主要面向传统 IT 系统，对数据资产的重要性评估不够精细，难以满足数字贸易等新业态的安全防护需求。其次，缺乏可操作的技术实施指南。虽然发布了《信息安全技术　数据安全能力成熟度模型》，但仍是一个总体性的框架，缺乏具体的实施细则和配套标准，企业在实践中难以把握。

未来应加快制定数字贸易等新业态的数据安全标准体系，推动建立中国特色数据分类分级标准。参考《信息和信息系统类型与安全分级的映射指南》，结合我国数字产业发展实际，明确界定敏感数据、重要数据等不同类型数据的具体范围、判定标准和防护要求。同时，应制定数据全生命周期安全管控的实施指南，细化数据收集、传输、存储、使用、共享、销毁等各环节的安全措施，形成全流程闭环管理。此外，建议成立国家数据安全标准化技术委员会，统筹数据安全标准的制修订工作，加强与信息安全、网络安全和隐私保护分技术委员会（ISO/IEC JTC1 SC27）、电气与电子工程师协会（IEEE）等国际标准化组织对接，提升我国数据安全标准的国际话语权和规则制定权。

（三）监管合作与协调机制

建立与数据负面清单相适应的监管合作与协调机制，是保障自贸试验区数据跨境流动的关键。首先，应建立多方参与的协作机制，监管部门、数据主体、数据控制者、数据处理者等利益相关方，形成监管合力，提高监管效能。其次，监管机构应积极转变理念，从事前审批转向事中事后监管，建立与负面清单相匹配的风险监测预警机制和应急处置流程，及时发现并化解数据安全风险。同时，负面清单的动态调整需要建立国际交流合作渠道，借鉴境外先进经验，但不能简单照搬，要充分考虑我国数字经济发展现状、产业竞争力、数据安全保护能力等因素，分类分步实施负面清单削减。

此外，构建数据跨境流动的监管合作框架，需统筹国内法律法规体系建设。目前我国已出台《数据安全法》《个人信息保护法》等法律，但在数据跨境流动监管细则方面仍有待完善。应加快制定数据出境安全评估、标准合同、行为守则等配套规则，明晰数据处理者责任义务。同时，应完善数据分级分类管理制度，从数据收集、传输、存储、使用、共享等环节入手，针对不同类型、不同安全级别的数据，量身定制差异化监管措施。

建立健全数据跨境流动的技术保障机制也至关重要。应加强关键技术创新，突破数据脱敏、加密、审计等核心技术瓶颈，提升数据全生命周期安全防护能力。积极开展数据安全认证评估，制定数据流动技术标准规范，保障数据跨境传输的机密性、完整性、可用性。此外，应加强数据主体权益保护，完善个人信息授权同意机制，保障数据主体的知情权、选择权和救济权。

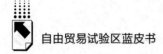

总之，自贸试验区探索制定数据出境负面清单背景下，构建与之相适应的数据跨境流动监管合作机制，需从法律、技术、制度等多维度协同发力，平衡数据开放共享与安全保护，为数字贸易创新发展护航。

三　数据跨境流动的影响

（一）经济影响综述

数据跨境流动是全球数字经济时代的重要特征，自贸试验区负面清单制度对此的影响不容忽视。从经济层面来看，数据要素的自由流通有利于优化全球资源配置，促进数字贸易发展。麦肯锡全球研究预测，2024 年全球数据流动将创造 2.8 万亿美元的 GDP，相当于全球贸易总额的 3.3%；世界银行的研究表明，限制性数据政策每增加 1%，服务出口额就会下降 1.7%。[①]由此可见，自由的数据跨境流动对经济增长有显著的推动作用。

因此，自贸试验区数据出境负面清单在规范数据跨境流动方面发挥着重要作用。一方面，数据出境负面清单明确列出禁止或限制数据跨境传输的行业和数据类型，有助于保护国家安全、公共利益以及个人隐私。另一方面，数据出境负面清单模式意味着除了特定例外情形，原则上允许数据自由流动，体现了高水平开放理念。这种制度设计有利于在确保安全与合规的前提下，最大限度地释放数据红利。

然而，数据出境负面清单在实施过程中也面临诸多挑战。首先，法律制度的滞后性与技术发展的快速迭代之间存在张力，数据治理规则难以为继。其次，数据分类分级、安全评估等合规要求给企业带来较大成本，亟须加强配套支持。此外，各国数据治理体系差异显著，监管协调与执法合作困难重重。这就要求在制定数据出境负面清单时兼顾国内产业发展水平与国际规则

---

① 《麦肯锡：全球化并未退化数据流动正在快速增长》，https://www.yicai.com/news/101677830.html。

趋同，并加强跨境监管合作，共同营造良好的数字经济生态。

总而言之，自贸试验区数据出境负面清单是我国探索数字经济治理、深化高水平开放的重要制度创新。在推动数据跨境流动、激发数字红利的同时，也要高度重视数据安全与个人权益保护。未来应在总结实践经验基础上，不断完善数据出境负面清单管理制度，为数字中国建设提供有力制度保障。

（二）社会与文化影响分析

自贸试验区数据出境负面清单对数据跨境流动在社会文化层面的影响主要体现在多个方面。首先，对数据流动的限制可能导致跨境文化交流与传播受阻。在数字时代，数据已成为塑造文化认同、价值观和社会规范的重要载体。数据跨境流动的限制，尤其是对文化产业相关数据的管控，可能使不同地域间文化交流与互鉴的机会减少，从而加剧文化隔阂与误解。其次，数据保护与隐私方面的顾虑可能抑制公民在网络空间的自由表达。为确保数据安全，部分限制性措施如实名制、内容审查等，可能在一定程度上影响公民参与跨境网络互动和讨论的积极性，导致网络公共领域的萎缩。此外，自贸试验区数据本地化要求可能加剧数字鸿沟，使不同群体和地区在获取信息、参与数字经济等方面的机会不平等。严格的数据本地存储规定，意味着企业需要在不同司法管辖区重复建设数据处理基础设施，增加了运营成本，可能导致部分中小企业和欠发达地区难以承担，从而无法充分享受数字红利。最后，数据孤岛的形成可能阻碍全球性社会问题的有效治理。在传染病、气候变化、难民危机等全球性挑战日益凸显的背景下，不同国家和地区亟须加强数据共享与协作，形成联合应对方案。而自贸试验区对数据跨境流动限制过多，缺乏必要的例外条款和灵活安排，将不利于快速有效地应对和治理全球性危机。

综上所述，自贸试验区数据出境负面清单在保护数据安全和隐私的同时，也应审慎评估其在社会文化层面可能带来的负面影响，在制度设计中充分兼顾数据流动的效益。通过合理的例外条款设置、差别化的行业监管等方式，在最大限度促进数据跨境流动的同时，确保数据流动秩序，推动构建开放包容、互利共赢的数字空间。

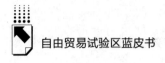
（三）国家安全与个人信息保护问题

个人信息和隐私数据的跨境流动可能给国家安全带来一定风险。一些敏感数据的外流，如重要基础设施、国防工业、政府机构等领域的数据，可能被不法分子利用而危害国家安全利益。此外，公民个人信息的大规模跨境流动也可能加剧隐私泄露风险。互联网企业收集了海量用户数据，这些数据一旦通过跨境传输落入他人之手，可能被用于用户画像、定向营销，甚至盗用身份进行违法犯罪活动，危及公民合法权益。

针对上述风险，自贸试验区的数据出境负面清单在限制敏感数据跨境流动的同时，也应兼顾合法合规的数据流动需求。一方面，可参考网络安全等级保护制度，对不同安全等级的信息系统采取差异化管理，敏感数据须储存于境内，确需跨境时应进行安全评估。另一方面，可借鉴欧盟《通用数据保护条例》（GDPR）等规定，建立健全个人信息出境安全评估、标准合同、认证等多种规则，为个人信息跨境流动提供制度保障。企业应采取匿名、加密等技术措施，最小化数据收集使用范围，并进行数据安全影响评估，降低隐私泄露风险。

总之，自贸试验区数据出境负面清单应在维护国家安全、保护个人隐私的同时，也为数据驱动的数字贸易创新留出空间。这需要在数据流动与安全之间寻求平衡，既不能对数据过度管制，影响数据要素在全球范围内的优化配置，又不能放任数据失控流动，危及国家安全和公民权益。通过制度规则和技术手段的协同发力，构建既开放又安全的跨境数据治理机制，方能更好激发数据红利，推动数字经济发展。

四　面临的挑战与应对策略

（一）法规与实践落差挑战

自贸试验区"准入前国民待遇+负面清单"模式的实施需要完善相匹配

的法律法规。目前数据出境负面清单中的诸多限制类特别管理措施的规定弹性较大、不够明确，可能影响其发挥应有功能。自贸试验区数据跨境流动相关法规的这种模糊性，也体现在数据出境负面清单的建设中。数据流动监管相关法律法规主要包括《网络安全法》《数据安全法》等，形成了以数据分级分类、安全评估、行业白名单等为主要内容的监管框架。但这些规制在实际落地执行中，可能会出现法规实践落差的问题。如《网络安全法》规定关键信息基础设施运营者收集和产生的个人信息和重要数据需在境内存储，但对于何为关键信息基础设施、重要数据的具体界定缺乏明确标准。现行法规也鲜有针对不同行业和数据类型的个性化规定。这可能导致运营者在数据跨境流动的合规性判断上存在困难，特别是对一些处于灰色地带的创新性业务模式。因此，需要进一步细化法规内容，厘清关键概念内涵，完善配套标准体系，方能在实践中更好地指导与规范以数据流动为核心的数字经济发展。

（二）技术发展与合规难题

在当前自贸试验区建设数据出境负面清单过程中，面临技术发展与合规的双重挑战。随着大数据、云计算、人工智能等新兴信息技术的快速发展，数据跨境传输的规模、速度、复杂性都在不断提升，这对负面清单的合规性提出了更高要求。一方面，数据流动呈现动态性与实时性特征，传统的事前审批机制难以有效监管。另一方面，数据可能经过多次加工、融合、关联，原始属性发生改变，负面清单的边界愈加模糊。

此外，不同国家和地区在数据主权、隐私保护等方面的法律差异，也加剧了合规难题。数据跨境传输涉及管辖权冲突、执法协作等复杂法律问题。部分发达国家对数据的管控日益严格，对我国数字产业发展和创新能力提出了挑战。国内现有法律体系与新技术新业态的适配性不足，数据分类分级、安全评估、应急处置等制度有待完善。

针对上述挑战，一要加强顶层设计，完善数据跨境流动的法律法规。在《网络安全法》等现行法律基础上，制定专门规范数据跨境传输的法律，明确数据分类分级、安全评估、用户告知同意等制度，并根据技术发展适时调整优化。二要建立数据流动全生命周期管理机制，实现事前防范、事中监测、事后处置的闭环运行。利用区块链、隐私计算等新技术，对数据流动进行溯源、审计与合规性操作。三要深化国际合作，推动数据跨境流动规则制定。积极参与数字经济、网络空间国际规则制定，在二十国集团、金砖国家、上合组织等多边机制中凝聚共识，维护发展中国家利益。

总之，面对数据出境负面清单建设中的技术合规难题，需要从法律、技术、国际合作等多个维度系统施策。唯有如此，才能在保障数据安全与隐私的同时，充分释放数据跨境流动价值，推动自贸试验区高质量发展。

（三）跨地域监管合作障碍

自贸试验区在构建数据跨境流动制度时，如何实现对于不同地区间的监管协调与合作面临诸多挑战。数据流动的跨地域特征使传统基于区域属性的监管模式难以应对新形势下数据全球化趋势所带来的复杂性。一方面，地域间的法律法规差异可能导致数据处理主体难以统一合规。例如，中国对于个人信息和重要数据的跨境传输有较为严格的限制，而欧美等地则相对宽松。这种监管标准的差异会导致不同地区监管的差异。另一方面，跨地域的执法合作机制亟待完善。目前尚无统一高效的渠道来实现不同地区监管机构间的信息共享和联合执法。这可能削弱对违法行为的震慑，为部分数据处理者钻监管空子提供机会。此外，地区间利益的博弈也可能阻碍监管合作的深入。部分地区可能从自身利益出发，采取相对保守的监管立场，不愿与其他地区分享监管数据，共同打击违法行为。因此，自贸试验区亟须在国内统一监管制度的基础上，进一步加强与国际社会在数据跨境流动监管领域的对话协作，建立常态化的信息交换与执法合作机制，形成国际规则，以应对数据全球化时代的新挑战。

探索制定数据出境负面清单，在我国落地实践仍需考量和改进的空间较大。通过对自贸试验区数据出境负面清单的审视，可以发现数据出境负面清单条目表述存在不确定性，特别管理措施上与《外商投资指导目录》差异不大，在透明度和具体性方面均存在不足。从根本上讲，数据出境负面清单模式有效运行需要良好的国内法制环境和配套制度予以支撑，而我国在这方面的基础仍显薄弱。

近年来，虽然数字贸易在自贸试验区获得较快发展，但在数据跨境流动方面，数据出境负面清单对促进数据开放共享的效果并不明显。主要原因有以下三点。第一，数据跨境传输所涉及的法律法规体系不健全，数据保护与共享、数据主权与个人隐私等关键议题尚未形成统一、明确的规范标准。第二，现行的数据安全管理仍主要依赖事前审批，技术手段的运用相对滞后，事中事后监管能力亟待加强。第三，不同区域、部门在数据管理和执法中存在差异，监管协调机制有待完善，数据共享壁垒仍然突出。

因此，推进自贸试验区数据出境负面清单建设，既要立足当前实践，着眼长远发展，统筹国内法律法规、技术标准、监管体系的系统集成和创新优化，也要秉持开放包容理念，在风险可控前提下，稳步扩大数据开放范围，推动形成地区联动、部门协同、多方参与的数据跨境流动新格局。未来，数字贸易必将成为自贸试验区建设与制度创新的重要方向和突破口，而以数据出境负面清单为抓手深化数据开放，将为我国更好融入全球数字经济发展注入新的动力。

参考文献

陈寰琦：《从"例外"和"负面清单"看美国跨境数据自由流动限制性措施》，《国际经贸探索》2023 年第 9 期。

贺小勇：《率先建立与国际运行规则相衔接的上海自贸试验区制度体系》，《科学发展》2020 年第 3 期。

黄觉波：《基于国际经贸新规则的我国自贸区金融开放创新研究》，《当代金融研究》2019 年第 3 期。

孔庆江、于华溢：《数据立法域外适用现象及中国因应策略》，《法学杂志》2020 年第 8 期。

梁山：《论数据跨境流动的立法规制》，《区域治理》2023 年第 30 期。

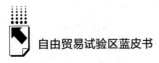

刘金瑞:《迈向数据跨境流动的全球规制:基本关切与中国方案》,《行政法学研究》2022 年第 4 期。

马光:《FTA 数据跨境流动规制的三种例外选择适用》,《政法论坛》2021 年第 5 期。

马兰:《金融数据跨境流动规制的核心问题和中国因应》,《国际法研究》2020 年第 3 期。

魏新亚:《自贸试验区负面清单与中美 BIT 谈判对接的基础研究》,《亚太经济》2017 年第 6 期。

Guanxia X. , "Research on the Development of Cross-border E-commerce and Logistics Industry in Henan Province in the 'One Belt and One Road' Perspective," *Innovation Science and Technology* (2019) .

James M. Kaplan, Kayvaun Rowshankish, "Addressing the Impact of Data Location Regulation in Financial Services," *Centre for International Governance Innovation Paper Series* 14 (2015) .

Lighthizer Robert E. , *2019 National Trade Estimate Report on Foreign Trade Barriers* (USTR) .

Schmidt J. H. , Mccann C. , "ESG Challenges in the Construction of UK Balanced Portfolios for Private Investors: An Analysis of the Availability and Performance of ESG Funds Across Various Asset Classes," *Journal of Applied Finance & Banking* 12 (2022) .

Weber S. , "Data Development and Growth," *Business and Politics* 3 (2017) .

WTO, *Joint Statement on Electronic Commerce-Communication from China* (INF /ECON/ 19, April 24, 2019) .

专题篇 ▷▷

B.6

新质生产力驱动下的自贸试验区跨境
服务贸易高质量发展分析与研判

黄抒田*

摘　要：　2024 年，商务部发布了新版《跨境服务贸易特别管理措施（负面清单）》和《自由贸易试验区跨境服务贸易特别管理措施（负面清单）》，标志着中国在推进高水平对外开放和对标国际经贸规则方面迈出了关键一步。新质生产力作为现代经济发展的核心驱动力，通过知识、技术和创新，推动高效益、高附加值产业发展，引领经济高质量发展。在自贸试验区，负面清单和新质生产力的发展与服务贸易的高质量协同成为提升区域经济繁荣和国际竞争力的关键。本报告详细探讨负面清单对自贸试验区新质生产力发展的影响，从政策环境改善、市场准入放宽和企业创新能力提升三个方面进行剖析，研究发现负面清单在推动新质生产力和服务贸易高质量发展中面临政策解读困难、跨部门协调不足、地方执行能力存在差异，企业适应困难、市场

* 黄抒田，中山大学自贸区综合研究院副研究员，英国埃克塞特大学地理学博士，英国布里斯托大学应用经济学博士后，主要研究领域为欧盟法、WTO 法、经济地理学。

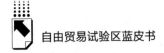

反馈机制缺失、市场预期管理不足，国际规则对标对接不畅等问题；并提出加强政策优化与精细化管理，优化市场机制与竞争环境，强化企业创新支持与发展，深化国际合作与规则对接等对策建议。

关键词： 新质生产力　制度创新　自贸试验区

　　近年来，全球服务贸易市场迅猛发展，各国纷纷寻求优化自身服务贸易管理政策，以提升其在国际市场中的竞争力。作为世界第二大经济体，中国通过实施跨境服务贸易负面清单（以下简称负面清单），展现了在服务贸易领域追求高标准开放和制度创新的坚定决心。这一举措不仅旨在提升国内市场的透明度和可预见性，同时也旨在对标国际高标准经贸规则，推动中国服务贸易的高质量发展。

　　自2021年中国在海南自贸港首次试行负面清单以来，经过几年的探索和实践，负面清单的范围和内容得到了逐步扩展和完善。2024年，商务部发布了新版《跨境服务贸易特别管理措施（负面清单）》（以下简称《跨境服务贸易负面清单》）和《自由贸易试验区跨境服务贸易特别管理措施（负面清单）》（以下简称《自贸试验区跨境服务贸易负面清单》），进一步明确了跨境服务贸易的管理规则，致力于开放服务市场和优化营商环境。

　　《跨境服务贸易负面清单》首次实现了对跨境服务贸易的全面管理，通过清单形式列出了各行业对境外服务提供者的特别管理措施，极大地提升了政策的透明度和一致性。这一制度创新不仅是中国服务贸易政策的重大突破，也标志着中国在推进高水平对外开放和对标国际经贸规则方面迈出了关键一步。相对而言，《自贸试验区跨境服务贸易负面清单》则更进一步，为自贸试验区内的跨境服务贸易制定了特别规定，展示了自贸试验区作为制度创新先行区的积极探索。

　　新质生产力作为现代经济发展的核心驱动力，以知识、技术和创新为要素，通过推动高效益、高附加值的产业发展，成为引领经济高质量发展的重要引擎。在自贸试验区这一开放前沿，新质生产力的发展与服务贸易的高质量协同，成为促进区域经济繁荣和提升国际竞争力的关键因素。然而，面对全球日益激烈的竞争，自贸试验区如何通过新质生产力的引导，实现服务贸易的高效益和高质量发展，成为亟待解决的核心问题。

总体来看，《跨境服务贸易负面清单》和《自贸试验区跨境服务贸易负面清单》的实施，为中国服务贸易和新质生产力的发展提供了强有力的制度支持。首先，负面清单的实施为境外服务提供者进入中国市场提供了明确的规范，极大地提高了政策的透明度和一致性，优化了营商环境。这种环境的改善不仅为新质生产力的培育提供了良好的政策支持，也为自贸试验区服务贸易的发展创造了更加开放、公平的市场条件。其次，负面清单通过放宽市场准入，允许更多高质量的境外服务提供者进入中国市场。这不仅增强了市场的竞争力，还为新质生产力的发展注入了新的活力。特别是在自贸试验区，负面清单的实施使区域内的服务贸易能够更好地对接国际高标准规则，从而推动服务贸易向高技术、高附加值领域转型。此外，负面清单的管理模式促进了企业创新能力的提升。在跨境服务贸易领域，负面清单的实施推动了技术、知识和服务模式的创新，使企业能够在国际市场上保持竞争优势。自贸试验区作为新质生产力发展的重要平台，通过负面清单的推动，能够更好地实现技术创新和产业升级，进一步增强区域内企业的国际竞争力。

据此，本报告详细探讨负面清单对自贸试验区新质生产力发展的影响，重点从政策环境改善、市场准入放宽和企业创新能力提升三个方面进行剖析，研究负面清单如何促进自贸试验区服务贸易的制度创新和高质量发展，为相关政策制定提供参考，并为自贸试验区的高质量发展贡献力量。

一　跨境服务贸易负面清单对服务贸易与新质生产力的影响

（一）政策环境分析

负面清单模式是近年来国际高标准自贸协定在跨境服务贸易领域中普

遍采用的一种管理模式。它通过列出禁止或限制的服务项目，明确了市场准入的边界，为境外服务提供者提供了更加清晰和透明的政策指引。这种管理模式相比传统的正面清单模式，具有更高的政策透明度和灵活性，能够更好地适应国际市场的变化。2024年发布的全国版和自贸试验区版负面清单，首次在全国范围内对跨境服务贸易建立了负面清单管理制度。全国版负面清单共包含71条，主要是将过去分散在各个具体领域的准入措施，以"一张单"的方式归集列出，同时明确清单之外的领域按境内外服务及服务提供者待遇一致原则实施管理。涵盖了农林牧渔业、建筑业、批发和零售业、交通运输业、信息传输和软件服务业、金融业、租赁和商务服务业、科学研究和技术服务业、教育、卫生和社会工作、文化体育和娱乐业等11个主要行业。自贸试验区版负面清单则包含68条，在全国版的基础上进一步扩大了开放措施，增加了对自然人职业资格、专业服务、金融、文化等领域的开放安排，并为自贸试验区内的跨境服务贸易提供了更灵活的政策环境。①

总体而言，负面清单不仅优化了中国服务贸易的政策环境，还为境外服务提供者进入中国市场提供了重要的制度支持和保障。

（二）全国版与自贸试验区版跨境服务贸易负面清单的区别

2024年发布的全国版和自贸试验区版跨境服务贸易负面清单尽管在总体框架和管理模式上具有一致性，但在政策开放度、具体管理措施、实施细则、政策适用性和灵活性上存在显著差异。

首先是政策开放度的差异。全国版负面清单在整体政策框架上相对较为保守，旨在维持全国范围内服务贸易的稳定和安全。相比之下，自贸试验区版负面清单在政策开放度上显得更加灵活和前瞻。自贸试验区作为制度创新

---

① 《跨境服务贸易特别管理措施（负面清单）》（2024年版），http：//fms. mofcom. gov. cn/cms_files/oldfile//fms/202403/20240322165804597. pdf；《自由贸易试验区跨境服务贸易特别管理措施（负面清单）》（2024年版），http：//fms. mofcom. gov. cn/cms_files/oldfile//fms/202403/20240322165820645. pdf。

的先行区，负面清单的设计更注重推动服务贸易领域的开放和创新。例如，自贸试验区版负面清单允许境外服务提供者在特定条件下通过合作或独资的形式，参与建筑服务、科技研发和互联网信息服务等，这在全国范围内是严格受限的。

其次是具体管理措施的差异。全国版负面清单的管理措施较为统一和严谨，主要集中在维护国家安全、保护公共利益和保障市场秩序等方面。它通过列出禁止和限制的服务项目，确保境外服务提供者在进入中国市场时遵守严格的法律和政策框架。自贸试验区版负面清单则在管理措施上更具灵活性，允许在一定条件下放宽对境外服务提供者的市场准入限制。例如，自贸试验区版负面清单取消了境外个人参加注册城乡规划师、房地产估价师、拍卖师等职业资格考试的限制，放宽了中外合作制作电视剧的人员比例限制，从原来的中方人员不少于三分之一放宽至不少于四分之一。这些措施不仅鼓励了更多境外专业人才和企业进入中国市场，也为自贸试验区内的服务贸易创新提供了更多空间。

再次是实施细则的差异。在具体实施细则上，全国版负面清单注重全国统一标准的制定和实施，确保政策在全国范围内的一致性和可执行性。例如，全国版负面清单规定，境外服务提供者必须经过国家主管部门的审批才能从事某些服务，如金融服务和法律咨询服务。这种集中化的管理模式有助于维护全国服务市场的稳定性和一致性。自贸试验区版负面清单则更多地关注制度创新和政策试验，允许自贸试验区在国家法律和政策框架下，进行更多的政策探索和措施开放。例如，自贸试验区版负面清单允许境外服务提供者在金融和科技领域与中方企业合作，设立合资公司或独资企业，从事证券、期货等金融服务活动。

最后是政策适用性和灵活性的差异。全国版负面清单强调的是政策的统一性和适用性，旨在为全国范围内的服务贸易提供一个稳定和可预见的政策环境。自贸试验区版负面清单则注重政策的灵活性和适应性，允许自贸试验区根据自身特点和市场需求，制定更为灵活的管理措施和实施细则。例如，自贸试验区版负面清单放宽了对境外服务提供者在特定行业的市场准入条件，允许境外企业通过设立分支机构或合作的方式，参与自贸试验区内的高科技和金融服务等领域的贸易活动。

（三）跨境服务贸易负面清单与新质生产力发展的协同机制

跨境服务贸易负面清单不仅在服务贸易领域产生了显著影响，也对新质生产力的发展起到了重要推动作用。新质生产力是指以知识、技术、信息和创新为核心要素的生产力形态，其核心是通过技术进步和创新驱动，实现高效益和高附加值的经济增长。全国版和自贸试验区版负面清单的实施，在政策环境改善、市场准入放宽和企业创新能力提升等方面，为新质生产力的发展提供了良好的支持。

一是政策环境改善对新质生产力的支持。负面清单的实施极大地改善了政策环境，为新质生产力的发展创造了有利条件。全国版和自贸试验区版负面清单通过明确市场准入规则和减少政策不确定性，提高了政策透明度和可预见性。这种政策环境的改善，主要体现在以下几个方面。首先，负面清单通过列出禁止和限制的服务项目，明确了市场准入的边界，使境外服务提供者能够清晰了解市场准入条件，减少了政策执行中的不确定性和随意性。这就为新质生产力的发展提供了稳定的政策支持。其次，负面清单的实施，有助于简化市场准入流程和减少行政审批环节。这种政策优化不仅提高了市场准入效率，也降低了企业的进入成本，激励了更多境外企业在高技术含量和高附加值领域进行投资和创新。例如，自贸试验区版负面清单允许境外服务提供者通过设立合资公司或独资企业，参与科技研发和高端制造等领域的服务提供，这为新质生产力的应用和发展提供了更多的机会。此外，负面清单在推动政策环境改善的同时，还促进了政策的一致性和可执行性。全国版负面清单在全国范围内实施统一的市场准入标准，而自贸试验区版负面清单则允许自贸试验区根据自身特点和市场需求，制定更加灵活和前瞻的管理措施。这种政策环境的优化，为新质生产力的快速发展和广泛应用提供了强有力的保障。

二是市场准入放宽对新质生产力的推动。负面清单通过放宽市场准入条件和降低准入门槛，为新质生产力的发展提供了更多空间和机会。全国版和自贸试验区版负面清单在放宽市场准入方面，采取了不同的策略和措施，具体表现在以下几个方面。首先，全国版负面清单通过减少市场准入限制，为境外服务提供者进入中国市场提供了更多机会。例如，全国版负面清单取消了境外企业在某些高技术含量和高附加值领域的准入限制，如信息技术服务、专业技术服务和金融服务等。这种市场准入条件的放宽，不仅吸引了大量境外高端服务提供者进入中国市场，也为新质生产力的应用和发展提供了广阔的市场空间。其次，自贸试验区版负面清单在放宽市场准入方面，表现得更加灵活和创新。例如，自贸试验区版负面清单允许境外服务提供者通过设立合资公司或独资企业，参与如科技研发、医疗服务、教育服务等高附加值领域的服务提供。这种市场准入条件的放宽，不仅推动了新质生产力在自贸试验区内的广泛应用，也为境外企业在高技术和高附加值领域进行投资和创新提供了更多机会。通过放宽市场准入条件，负面清单为新质生产力的发展提供了良好的市场环境和发展空间。境外服务提供者能够通过参与中国市场，推动技术进步和创新应用，提升服务质量和市场竞争力，从而推动新质生产力的快速发展和广泛应用。

三是企业创新能力提升对新质生产力的促进。负面清单在推动企业创新能力提升方面发挥了重要作用。全国版和自贸试验区版负面清单通过减少市场准入障碍和优化政策环境，激发了企业在技术创新和服务模式创新方面的积极性和创造力。这种政策支持，主要体现在以下几个方面。首先，负面清单通过简化市场准入流程和减少行政审批环节，降低了企业的进入成本和创新风险。企业能够通过市场准入的便利和政策支持，积极进行技术研发和服务模式创新，从而提升自身的竞争力和创新能力。例如，自贸试验区版负面清单取消了境外企业在某些领域的市场准入限制，使得境外企业能够通过设立研发中心或合作企业，积极参与中国市场的科技创新和服务创新。其次，负面清单通过鼓励技术合作和跨境投资，为企业创新提供了更多机会和资源。全国版和自贸试验区版负面清单在高技术和高附加值领域，鼓励境外企业通过技术合作和跨境投资，参与信息技术、医疗科技和金融服务等领域的创新活动。这种政策支持，不仅提升了企业的技术创新能力，也推动了新质生产力在服务贸易领域的应用和发展。另外，负面清单通过优化政策环境和提升政策透明度，为企业创新创造了良好的外部条件。企业能够通过了解市场准入条件和政策支持，制定更加科学和有效的创新策略，这不仅提升了企业的创新能力，也推动了新质生产力在这些领域的应用和发展。

四是推动新质生产力多元化应用和发展。负面清单的实施推动了新质生产力在不同领域的应用和发展，特别是在科技、金融和服务业等高附加值领域。全国版和自贸试验区版负面清单通过放宽市场准入条件和优化政策环境，鼓励境外企业在这些领域进行技术创新和服务创新，推动了新质生产力的广泛应用和快速发展。在科技领域，负面清单通过鼓励技术合作和跨境投资，为新质生产力的应用提供了更多机会和资源。在金融领域，负面清单通过放宽市场准入条件和鼓励技术创新，为新质生产力的应用提供了广阔的市场空间。例如，全国版和自贸试验区版负面清单允许境外金融机构通过设立合资公司或独资企业，参与中国市场的金融服务和科技创新，这不仅推动了金融服务的创新发展，也提升了金融服务的质量和国际竞争力。在服务业，负面清单通过简化市场准入流程和降低准入门槛，为新质生产力的应用提供了良好的市场环境。例如，自贸试验区版负面清单允许境外企业通过合作或设立独资企业，参与如教育、医疗、文化等领域的服务提供，这不仅提升了服务业的质量和水平，也推动了新质生产力在服务业的广泛应用和快速发展。

二　跨境服务贸易负面清单实施中的挑战与问题

尽管跨境服务贸易负面清单在推动服务贸易高质量发展和新质生产力提升方面发挥了重要作用，但在实际实施过程中，仍然面临着一系列挑战。这些挑战涉及政策执行、市场反应和国际合作等多个方面，以下将详细分析负面清单实施中的主要挑战和重要难点问题。

（一）政策执行难点

在跨境服务贸易负面清单的实施过程中，政策执行的有效性是确保其达到预期效果的关键。然而，由于负面清单覆盖的领域广泛且涉及多个行业和部门，政策执行面临一系列挑战。以下将详细分析政策执行中的主要难点，并提出应对措施。

1. 政策解读困难

一是政策的复杂性和专业性导致解读困难。负面清单涵盖多个行业和领域，条款内容复杂且具有较强的专业性。这导致地方政府和相关企业在解读政策条款时，容易出现理解不到位的情况，从而影响政策的准确执行。例如，全国版负面清单涉及金融服务、信息技术服务等高度专业化的领域，不同行业的市场准入条件和限制措施差异较大，地方政府在解读这些条款时，往往需要结合具体行业的背景和技术特点进行专业判断。政策解读的困难可能使部分地方政府和企业在执行过程中存在对政策理解的偏差，导致市场准入流程复杂化或执行不到位。例如，某些地方政府在实施金融服务相关政策时，可能因为对国际金融标准的不熟悉而执行过于保守，导致境外金融机构进入市场的审批流程烦琐，延误政策落实的进度。

二是缺乏统一的解读指南。虽然政府发布了全国版和自贸试验区版负面清单，但目前尚缺乏统一的解读指南和培训，使地方政府和企业在政策执行过程中难以准确把握政策精神和具体要求。解读指南的缺失，增加了政策执行中的不确定性和随意性，影响了政策的整体执行效果。为解决政策解读困难问题，建议政府部门编制详细的政策解读指南，并定期组织相关培训，帮助地方政府和企业深入理解负面清单的条款和实施细则。此外，建立政策解读和咨询服务平台，提供在线解答和案例分析服务，帮助相关部门和企业准确把握政策要求，确保政策执行的统一性和有效性。

2. 跨部门协调不足

一是多部门参与导致协调困难。负面清单的实施涉及多个政府部门。这些部门在政策制定和执行过程中，往往各自负责不同领域的管理和监督，导致政策协调和信息共享存在困难。例如，在金融服务领域，负面清单的实施需要商务部与金融监管部门密切合作，确保市场准入政策与金融监管政策的协调一致。由于各部门在职能和管理范围上的差异，跨部门的政策协调机制往往不健全，导致信息不对称和政策执行的不一致。例如，某些地方政府在执行负面清单中的高技术服务条款时，可能因为缺乏与科技部的协调沟通，而在政策执行过程中出现理解偏差，导致政策执行效果不理想。

二是缺乏有效的协调机制。目前在政策执行过程中缺乏有效的跨部门协调机制，各部门之间的沟通和协调不够顺畅，导致政策执行的统一性和有效性受影响。例如，负面清单中的跨境服务涉及商务、财政、科技等多个部门，缺乏统一的协调机制，往往导致政策执行过程中信息共享不及时，决策不一致，影响了政策执行的整体效果。为应对跨部门协调不足的问题，建议建立健全的跨部门协调机制，设立专门的协调办公室，负责各部门之间的政策沟通和协调工作。定期召开跨部门联席会议，确保政策执行过程中的信息共享和协调一致性。同时，推动各部门之间的信息系统互联互通，建立共享平台，及时更新政策执行信息，提高政策执行的效率和效果。

3.地方执行能力存在差异

一是地区间政策执行能力不平衡。由于中国各地区在经济发展水平和政府执行能力方面存在较大差异，不同地区在负面清单政策的执行效果上也存在显著差异。例如，上海、北京、深圳等经济发达地区由于具备较强的政策执行能力和丰富的管理经验，能够较好地执行负面清单政策，迅速调整市场准入政策，吸引境外服务提供者进入市场。相比之下，部分中西部欠发达地区由于经济基础薄弱，政策执行能力较差，缺乏经验和资源，政策解读和执行能力较弱，使得政策执行效果不理想。

二是地方政府缺乏资源和支持。一些欠发达地区的地方政府在执行负面清单政策时，往往缺乏必要的资源和技术支持，影响了政策的有效落实。例如，地方政府在执行负面清单中的科技服务条款时，由于缺乏专业技术人员和信息技术支持，可能在政策解读和实施过程中出现偏差，影响政策的实施效果。为解决地方执行能力差异的问题，建议加强对地方政府的政策支持和资源投入，提供必要的技术支持和培训，提升地方政府的政策执行能力。此外，中央政府可以通过设立专项资金，支持欠发达地区在执行负面清单政策过程中进行基础设施建设和能力提升，确保政策在全国范围内得到有效落实。

（二）市场反应与调整

在跨境服务贸易负面清单的实施过程中，市场反应与调整是确保政策落地和优化的关键。市场对于政策变化的适应能力和反馈机制的完善程度，直接影响着负面清单的实施效果。

1. 企业适应困难

一是市场准入规则的变化。负面清单的实施对市场准入规则进行了全面的调整，使境外服务提供者需要重新适应新的市场环境和政策要求。例如，负面清单规定了一系列对境外服务提供者的特别管理措施，这些措施包括市场准入条件、服务范围限制等。由于这些规定涉及多个行业和领域，不同行业的市场准入要求差异较大，境外企业在适应过程中面临较大的挑战。特别是对中小企业而言，市场准入规则的变化带来了显著的适应成本和风险。这些企业在进入中国市场时，需要花费大量时间和资源去理解和适应新的政策要求。

二是市场准入成本的增加。负面清单通过设定明确的市场准入条件，使境外服务提供者在进入中国市场时，需要满足一定的政策要求。这种政策变化增加了企业的市场准入成本，包括合规成本、政策调整成本和运营成本等。为解决企业适应困难的问题，建议政府加强政策宣传和解释，帮助企业理解和适应新的市场准入规则。同时，政府可以提供政策咨询和技术支持，帮助企业在政策调整过程中降低适应成本，提高其市场进入的速度和效果。

2. 市场反馈机制缺失

一是市场信息不对称。负面清单的实施需要通过有效的市场反馈机制来及时了解市场变化和企业需求。然而，目前在政策执行过程中，市场反馈机制相对缺乏，使得市场信息不对称问题突出。企业在政策执行过程中遇到的问题和困难，难以及时反馈到政策制定部门，从而影响了政策的调整和优化。例如，某些企业在适应新的市场准入条件时，可能遇到审批流程复杂、时间长等问题，影响了其市场准入的速度和效果。然而，由于缺乏有效的市场反馈机制，这些问题难以及时反馈到相关部门，导致政策调整滞后，影响了政策的实际执行效果。

二是政策调整滞后。由于市场反馈机制的缺失，导致政策调整和优化滞后，影响了政策的执行效果。市场反馈机制的完善程度，直接决定了政策调整的及时性和有效性。如果市场反馈机制不完善，政策调整难以及时跟进，企业在市场准入过程中遇到的问题和困难将无法得到有效解决，从而影响政策的执行效果。例如，在负面清单的实施过程中，一些企业可能因为市场准入规则的变化而面临政策适应困难和市场准入成本增加的问题。如果这些问题不能及时反馈和解决，企业在市场进入过程中将面临更多的挑战，从而影响市场竞争力和服务质量。为解决市场反馈机制缺失的问题，建议政府建立健全市场反馈机制，设立专门的政策反馈平台，及时收集和处理企业在政策执行过程中遇到的问题和困难。同时，政府可以通过定期开展市场调研和政策评估，了解市场变化和企业需求，及时调整和优化政策，提高政策执行的有效性。

3. 市场预期管理不足

一是市场预期的不确定性。负面清单的实施对市场预期管理提出了新的挑战。由于市场对政策变化的预期和反应往往存在一定的不确定性，导致市场波动和企业经营风险增加。特别是在金融和科技等高敏感领域，市场预期管理的不足，可能导致市场信心不足和投资风险增加。例如，在金融服务领域，负面清单的实施改变了市场准入条件和监管要求，使得市场对政策变化的反应不确定性增加，企业在投资决策和市场进入过程中面临更大的风险和挑战。如果政府在政策实施过程中缺乏有效的市场预期管理，可能导致市场波动加剧，影响企业的经营和投资信心。

二是市场信心的不足。市场对负面清单政策变化的反应往往影响市场信心。企业对政策变化的信心不足，可能影响其在中国市场的投资和经营决策。特别是对境外企业而言，市场准入条件和政策环境的变化，增加了市场不确定性和经营风险，可能导致市场信心下降，影响其在中国市场的长期投资和发展计划。例如，某些境外企业在进入中国市场时，可能对市场准入条件的变化和政策环境的不确定性存在担忧，使其在投资和经营决策上更加谨慎，从而影响其在中国市场的投资和发展计划。为解决市场预期管理不足的问题，建议政府加强市场预期管理，制定明确的政策指引和预期管理机制，提高市场对政策变化的信心和预期。同时，政府可以通过建立市场预期管理平台，定期发布政策变化和市场预期信息，帮助企业了解和适应政策变化，降低市场不确定性和经营风险。

（三）国际合作难点

一是与国际标准的对标问题。不同国家和地区服务贸易管理方面的政策和标准存在较大差异，导致负面清单在实施过程中，面临与国际标准衔接不畅的问题。例如，CPTPP 对服务贸易的四种模式（包括投资和跨境服务贸易，但不包含金融服务）统一采取一张负面清单。12 个缔约方根据各自国情及谈判情况，在 CPTPP 附件 I 中列明本国当前采取的不符措施，并承诺这些不符措施将来只会维持不变或进一步放松限制；在附件 II 中列明本国的保留权利，即可以在现有基础上采取更为严格的限制措施。

从负面清单的措施数量看，CPTPP 各国现在采取的不符措施数量均在 60 条以内，其中最多的是日本（56 项），最少的是新西兰（10 项）；我国外资准入负面清单条目全国版共 31 项及自贸区版为 27 项，跨境服务贸易负面清单条目（不含金融服务）全国版共 56 项及自贸区版为 53 项。

从负面清单涉及的行业看，CPTPP 各国现在采取的不符措施主要涉及商业服务、运输、通信、能源等行业，并基于各自不同国情，选择对特别行业予以重点保护，如新加坡对啤酒、雪茄等特殊产品的制造业进行限定，加拿大严格限制国内免税店产业发展，秘鲁对文化遗产、音像产品、表演艺术等文化服务规定不符措施。我国负面清单主要集中在交通运输、商务服务、文体娱乐等行业。

从负面清单的体例格式看，CPTPP 负面清单的每一条目均列明了条目适用部门、条目适用具体分部门、产业分类、不符措施涉及的协定义务、采取或实施措施的政府层级、对措施本身的描述和措施的其他说明，逻辑严谨、格式规范，市场主体可直观了解限制措施的法律依据、效力级别和适用范围。我国的负面清单形式相对简单，仅从相关立法中摘录了一些限制措施，自由裁量权较大，缺乏可操作性。

二是国际标准的动态变化。国际标准和规则是动态变化的，随着国际经贸环境的变化，服务贸易的标准和要求也在不断更新。例如，近年来，随着数字经济的快速发展，数据跨境流动和数字服务贸易的标准和规则也在不断变化。负面清单在制定和实施过程中，需要及时跟进和适应这些变化，以确保政策能够与最新的国际标准和规则保持一致。从数据跨境流动看，CPTPP和DEPA倡导缔约国之间的数据自由流动，我国的数据跨境流动受到严格监管，特别是数据出境需要满足一系列法律和政策要求，审批流程烦琐、时间长、成本高。举例来说，目前国内注册企业若想申请香港经营人民币业务的银行贷款，仍然面临着征信数据无法互通的问题，导致香港银行向前海企业放款的跨境尽职调查成本明显偏高。从本地化存储看，CPTPP和DEPA均不强制要求数据在本地存储，我国要求对在境内收集的重要数据应当境内存储，关键信息和计算设施必须本地化。从数字产品准入看，CPTPP和DEPA均明确对数字产品的非歧视待遇，其国民待遇和最惠国待遇义务在原则上都是无条件适用。我国法律并没有对境外数字产品明确规定歧视性内容，但在具体政策和操作层面采取了限制性措施。如外国开发者在我国市场发布应用程序时，需要通过我国的监管审批，且需与我国应用商店合作，过程烦琐，且需要满足严格的内容和技术标准。为此，建议加强对国际服务贸易规则的研究和跟踪，及时更新和调整负面清单中的政策和措施，确保政策能够适应国际标准和要求。同时，建议政府加强与国际组织和其他国家的合作，积极参与国际服务贸易规则的制定和修订，提高中国服务贸易政策的国际适应性和竞争力。

三是国际规则制定的话语权不足。负面清单的实施不仅需要国内政策的支持，还需要国际社会的广泛合作。当前，服务贸易领域的国际合作相对不足，各国在政策制定和执行方面，缺乏有效的沟通和协调机制，导致负面清单在国际市场上的实施效果有限。更为重要的是，中国在负面清单实施过程中，面临的一个重大挑战是如何在国际服务贸易规则制定中提升话语权。现行国际服务贸易规则主要由欧美发达国家主导，中国在全球服务贸易规则制定中的参与度不高、影响力较弱。这种局面使中国在国际规则的制定和调整中，难以充分反映自身的利益和需求。例如，当前的国际服务贸易规则在知识产权保护、数据隐私、市场准入等方面，往往偏向于发达国家的标准和利益，这给新兴市场和发展中国家带来了较大的政策压力和挑战。国际规则的制定和调整是一个动态过程，中国需要不断加大在这一过程中参与和影响的力度，推动建立符合自身利益和国际趋势的规则体系。

三　对策建议

为有效应对跨境服务贸易负面清单实施过程中面临的挑战，推动服务贸易和新质生产力的高质量协同发展，以下提出一系列针对性和可操作性的对策建议。这些建议从科技创新、市场准入优化、政策支持、企业创新、国际合作等方面着手，力求解决实际问题，促进负面清单在服务贸易和新质生产力发展中的积极作用。

（一）加强政策优化与精细化管理

一是推动负面清单动态调整。为了应对市场和国际环境的快速变化，建议建立和完善负面清单的动态调整机制。应设立专门的政策评估小组，定期对负面清单的执行情况进行回顾和评估，收集企业和地方政府的反馈，及时识别政策实施中的问题和不足。在此基础上，制定年度或季度调整计划，确保负面清单能够灵活适应市场变化和行业需求。例如，负面清单在技术服务和金融服务领域的条款需要定期更新，以应对新兴技术和金融创新的快速发展。政策评估小组可以通过市场调研和召开企业座谈会等方式，收集相关行业的最新动态和需求，确保负面清单的调整能够反映市场现实和未来需求。

二是引入负面清单的区域差异化管理。不同地区在经济发展水平、产业结构和政策需求上存在较大差异，建议在全国版负面清单基础上，探索区域差异化管理模式。可以根据自贸试验区的实际情况，制定符合区域特点的负面清单实施细则，允许各地区在一定范围内灵活调整政策。例如，在东部经济发达地区，可以进一步放宽市场准入条件，鼓励高端服务和技术创新企业进入；而在中西部欠发达地区，则可以根据实际情况，适度保留一些保护性措施，逐步推进市场开放。这种区域差异化管理不仅有助于优化资源配置，也能更好地满足不同地区的实际发展需求。

三是加强负面清单执行的精细化管理。为提高政策执行的准确性和有效性，建议强化负面清单的精细化管理。应建立覆盖各行业的政策执行指导手册，明确执行标准和流程，减少政策执行中的随意性和不确定性。同时，加强对地方政府和相关企业的培训，确保政策执行者和受众能够准确理解和贯彻政策精神。例如，在金融服务领域，可以制定详细的市场准入指导手册，明确境外金融机构进入中国市场所需的具体条件和流程，减少企业在政策执行过程中的困惑和障碍。通过提供详细的政策执行指导，提高政策实施的精度和效率。

（二）优化市场机制与竞争环境

一是构建跨境服务贸易的便利化平台。为进一步提升市场透明度和效率，建议建立和推广跨境服务贸易的便利化平台。该平台应包括政策解读、市场准入、企业注册、投诉处理等功能，帮助企业更快捷地获取政策信息和办理市场准入手续，减少企业在跨境服务贸易中的操作成本和时间成本，增强企业对政策变化的适应性和反应速度。

二是提升市场竞争环境的公平性。为确保境内外企业在市场准入和竞争中享有公平待遇，建议进一步完善市场竞争机制，严厉打击垄断和不公平竞争行为。政府应加强市场监管，确保市场规则透明、可预见，并建立有效的投诉和反馈机制，及时处理企业在市场竞争中遇到的不公平待遇。例如，在信息技术服务和教育服务领域，政府可以通过设立专门的市场监管机构，严格监控市场准入和竞争行为，确保市场公平竞争，防止垄断和市场操纵行为的发生。通过提升市场竞争环境的公平性，吸引更多优质的境外服务提供者进入中国市场，提升服务贸易的整体水平。

（三）强化企业创新支持与发展

一是提供精准的创新政策支持。为进一步激励企业技术创新和服务模式创新，建议政府提供更加精准的创新政策支持。可以通过设立创新发展基金，专门支持企业在高技术含量和高附加值领域进行技术研发和服务创新，推动新质生产力在服务贸易领域的广泛应用。这种精准的政策支持，不仅可以提升企业的创新能力，也能推动服务贸易的技术升级和产业转型。

二是建设企业创新合作平台。为促进企业之间的技术交流和创新合作，建议建设企业创新合作平台，推动企业在技术研发、市场拓展和服务创新方面的合作。政府可以通过设立公共服务平台，提供技术咨询、市场信息和合作机会，帮助企业寻找合作伙伴，拓展市场空间。

三是优化企业创新环境和政策。为提高企业创新的积极性和有效性，建议政府优化企业创新环境和政策。可以通过提供政策支持和市场激励，鼓励企业在技术创新和服务模式创新方面的投入和实践。此外，政府可以简化企业创新项目的审批流程，降低创新成本，提高创新效率。

（四）深化国际合作与规则对接

一是针对境外规则对接开展先行先试。商务部发布跨境服务贸易负面清单时明确提出，与港澳台就境外服务提供者开展跨境服务贸易有更优惠安排的，可以按照相应规定执行。建议广东省自贸试验区各片区在落实好全国跨境服务贸易负面清单的基础上，研究制定面向港澳的跨境服务贸易负面清单，争取相关部门支持，经国务院同意后以商务部令的形式对外发布。在具体行业及领域选择上，可以借鉴 CPTPP 负面清单的实践经验，结合广东省各自贸片区拟重点发展的行业，在医疗、教育等基础领域及法律、会计、工程等专业服务领域，优化、细化负面清单内容。

二是推动数据跨境流动标准化。2024 年 3 月，国家网信办发布了《促进和规范数据跨境流动规定》并明确提出，"自由贸易试验区在国家数据分类分级保护制度框架下，可以自行制定区内需要纳入数据出境安全评估、个

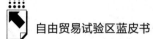

人信息出境标准合同、个人信息保护认证管理范围的数据清单（负面清单）"。目前天津已出台天津自贸试验区数据出境负面清单，上海自贸试验区临港新片区已发布智能网联汽车、公募基金、生物医药3个领域的数据跨境场景化一般数据清单。建议全国其他自贸试验区积极与本省份商务厅沟通对接，推动数据出境负面清单尽早出台。同时，建议积极争取国家授权，在自贸试验区探索放宽数字产品准入限制，如放宽对互联网视听节目服务的限制、设定可自由登录外网的地理范围等。此外，在自贸试验区事权范围内，推动开展"单一窗口"、数字身份、人工智能伦理道德行业规范、数据沙盒、政府数据开放等试点项目。

三是深化国际服务贸易合作。为扩大中国服务贸易的国际市场，建议深化与其他国家和地区的服务贸易合作。可以通过签订双边和多边服务贸易协定，扩大市场准入范围，提升服务贸易的国际化水平。同时，政府可以通过设立国际服务贸易合作基金，支持企业在国际市场上拓展业务和扩大影响力。例如，可以通过签订双边服务贸易协定，推动与其他国家在高技术服务、金融服务和教育服务等领域的合作与交流，提升服务贸易的多元化和国际化水平，为国内服务产业的转型升级提供有力支持。

B.7
中国自由贸易试验区实现绿色
发展的机制、挑战与对策

佃 杰*

摘　要：　自由贸易试验区建设是我国深化改革开放的重要举措，也是实现绿色发展的关键环节。通过积极推动绿色能源与低碳技术的应用、打造绿色产业与生态修复项目、创新绿色政策与制度，自由贸易试验区实现了经济效益与生态效益的双赢，为周边城市乃至全国的绿色发展提供了重要示范和经验。然而，我国自由贸易试验区仍面临生态环境监管体系缺失、产业绿色转型任务艰巨、绿色贸易发展水平偏低、绿色金融服务质量不高、绿色物流设施发展缓慢等挑战。为将自由贸易试验区打造为绿色低碳发展高地，本报告认为需对标国际标准，创新生态环境监管模式；发展新兴产业，加速产业结构升级优化；深化机制改革，推动绿色贸易创新发展；完善宏观政策，提高绿色金融服务质量；统筹物流规划，健全绿色低碳流通体系。

关键词：　绿色发展　技术创新　产业结构升级　自由贸易试验区

随着中国经济体制改革逐渐进入深水区，自由贸易试验区作为深化改革和制度创新的"试验田"被赋予重大历史使命。2013年9月，中国首个自由贸易试验区在上海挂牌成立，经过二十多年的发展，截至2024年9月，中国自由贸易试验区的数量已经达到22个，囊括沿海地区、内陆地区和延边地区，形成统筹陆海、协调东中西部的全方位开放新格局。就制度创新而言，自由

---

* 佃杰，经济学博士，中山大学自贸区综合研究院博士后，主要研究领域为自贸区制度创新。

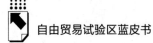

贸易试验区的建设成效显著。商务部统计数据显示，截至 2023 年底，自由贸易试验区累计向全国复制推广制度创新成果 349 项，发布最佳实践案例 84 项，成为带动我国迈向高水平开放的排头兵。① 事实上，制度创新仅仅是设立自由贸易试验区的核心任务之一，其最终目的是以自由贸易试验区为平台，构建全方位、多层次、宽领域的高水平对外开放新格局，进而推动我国经济高质量发展。习近平总书记强调，"绿色发展是高质量发展的底色，新质生产力本身就是绿色生产力"。② 绿色发展是自由贸易试验区必须跨越的一道重要关口。由此可见，自由贸易试验区作为我国制度型开放的高地，在推动绿色技术和可再生能源的应用，促进低碳经济和循环经济的发展，助力发展方式绿色转型，实现"双碳"目标的过程中必然肩负着重要责任。

2021 年 5 月，生态环境部、商务部、国家发展和改革委员会等 8 个部门共同发布的《关于加强自由贸易试验区生态环境保护推动高质量发展的指导意见》对自由贸易试验区作出新的定位，即高质量发展引领区、低碳试点先行区和生态环境安全区。随后，各自由贸易试验区积极响应，出台了一系列保护生态环境的政策举措，通过融入新的发展理念，带动区域经济快速增长。在自由贸易试验区的建设中将绿色发展纳入考量，构建理论分析框架深入探讨自由贸易试验区设立对绿色发展的影响及其作用机制，揭示其面临的挑战，进而提出切实可行的政策建议，具有重大的理论和现实意义。

一　自由贸易试验区建设的绿色发展效应

（一）绿色发展的内涵

绿色发展的核心要义在于资源的高效合理利用、经济和社会的协调发

---

① 《自贸试验区：国家层面累计推广 349 项制度创新成果》，中国商务新闻网，2024 年 1 月 19 日，https：//www.comnews.cn/content/2024-01/19/content_36653.html。
② 《习近平在中共中央政治局第十一次集体学习时强调：加快发展新质生产力　扎实推进高质量发展》，中国政府网，2024 年 2 月 1 日，https：//www.gov.cn/yaowen/liebiao/202402/content_6929446.htm。

展、人与自然的和谐相处。① 根据世界银行和国务院发展研究中心联合课题组的界定，绿色发展是指经济增长实现与能源消耗、环境污染和碳排放的脱钩，以技术创新形成新的绿色生产模式、绿色投资和绿色消费方式进而推动经济增长。② 换言之，绿色发展使经济增长将不再过度依赖能源的消耗，而是与生态环境进行良性互动，并且逐渐成为未来经济发展的主流模式。胡鞍钢和周绍杰认为，绿色发展是对可持续发展内涵的拓展，呈现产品消费合理、能源消耗降低、污染排放减少、生态价值提升等特征，是经济、社会和自然三个系统之前的协调发展。③ 高培勇等亦强调，绿色发展是从"人类主宰自然"的人本位思想转变为"人类活动不能超越自然安全边界"，经济主体的决策行为需要受到生态环境的严格约束，即将生态环境要素纳入经济主体的决策框架，并以此规范经济增长模式。④

由此可见，绿色发展强调的是人与自然的和谐相处，实质上是把握好金山银山与绿水青山之间的平衡关系，⑤ 以效率、协调、可持续为目标，让经济社会发展与资源节约、污染排放减少及环境改善之间形成相互促进关系。⑥ 绿色发展具体的内涵体系如图1所示。

（二）自由贸易试验区建设的环境效应

自由贸易试验区的建设正成为中国深化改革开放，促进经济高质量发展的关键驱动力。环境效益的提升在其中占据举足轻重的地位，持续吸引国内

① 李晓西、刘一萌、宋涛：《人类绿色发展指数的测算》，《中国社会科学》2014年第6期，第69~95、207~208页。
② 世界银行、国务院发展研究中心联合课题组：《2030年的中国：建设现代、和谐、有创造力的社会》，中国财政经济出版社，2012。
③ 胡鞍钢、周绍杰：《绿色发展：功能界定、机制分析与发展战略》，《中国人口·资源与环境》2014年第1期，第14~20页。
④ 高培勇：《扎实推动高质量发展，加快中国式现代化建设——学习贯彻中央经济工作会议精神笔谈》，《经济研究》2024年第1期，第4~35页。
⑤ 朱民等：《拥抱绿色发展新范式：中国碳中和政策框架研究》，《世界经济》2023年第3期，第3~30页。
⑥ 许宪春、任雪、常子豪：《大数据与绿色发展》，《中国工业经济》2019年第4期，第97~110页。

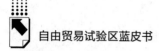

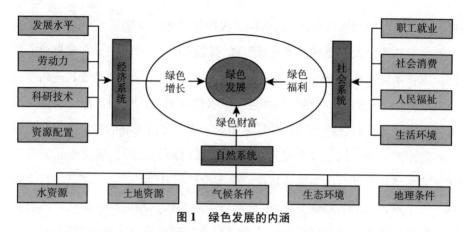

图1　绿色发展的内涵

资料来源：周亮、车磊、周成虎《中国城市绿色发展效率时空演变特征及影响因素》，《地理学报》2019年第10期，第2027~2044页。

外学者的广泛关注。自由贸易试验区的设立对产业转移、资本流动的差异化处理，对当地环境产生了多重影响。一方面，一些研究指出，自由贸易试验区的建立可能在推动经济增长的同时，带来环境压力的增大。以北美自由贸易试验区为例，其设立虽促进了墨西哥的经济增长，但同时也加剧了当地的环境污染。[①] 另一方面，自由贸易试验区的设立也可能对生态环境产生积极影响，通过结构效应、规模效应和技术效应的共同作用，促进环境质量的改善。[②] 有学者进一步强调，自由贸易试验区政策制定时需更多考量空气污染问题，并重点关注可持续发展战略。[③] 在国内研究中，自由贸易试验区与环境污染的关系更多从产业结构升级的角度进行探讨。自由贸易试验区的设立不仅助推区域制度创新，优化营商环境，加速要素流动，还会促使产业结构的优化升级。[④] 但与此同时，也有研究发现，经济增长与环境污染之间呈现

① Lin F.，"Trade Openness and Air Pollution：City-level Empirical Evidence from China," *China Economic Review*（2017）.

② Antweiler W.，Copeland B. R.，Taylor M. S.，"Is Free Trade Good for the Environment?," *American economic review* 4（2001）.

③ Akbari M.，Azbari M. E.，Chaijani M. H.，"Performance of the Firms in a Free-trade Zone：The Role of Institutional Factors and Resources," *European Management Review* 2（2019）.

④ 李世杰、赵婷茹：《自由贸易试验区促进产业结构升级了吗？——基于中国（上海）自由贸易试验区的实证分析》，《中央财经大学学报》2019年第8期，第118~128页。

显著的"U"形关系,① 特别是在产业结构以重工业为主、能源结构以煤炭为主的地区,自由贸易试验区的设立加剧了环境污染。②

综上所述,自由贸易试验区战略在经济增长中扮演着重要角色,该议题引起国内外学者的广泛关注与深入研究。学者们不仅从自由贸易试验区的规模效应、结构效应等多个维度深入剖析了其内在异质性和动力机制,更从空间视角探讨了自由贸易试验区建设所带来的经济辐射与溢出效应。然而,值得注意的是,当前对于自由贸易试验区建设如何影响绿色发展的研究尚显不足,这一领域仍有待进一步探讨与拓展。

二 自由贸易试验区实现绿色发展的理论机制

(一)自由贸易试验区建设、技术创新与绿色发展

自由贸易试验区的设立及其实施的政策体系,对于地区绿色技术创新能力具有显著的促进作用。③ 首先,自由贸易试验区的建立将出台大量税收优惠与财政扶持政策,极大地促进了贸易的便利化和自由化,吸引众多拥有前沿技术的外资企业进驻。这些企业通常规模庞大,不仅拥有先进的绿色技术,还具备先进的管理思维。通过学习和模仿这些外资企业的绿色技术,促进了本地绿色技术创新能力的全面提升。其次,自由贸易试验区为企业提供了包括金融贸易中心、高科技发展中心等在内的先进基础设施和全方位的服务支持。同时,通过引入研发补贴、加强专利保护等措施,有效降低了企业的研发风险,激发了企业投入更多资源进行创新的积极性。这不仅有利于推动科技、新业态、新产业和新商业模式的快速发展,更为企业进行绿色技术

---

① 邵帅等:《中国雾霾污染治理的经济政策选择——基于空间溢出效应的视角》,《经济研究》2016年第9期,第73~88页。

② Zhuo C., Mao Y., Rong J., "Policy Dividend or 'Policy Trap'? Environmental Welfare of Establishing Free Trade Zone in China," *Science of the Total Environment* (2021).

③ 崔日明、陈永胜:《自由贸易试验区设立、经济集聚与城市创新》,《经济理论与经济管理》2022年第11期,第97~112页。

创新研发提供了优质的土壤和便利的条件。绿色技术创新在推动城市环境质量改善方面发挥着不可或缺的作用。一方面，随着绿色技术创新能力的不断增强，资源利用效率得以显著提升，不仅可以推动清洁资源的深入开发与应用，还从根本上实现了生产过程中的资源节约。另一方面，企业在产品设计环节融入绿色生产理念，致力于打造可回收、可循环使用的产品，这一举措有效避免了资源的无谓浪费，进一步推动了绿色生产模式的普及与实践。

（二）自由贸易试验区建设、产业结构升级与绿色发展

自由贸易试验区试点政策的实施，对于产业结构优化升级具有显著的促进作用。[①] 一方面，政策的实施使贸易商品的通关效率得到极大提升，可以有效刺激试验区与贸易伙伴国或地区之间的贸易频次，进而大幅增强获取优质且效益高的中间产品的便捷性，为产业结构的全新布局奠定坚实的物质基础。另一方面，自由贸易试验区以贸易自由化为核心，其建设有效促进了资源要素的流动与优化配置，引导企业将生产资源从低效率部门转向高效率部门，显著提升了资源的投入产出效率，进而推动了产业结构的升级与优化。事实上，高级化的产业结构可以有效抑制环境污染，实现绿色发展。[②] 首先，产业结构的高级化在促进经济增长方面扮演着至关重要的角色。在环境库兹涅茨理论的框架下，初期的经济增长往往与环境恶化相伴，但值得注意的是，当某一地区完成了工业化进程后，经济增长会带来城市环境质量的改善。其次，产业结构的高级化也推动了地区经济结构的优化，地区逐渐淘汰高污染、高能耗的落后产能，转而聚焦以服务业为主导的第三产业，这不仅减少了对能源的消耗，更在实质上降低了污染物的排放量，从而有效缓解了环境污染问题。

（三）自由贸易试验区建设、资源配置效率与绿色发展

自由贸易试验区在推动政府职能转变和投资自由化的创新实践中，不仅

---

① 李世杰、赵婷茹：《自由贸易试验区促进产业结构升级了吗？——基于中国（上海）自由贸易试验区的实证分析》，《中央财经大学学报》2019年第8期，第118~128页。
② 龚梦琪、刘海云：《中国双向FDI协调发展、产业结构演进与环境污染》，《国际贸易问题》2020年第2期，第110~124页。

显著提升了资源配置的效率，还减少了资源的冗余浪费，从而促进了绿色发展。具体而言，第一，自由贸易试验区通过推进市场化、法治化改革，进一步明晰了政府权力边界，加速了生产要素的市场化流动。自由贸易试验区的建立，市场准入门槛的降低和政府管理约束力的适度调整，使事中、事后的监管工作更加精准高效，这也是改革的核心环节。自由贸易试验区进行高效的市场化宏观调控和管理，以明确界定政府与市场之间的角色和职责。如从政府核准制、审批制逐步转向备案制和负面清单管理模式，意味着经济转型发展的主导力量由政府转向市场，通过减少管制、强化市场机制，实现资源的高效配置，进而激发市场活力，提升资源配置效率。① 这种以生态民主为理念的政府管理制度，为工业型社会向生态型社会的转型提供了强劲动力。第二，"准入前国民待遇+负面清单"模式的实施，显著放宽了外商投资的准入条件，有效降低了外资企业在寻求投资机会时的"搜寻"成本，推动了营商环境的建设。而投资自由化导致竞争加剧，促使要素流向高生产率企业，减少了工业生产过程中的非期望产出，提高了资源利用效率，降低了单位产出的能源消耗，促进了绿色发展。具体的理论机制如图2所示。

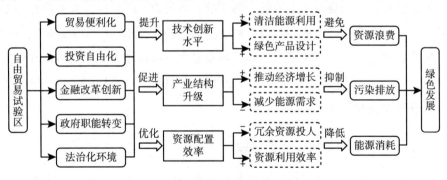

图2　自由贸易试验区实现绿色发展的理论机制

资料来源：作者绘制。

---

① 孙海波、陈健生：《西部内陆自由贸易试验区政策实施的经济效应评估——基于HCW法对四川、重庆、陕西自由贸易试验区的比较分析》，《南开经济研究》2021年第6期，第70~88页。

三　中国自由贸易试验区实现绿色发展的挑战

（一）生态环境监管体系缺失

目前，全国22个自由贸易试验区中多数没有构建完备的生态环境监测体系，未依托大数据算法对污染源和排放量实施动态监测。一是缺少针对不同自由贸易试验区绿色发展的环境数据统计平台，如沿海自贸企业的航运长期依赖传统化石能源，碳排放量较大，缺乏对海洋生物固碳、储碳情况的跟踪，内陆自由贸易试验区企业在原料投入、产品生产、物流运输等过程均有耗能和排污，数据监测和分析的缺失不利于环境的绿色治理。体系不完善，能力不匹配，无法满足生态环境动态监管的需求。二是监管主体权责不清，环境污染的损害赔偿制度缺失或执行力不足。部分自由贸易试验区企业并未将绿色发展纳入考核体系，且管理职能交叉，导致环境污染成本低，治理难度较大。三是跨区域监管制度尚不健全。当前，全国自由贸易试验区就环保监测指标体系的构建并未形成统一的标准，各地数据统计口径和方法存在差异，这导致企业在跨区域经营时，面临不同的环保要求，增加了合规成本和复杂性。此外，每个自由贸易试验区涉及多个行政区域，不同区域的环保监管机构可能存在协同管理的障碍，缺乏即时信息交流，导致跨区域污染问题难以及时发现和处理。

（二）产业绿色转型任务艰巨

一是自由贸易试验区内产业绿色转型存在结构性难题。部分自由贸易试验区内重工业占比高，空地较少，清洁能源应用比例低，火电占比高，企业在稳定制造和减污降碳中难以取舍和平衡。而且，绿色转型需要大量的技术创新和资金投入，多数企业尤其是中小企业缺乏足够的资金和技术能力支持绿色化改革，导致短期内难以完成转型。二是物流运输结构亟待调整。自由贸易试验区的物流运输以公路运输为主，铁路运输比例不高，且水运、航运、陆运接驳的多式联运系统发展较缓，交通基础设施连接不畅通。同时，公路运输产生的碳排放量远高于铁路运输、水运和航运，自由贸易试验区企业物流运输应用高比例的重型柴油车，占公路运输总碳排放量的50%，这种运输的结构性转型在短期内仍面临巨大压力。三是部分自由贸易试验区内产业分布分散，未能形成规模集聚，企业绿色转型的难度较大。分散的产业布局使企业间协作和配套难度增加，上下游产业缺乏紧密联系，增加了供应链的复杂度。基础设施、物流系统和公共服务等资源重复配置，导致能源和原材料消耗增加，企业回收废料和再利用的成本较高，不利于推广循环经济。此外，域内企业间互动不足，阻断了绿色技术的普及和应用。

（三）绿色贸易发展水平偏低

一是自由贸易试验区内绿色贸易标准和认证体系不完善。当前自由贸易试验区缺乏公信力强、操作规范的绿色贸易认证机构和程序，而且现有的绿色标准和体系难以与国际接轨，导致中国企业进出口产品遭遇绿色贸易壁垒，尤其是给"新三样"出口带来了更多的不确定性。此外，仅有上海、南京少数自由贸易试验区建立了绿色贸易服务平台，碳盘查和碳足迹认证、碳中和抵消和碳标签等服务未能在其他自由贸易试验区全面推广应用。由于平台建设处于初探阶段，其绿色贸易功能和服务水平仍有较大提升空间。二是绿色贸易监管模式陈旧。自由贸易试验区还没有实现全面依靠大数据、物联网、区块链等现代科技手段的绿色贸易监控管理。信息化程度低导致数据共享不充分，无法及时准确识别产品对环境的潜在威胁。三是绿色贸易国际合作面临诸多障碍。现阶段，欧美等发达国家有关可持续发展的诉求过于超前，对于建立单独的针对环境的争端解决机制等诉求，明显超出了中国的发展阶段。此外，中国与发达国家在环保技术、资金等方面的差距较大，影响了绿色贸易合作的广度和深度。

（四）绿色金融服务质量不高

一是绿色金融主体参与度低。自由贸易试验区绿色金融参与主体以银行为主，保险公司、投资基金和信托公司等金融机构参与度较低，社会资本因认知不足和不确定的风险与收益投入相对更低，再加上专业化的绿色金融服务人才匮乏，使得企业绿色发展的融资渠道受限且资金配置不合理。二是绿色金融市场化激励手段不足。部分自由贸易试验区企业 ESG 评级体系不完善，缺乏标准化的绿色评级机构和统一的评估标准，绿色金融交易和服务平台不健全，金融信息不对称，交易存在高风险。这种高风险又会进一步缩窄绿色企业的融资渠道，减少绿色项目的投资意愿，加大企业绿色转型难度并延缓发展进程。由于缺乏可靠的环境绩效数据和绿色项目公开信息，投资主体在决策时往往面临较大不确定性，此时，企业更可能利用漂绿行为来逃避绿色转型所需的成本和资源投入。三是绿色金融科技成果转化不充分。目前，绿色金融领域有许多科技创新，但这些创新成果往往未能应用于实际金融产品和服务，并在自由贸易试验区内得到有效推广。主要原因在于：一方面，自由贸易试验区绿色金融政策支持力度不够，缺乏专门针对绿色金融创新的专项资金支持和税收优惠政策，导致企业和科研机构在科技成果转化过程中面临资金和资源的瓶颈；另一方面，金融机构、科技企业、政府和学术机构之间的合作与交流不够紧密，导致信息不对称，合作效率低下，进一步阻碍了环保科技成果的转化。

（五）绿色物流设施发展缓慢

一是物流基础设施结构有待优化。目前自由贸易试验区内物流运输结构是公路运输为主，铁路运输和水运占比较低。公路运输多使用传统柴油车且运输距离较长，每百吨公里能耗是铁路运输的 4.4 倍，碳排放量大，环境污染严重。铁路运输虽然能耗低，对环境污染的影响小，但无法实现精准的点到点运输，灵活性弱于公路运输。交通网络、能源供应、信息系统等物流基础设施的配套不完善，使自由贸易试验区多式联运系统发展缓慢。尤其是清洁环保能源对传统高能耗高污染能源的替代率较低，直接影响到物流设施的运作效率和服务质量。二是资源配置不合理。当前部分自由贸易试验区缺乏智慧物流信息管理系统，难以实现车货匹配、运输路线自动规划、仓储结构信息的实时共享和动态优化。缺乏健全的信息系统导致物流运作效率低，无法及时调整运输和仓储策略，增加了碳排放和能源消耗。三是数字化转型滞后。绿色物流的数字化转型前期需要大量的投资和技术支持，回报收益周期长，职能部门跨度大，许多中小企业会因为高昂的成本难以做出全面的决策。四是企业绿色转型发展缓慢。自由贸易试验区企业的物流链条涉及包装、运输、仓储、装卸等多个环节，每个环节都可能产生不同类型的环境影响。实现全过程的绿色转型需要对每个环节进行详细分析和改进，难度和复杂性显著增加。同时，环保材料、节能工具和绿色设施等低碳技术和设备使用率不高，制约了绿色转型的进程。

四　中国自由贸易试验区实现绿色发展的对策建议

（一）对标国际标准，创新生态环境监管模式

全面对标 CPTPP、RCEP、DEPA 等国际高标准经贸规则，引入智能化设备构建数据监测系统和跨区域数据共享平台，实现生态系统动态监管。针对沿海的自由贸易试验区，可推广建设蓝碳动态监测数据库，应用卫星遥感等技术手段，通过对海洋生态储碳量变化的评估，及时识别潜在的威胁和生态退化情况，有针对性地实施生态修复措施。针对内陆的自由贸易试验区，可依托大数据与物联网技术，推广智能化碳资产综合监管平台，全流程实时追踪区域碳耗和能耗，基于数据分析制定优化路径。同时，建立跨地区生态环境监测数据共享平台，形成全面的环境状况图景，通过数据整合精准监测和分析污染源的影响范围，降低单一自由贸易试验区数据采集和处理的成本，共享优化资源的配置。区域间生态环境问题往往具有联动性，协同监测也有助于联合执法，消除监测盲区，提升监管效率。

（二）发展新兴产业，加速产业结构升级优化

大力支持战略性新兴产业发展，重塑自由贸易试验区产业新格局。第

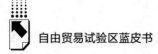

一，加速自由贸易试验区内传统产业的绿色转型。构建绿色产业体系，将节能减污控碳的标准落实到产业链条的每个环节。具体而言，自由贸易试验区内企业的生产原料以生物质资源代替传统化石燃料，使用可降解原材料或应用绿色化学合成工艺，从源头遏制环境污染；优化生产流程，引入高效电机、智能电网节能减耗，同时对生产过程全程动态能源监测，采用先进技术对末端污染物进行无害化处理，以符合环保标准；应用可循环材料进行产品包装，减少过度包装带来的环境负荷。第二，鼓励环保科技产业入驻，结合资源禀赋发展支柱产业。重污染工业占比较高的片区应重新规划其产业布局，更新入驻标准，以"腾笼换鸟"的方式淘汰高污染高能耗低效益的产业，置换新能源、新材料、高端装备制造等节能环保和附加值高的战略性新兴产业，并以其作为支柱产业带动自贸片区经济高质量发展。第三，建立绿色产业集群，以规模优势协同区域减排降碳。自由贸易试验区内企业通过集群效应共享物流、废物处理等基础设施，同时进行绿色低碳技术交流与合作，最大化实现自由贸易试验区域内绿色可持续发展。

（三）深化机制改革，推动绿色贸易创新发展

与国际自由贸易试验区接轨，积极完善绿色贸易体制机制改革，以制度创新引领自由贸易试验区低碳发展，推动域内减污降碳协同提质增效。第一，加强顶层设计，构建包容性绿色发展机制，实现绿色贸易自由化。推动自由贸易试验区与日本、韩国、瑞士、新西兰等国家自由贸易试验区接轨，明确环境合作共建细则，将开放和非歧视性内容纳入环保章节，深化绿色贸易合作。同时，在域内设立环保技术创新交流平台，鼓励企业参与绿色产品的标准和体系认证，完善绿色低碳技术产品进出口目录，大力支持与废气污水处理和环境净化相关的设备、可再生能源产品的进出口。第二，加大自由贸易试验区绿色监督和执法力度，创新监管模式，推动绿色贸易便利化。对标欧盟生态标签和全球环境标识网络等合格评定制度，鼓励自由贸易试验区加强绿色产品认证和监管。以数字技术赋能监管模式，支持域内企业在进出口贸易中应用碳中和标识、碳足迹信息、碳耗码

等碳标签，实施绿色贸易产品智慧化监管，提升域内企业应对绿色贸易壁垒的能力。

（四）完善宏观政策，提高绿色金融服务质量

调整宏观政策以拓宽融资渠道，细化社会资本参与绿色金融服务，引导资金流向域内绿色技术开发和生态环保企业。第一，政策调控广泛吸纳各方投资，扩增投资主体，鼓励民间投资、外商投资助力自由贸易试验区企业绿色转型发展。建立银企合作，通过绿色信贷激励企业将贷款投向绿色环保项目。同时，加强自由贸易试验区内绿色企业的风险识别和补偿，以政府担保形式提高绿色保险。构筑绿色金融信息交流平台，完善企业环保信息披露制度，避免市场信息不对称和产生"漂绿"行为。第二，推进自由贸易试验区绿色金融改革，以税收、财政、保险机制激励金融机构和企业参与绿色金融改革活动。为域内绿色专利、环保技术、低碳项目提供税收优惠、财政补贴和优先准入便利，形成多元化服务体系。第三，加快域内绿色金融制度创新，建立离岸绿色金融市场，引导绿色资本跨境投资，鼓励自由贸易试验区内企业以人民币结算和贷款。此外，借鉴广东自由贸易试验区实践经验，推动绿色高科技孵化器应用，完善投融资机制，加速绿色技术转化。

（五）统筹物流规划，健全绿色低碳流通体系

将绿色循环发展理念融入自由贸易试验区物流建设，规划布局现代物流体系，打造绿色物流平台，推动物流业绿色低碳转型升级。第一，各自由贸易试验区统筹规划绿色物流基础设施建设，以新能源和清洁能源货运装备替代传统柴油货车和船舶，同时完善充电桩、加氢站、液化天然气加注站等配套装置，将低碳环保理念贯穿货运流通全过程。鼓励自由贸易试验区城市申报绿色货运配送试点，强化物流配送监管，引导运输结构向集约、高效、绿色化迈进。第二，打造绿色物流服务平台。通过智能技术和设备重新规划布局，优化站点间运输路径，减少冗长线路，改进仓储结构，合理利用仓库空

间，共享资源降低闲置率。依托自由贸易试验区物流服务平台，加强互联网
与物流的深度融合，汇总行业物流政策及运输时效和报价信息，解决干线运
输和配送信息不对称的问题，推动交通信息互联互通，降低物流运输成本。
第三，支持包装、运输、仓储全过程绿色化转型。推广自由贸易试验区企业
应用可降解、可循环的低碳环保包装材料，并为包装"瘦身"，避免过度包
装造成污染和浪费。提高新能源车船配置比例，逐步推动绿色交通工具全覆
盖。建设自由贸易试验区绿色仓储体系，采用环保建材和装修，应用节能灯
具、节能空调等设备，推动绿色转型。

B.8
自由贸易试验区枢纽功能
提升的路径与政策

王　珏*

摘　要：　把握新发展阶段、贯彻新发展理念、构建新发展格局是以习近平同志为核心的党中央与时俱进提升我国经济发展水平、打造我国国际竞争新优势的重大战略部署。自贸试验区作为我国改革开放综合试验平台，应统筹推进深层次改革和高水平开放，在新一轮改革开放中进一步发挥引领示范作用。当前，自贸试验区通过"国际规则国内化""国内规则一体化"的思路，充分发挥了"开放促改革"和"改革促发展"的枢纽功能，但仍存在开放促改革的枢纽功能有待深化、改革促发展的枢纽功能有待规模化的问题。鉴于此，本报告提出创新主体上下联动的系统性路径和创新内容多维协同的整体性路径来促进自贸试验区枢纽功能的提升，并为此提出探索建立中国自贸试验区制度创新案例库、探索建立自贸试验区制度创新的容错机制、赋予制度创新改革经验强制性等对策建议。

关键词：　枢纽功能　国际规则国内化　国内规则一体化　自贸试验区

一　新阶段、新理念、新格局对自贸试验发展的新要求

习近平总书记强调指出："进入新发展阶段、贯彻新发展理念、构建新发展

---

* 王珏，江苏大学知识产权学院讲师，中山大学自贸区综合研究院兼职副研究员，主要研究领域为自贸试验区制度创新。

格局,是由我国经济社会发展的理论逻辑、历史逻辑、现实逻辑决定的。进入新发展阶段明确了我国发展的历史方位,贯彻新发展理念明确了我国现代化建设的指导原则,构建新发展格局明确了我国经济现代化的路径选择。"① 新阶段、新理念、新格局对作为改革开放试验田的自贸试验区提出了更高的要求。

(一)新阶段要求自贸试验区具备改革促发展的枢纽功能

2020 年 10 月 29 日,习近平总书记在党的十九届五中全会第二次全体会议上的讲话指出,新发展阶段就是全面建设社会主义现代化国家、向第二个百年奋斗目标进军的阶段。该阶段具有明显不同于以往的特征,如果说前一阶段我国的经济实现了快速增长,那么在新阶段下,要实现我国经济的高质量发展。"十四五"规划指出"推动高质量发展,必须坚定不移扩大开放,持续深化要素流动型开放,稳步拓展制度型开放"。对外开放是我国取得巨大经济成就的重要支撑。通过开放政策,吸引了大量外国投资和先进技术,促进了国内产业的升级和转型。同时,对外贸易的蓬勃发展为我国提供了广阔的市场空间,推动了经济的快速增长。制度型开放是更高水平的开放,是全方位的开放,制度型开放由边境开放向边境后开放延伸,对外开放与对内改革并存,具有制度、规则的"进口"与"出口"并存的特征。新发展阶段要求我国的对外开放要从要素流动型开放向制度型开放转变。自贸试验区是中共中央、国务院全面深化改革和扩大开放的重大战略举措,新发展阶段要对标高标准经贸规则,在规则、规制、管理、标准等方面形成各国普遍认同的区域性乃至全球性多边制度,进而构建以此为基准的更高水平开放型经济新体制。

(二)新理念要求自贸试验区具备开放促改革的枢纽功能

2015 年 10 月,党的十八届五中全会明确提出了创新、协调、绿色、开放、共享的新发展理念。党的十九届六中全会通过的《中共中央关于党的百年奋斗重大成就和历史经验的决议》指出:"贯彻新发展理念必须实现创新

---

① 《省部级主要领导干部学习贯彻党的十九届五中全会精神专题研讨班开班 习近平发表重要讲话》,中国政府网,2021 年 1 月 11 日,https://www.gov.cn/xinwen/2021-01/11/content_5578940.htm。

成为第一动力、协调成为内生特点、绿色成为普遍形态、开放成为必由之路、共享成为根本目的的高质量发展，推动经济发展质量变革、效率变革、动力变革"。创新的新发展理念下，自贸试验区始终把制度创新作为核心任务，防止政策洼地效应，通过制度创新和政策试点，打破体制机制障碍，促进经济高质量发展。协调的新发展理念下，自贸试验区通过要素的自由流动、标准和规则在更深层次的改革推动城乡和行业差距的缩小。绿色的新发展理念下，引领自贸试验区通过制度创新推动绿色经济高质量发展。开放的新发展理念下，要求自贸试验区大胆试、大胆闯，最大程度地发挥改革开放"先行地"和"试验田"的作用。共享的新发展理念强调自贸试验区制度创新成果的复制推广与承接转化，强调自贸试验区的制度创新探索不能脱离人民群众，要让广大民众切实感受到自贸试验区制度创新带来的幸福感，不断提高社会各界对新发展阶段的认同感。总体来看，新发展理念下，自贸试验区通过更高水平的对外开放实现更深层次的对内改革，并将特定区域内探索的制度创新经验复制推广到全国，使市场主体和广大民众享受制度创新带来的红利，提升获得感。

（三）新格局要求自贸试验区具备联通国内外的枢纽功能

2020 年 4 月 10 日，习近平总书记在中央财经委员会第七次会议上的讲话《国家中长期经济社会发展战略若干重大问题》中首次提出"国内循环越顺畅，越能形成对全球资源要素的引力场，越有利于构建以国内大循环为主体、国内国际双循环相互促进的新发展格局，越有利于形成参与国际竞争和合作新优势"。①构建双循环的新发展格局是党中央在充分考虑了外部环境新挑战和内部发展新动能的基础上进行的重大战略部署。一方面，"十四五"期间中国发展面临不确定性增加的外部环境，主要表现在大国关系发生转折性变化，全球政治经济秩序加速变革；②全球经贸规则的博弈日趋激

---

① 《国家中长期经济社会发展战略若干重大问题》，求是网，2020 年 10 月 31 日，http://www.qstheory.cn/dukan/qs/2020-10/31/c_1126680390.htm。
② 陈昌盛等：《"十四五"时期我国发展内外部环境研究》，《管理世界》2020 年第 10 期，第 1~15、40 页。

烈，全球经贸规则重构的新趋势越发明显；① 全球疫情加剧"逆全球化"之风，世界经济增长环境恶化②。另一方面，消费在推动中国经济增长中的作用不断提升。据统计，2016~2019 年中国最终消费支出占 GDP 的比重一直保持在 55%以上，2020 年即使受疫情影响，中国最终消费支出占 GDP 的比重也达到 54.3%。③ 规模宏大、势头强劲的中国内需市场为"双循环"新发展格局的构建提供了重要的保障和巨大的动力。"双循环"的新发展格局对我国自贸试验区的发展提出了新要求，这一要求主要体现在循环上，为了促进或形成循环，就需要打破阻碍循环的堵点、断点，打通各个环节。

二　自贸试验区发挥枢纽功能的制度创新经验总结

自贸试验区通过对国际高标准经贸规则进行创新性地学习或修正之后，将探索的经验复制推广到全国，从而达到以开放促改革、以改革促发展的目的。自贸试验区通过国际规则国内化发挥开放促改革的枢纽功能，通过国内规则一体化发挥改革促发展的枢纽功能。

（一）国际规则国内化的制度创新经验

CPTPP、RCEP 等国际高标准经贸规则的内容，既包括传统议题，也包括新兴议题。传统议题有货物贸易关税减让、原产地规则、技术壁垒等边境措施内容，新兴议题有服务贸易、数据跨境流动、自然人移动、知识产权等边境后措施内容。自贸试验区在传统议题和新兴议题方面做了相当多的试验和探索，目前已经进入向边境后措施探索的阶段。

1. 服务贸易

前海蛇口自贸片区创新码头口岸国际中转便捷通关模式。④ 为推动旅游

---

① 崔卫杰：《制度型开放的特点及推进策略》，《开放导报》2020 年第 2 期，第 36~43 页。

② 李大伟：《新发展格局下如何推进制度型开放》，《开放导报》2020 年第 6 期，第 31~38 页。

③ 依据 Wind 数据库数据，作者计算所得。

④ 《前海 2 项创新成果入选国家级最佳实践案例》，2023 年 11 月 13 日，https://qh.sz.gov.cn/sygnan/qhzx/dtzx/content/post_10949798.html。

等产业国际化发展，积极发展入境游特别是中高端入境游，前海积极发挥蛇口邮轮母港的区位优势，利用香港机场的国际航线网络在蛇口邮轮母港设置旅客国际中转区，参照国际机场口岸开展国际旅客中转业务，首创国内客运码头国际中转便捷通关模式，促进旅行服务贸易发展。一是完善法规制度。制定《"深圳港客运码头设置旅客国际中转区"综合授权改革工作实施方案》《深圳港客运码头旅客国际中转区管理办法（试行）》等四大类共 10 份制度性文件。二是规范业务流程。依照国家出入境管理规定，并参照机场口岸国际中转旅客监管实践，制定在客运码头开展国际中转旅客查验监管的操作流程指引以及监管风险防范预案，开展旅客国际中转业务的操作管理制度及应急预案。该模式入选全面深化服务贸易创新发展试点第四批"最佳实践案例"。

重庆自贸试验区探索服务贸易统计新模式。[①] 为了全面探索健全统计体系，推动完善服务贸易统计制度和方法，切实提升服务贸易统计的全面性、准确性和及时性。重庆市依托全市服务贸易统计协调工作机制，加快探索地方服务贸易统计新模式，积极推动服务贸易统计创新发展。其重点在于聚焦重点突破，探索开放平台、行业参与实践。根据国家统计局第四次全国经济普查企业名录和商务部服务贸易统计分类表，重庆市社情民意调查中心确定全市服务贸易重点调查企业，采取入户调查和电话调查，指导企业填报"服务贸易统计现场调查问卷"，及时掌握全市产业情况趋势和困难问题。同时，推动建立服务贸易重点企业联系制度，对入围全国《服务贸易重点联系监测企业名录》的企业，就存活、发展和涉外活动开展年度清查、维护。建立统计监测系统数据核查、退回和通报制度，提升统计的全面性、准确性和及时性。该模式入选全面深化服务贸易创新发展试点第四批"最佳实践案例"。

2. 数据跨境流动

上海自贸试验区临港新片区探索一般数据清单。[②] 2024 年 5 月 17 日，

---

① 《国务院服务贸易发展部际联席会议办公室印发〈全面深化服务贸易创新发展试点第四批"最佳实践案例"〉》，商务部网站，2023 年 11 月 1 日，http：//www.mofcom.gov.cn/article/zwgk/gkgzts/202311/20231103450422.shtml。

② 《全国首批场景化跨境数据清单发布》，上海市浦东新区人民政府网，2024 年 5 月 20 日，https：//www.pudong.gov.cn/0060011/20240520/779948.html。

临港新片区管委会发布了全国首批数据跨境场景化一般数据清单及清单配套操作指南，对数据跨境流动做出了重要探索。首批一般数据清单涉及智能网联汽车、公募基金、生物医药3大领域，涉及智能网联汽车跨国生产制造、医药临床试验和研发、基金市场研究信息共享等11个场景，划分成64个数据类别600余个字段。在确保企业操作便捷的基础上，临港新片区也构建了事中事后全流程管理体系，搭建数据便捷流通公共服务管理平台，面向数据处理者提供事前备案、事中存证、事后核查全流程的数据跨境流动合规服务。未来，临港新片区将持续更新迭代已发布的清单，并围绕银行国际贸易融资保函业务、国际贸易结算信用证业务、再保险业务、航运业务等，陆续发布涉及更多领域的一般数据清单。在各方面实践探索相对完备时，发布出台场景化负面清单，更好地服务各类主体的数据跨境需求。

天津自贸试验区探索数据出境管理负面清单。[①] 天津自贸试验区对企业数据进行分类分级，将出境数据分为13大类46子类，每个子类均对数据基本特征做出详细描述，并给出具体示例。该负面清单具体列明了区内企业向境外提供数据需要申报数据出境安全评估的数据清单，以及需要订立个人信息出境标准合同、通过个人信息保护认证的数据清单。例如，银行安保数据，重要企事业单位账户信息、贷款数据、交易数据等出境，需要进行安全评估。同时，从高到低分为核心、重要、一般3个级别，明确重要数据的识别标准。充分落实数据分类分级管理、加强个人信息保护、服务企业高质量发展、规范数据出境行为等要求。

3. 知识产权

陕西自贸试验区科技创新"五力"新模式。[②] 陕西自贸试验区以秦创原创新驱动平台建设为抓手，以科技企业全生命周期培育为主线，切实提升

① 《关于印发〈中国（天津）自由贸易试验区数据出境管理清单（负面清单）（2024版）〉的通知》，天津市商务局网站，2024年5月9日，https://shangwuju.tj.gov.cn/tjsswjzz/zwgk/zcfg_48995/swjwj/202405/t20240509_6620796.html。

② 《自由贸易试验区第五批"最佳实践案例"》，http://ftz.hunan.gov.cn/hnzm/fztg/202401/32629124/files/b23468c5ca494c40a9bd9f19f781486c.pdf。

创新策源力、成果转化力、产业竞争力、金融支撑力和服务保障力，推动更多科创成果、科创企业、科创产业在自贸试验区落地，着力打造科创自贸新高地。一是聚集创新资源，提升原始创新策源力；二是聚焦创新成果，激发科技成果转化力；三是聚合创新企业，培育科技产业竞争力；四是聚拢创新资本，增强金融体系支撑力；五是聚力创新生态，提高科创服务保障力。通过上述探索，建设了新能源共性技术研发平台等 10 个共性技术研发平台，建立了 26 个校企协同创新平台，形成了以企业为主体、产学研协同创新的技术创新体系。数据显示，在秦创原的辐射带动下，陕西省技术合同交易额连续两年增速超过 30%，2022 年突破 3000 亿元；科技型中小企业数量同比增长 40%，突破 1.6 万家；高新技术企业达到 1.22 万家，两年数量翻了一番。

南京江北新区商业秘密保护探索。① 一是构建一套机制。健全政府主导、部门联动、企业自主、行业自律机制，将商业秘密保护维权联系点和示范点建设纳入高质量考核体系，建立反不正当竞争联席会议，督促企业完善保护措施，指导行业协会健全保护规范、自律公约和职业道德准则。二是建立一组规范。出台《关于促进全市商业秘密保护工作的意见》，制定《商业秘密保护维权联系点建设标准》《商业秘密保护示范点建设标准》，建立完善联席会议、宣传教育、联合执法、案件信息通报等 4 项制度，形成"1+2+4"体系。三是打造一批试点。江北新区入选全国第一批商业秘密保护创新试点。截至 2024 年 9 月，全市已建成商业秘密保护维权联系点 15 个、商业秘密保护示范点 363 个。四是开展一系列宣传。发放《南京市商业秘密保护宣传册》，制作公益宣传微视频在央视频、人民号、学习强国等平台播放。五是建成一支队伍。充实全市反不正当竞争执法人才库，下发《商业秘密案件办案指南》，组织疑难案件攻坚会战，提升基层人员办案能力。六是查办一批大案。针对侵犯商业秘密案件查办专业性

---

① 《南京市强化商业秘密保护入选知识产权强国建设第一批典型案例》，南京市市场监督管理局网站，2022 年 11 月 2 日，https://amr.nanjing.gov.cn/gzdt/202211/t20221102_3742951.html。

强、科技含量高、鉴定费用贵等特点，着力破解案件发现难、取证难、查处难，查处曝光一批案值较大的侵犯商业秘密案。七是建成一个平台。在全国率先推出带有公证功能的商业秘密在线保护平台——南京商业秘密公证保护平台，供企业免费使用，填补了互联网背景下企业商业秘密在线公证保护的国内空白。

（二）国内规则一体化的制度创新经验

全国各自贸试验区围绕当地产业特色、企业发展需要进行的制度创新探索，具备了独特性和差异性，但同时，国内统一大市场的发展需要，也要求自贸试验区在探索差异化、特色化经验的同时，也要兼顾复制推广的成效。正如韩正总理强调的自贸试验区是"种苗圃"，不是"栽盆景"，① 要加快形成更多可复制可推广的制度创新成果。自贸试验区通过制度创新成果的复制推广、区域间的联动创新，推动了"国内规则一体化"。

1. 制度创新成果的复制推广

截至 2024 年 1 月，国家层面已累计推广 349 项自贸试验区制度创新成果，充分发挥了改革"试验田"的作用。自 2013 年上海自贸试验区设立以来，由国务院和商务部在国家层面集中复制推广了众多改革经验及制度创新成果。一是以国务院发函等方式集中复制推广的自贸试验区改革试点经验，共七批（见表 1）；二是商务部作为国务院自由贸易试验区工作部际联席会议办公室总结印发的供各地借鉴的"最佳实践案例"，共五批（见表 2）。在党中央、国务院的统一部署领导下，自贸试验区边试点、边总结、边推广，把建设发展中积累的成功试点经验向全国复制推广，与各地分享改革红利和开放成果，为我国经济高质量发展提供了坚实稳固基础和强大持久动力。

---

① 《习近平：把自由贸易试验区建设成为新时代改革开放新高地》，新华网，2018 年 10 月 24 日，http://www.xinhuanet.com/politics/2018-10/24/c_1123608494.htm。

表 1 国务院集中复制推广的自贸试验区改革试点经验

批次/时间	涉及领域及试点经验数量	来源
第一批 2014 年 12 月	投资管理领域、贸易便利化领域、金融领域、服务业开放领域、事中事后监管措施、海关监管制度创新、检验检疫制度创新的 34 项试点经验	《国务院关于推广中国（上海）自由贸易试验区可复制改革试点经验的通知》
第二批 2016 年 11 月	投资管理领域、贸易便利化领域、事中事后监管措施的 19 项试点经验	《国务院关于做好自由贸易试验区新一批改革试点经验复制推广工作的通知》
第三批 2017 年 7 月	5 项试点经验	《商务部 交通运输部 工商总局 质检总局 外汇局关于做好自由贸易试验区第三批改革试点经验复制推广工作的函》
第四批 2018 年 5 月	服务业开放领域，投资管理领域，贸易便利化领域，事中事后监管措施的 30 项试点经验	《国务院关于做好自由贸易试验区第四批改革试点经验复制推广工作的通知》
第五批 2019 年 4 月	投资管理领域、贸易便利化领域、事中事后监管措施、投资管理领域的 18 项试点经验	《国务院关于做好自由贸易试验区第五批改革试点经验复制推广工作的通知》
第六批 2020 年 6 月	投资管理领域、贸易便利化领域、金融开放创新领域、事中事后监管措施、人力资源领域的 37 项试点经验	《国务院关于做好自由贸易试验区第六批改革试点经验复制推广工作的通知》
第七批 2023 年 7 月	投资贸易便利化、政府管理创新、金融开放创新、产业高质量发展、知识产权保护领域的 22 项试点经验	《国务院关于做好自由贸易试验区第七批改革试点经验复制推广工作的通知》

表 2 国务院自由贸易试验区工作部际联席会议办公室总结印发的"最佳实践案例"

批次/时间	案例数量（个）	来源
第一批 2015 年 11 月	8	《商务部关于印发自由贸易试验区"最佳实践案例"的函》
第二批 2017 年 7 月	4	《商务部关于印发自由贸易试验区新一批"最佳实践案例"的函》
第三批 2019 年 7 月	31	《国务院自由贸易试验区工作部际联席会议办公室关于印发自由贸易试验区第三批"最佳实践案例"的函》
第四批 2021 年 6 月	18	《国务院自由贸易试验区工作部际联席会议办公室关于印发自由贸易试验区第四批"最佳实践案例"的函》
第五批 2024 年 1 月	23	《商务部关于印发自由贸易试验区第五批"最佳实践案例"的函》

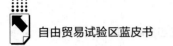

从改革试点经验来看，国务院复制推广的自贸试验区改革试点经验主要涉及投资管理领域、贸易便利化领域、金融领域、服务业开放领域、事中事后监管措施等领域。这些改革试点经验体现了自贸试验区聚焦市场主体，对标高标准国际经贸规则，构建开放型经济新体制的成功实践，促进了政府治理理念及方式的转变，推动了贸易、投资、金融等领域制度方面的优化和开放水平的不断提升，在全国范围内推动了建立国际化、法治化营商环境的进程。从复制推广的路径来看，改革试点经验分别在全国范围内复制推广、在自贸试验区复制推广、在特定区域（包括海关特殊监管区域、保税监管场所、二手车出口业务试点地区等）复制推广，体现了国家根据不同类型的试点经验有针对性地开展复制推广工作的发展理念。

2. 区域间的联动创新

"自贸片区+联动发展区"模式。广东在广州、深圳、珠海、汕头、佛山、韶关、惠州、汕尾、东莞、中山、阳江、湛江、茂名等 13 个地市设立广东自贸试验区联动发展区。浙江提出要加强自贸试验区与周边区域、开放平台联动发展，形成"自贸区+联动创新区+辐射带动区"的发展新格局。江苏省自由贸易试验区办公室出台了《关于支持中国（江苏）自由贸易试验区联动创新发展区建设的若干措施》，公布了 57 个联创区名单，其中有 43 家国家级开发区（含综保区、保税港区）、9 个国际合作园区和港澳台合作园区、5 个服务国家和江苏省重大发展战略的平台载体。

供应链的区域间联动创新。舟山自贸片区与上海自贸片区共同探索的浙沪综合海事服务一体化建设模式，突破了跨港区供油存在的公有企业异地供油备案互认受限、跨隶属海事供油船舶备案受限和跨隶属海关一船多供受限三大障碍，建立各方互认的区域一体化供油市场准入等一系列具体做法，推进了长三角海事服务一体化进程的同时，也对区域一体化供油市场准入等进行了探索，有助于推进国内规则一体化。除此之外，重庆自贸试验区两江新区与四川港口城市以果园港为核心协力打造长江上游航运中心；西安国际港—宁波舟山港陆海联运大通道的建设成为打造"海铁联运+中欧班列"的重要举措。

产业链的区域联动创新。江苏自贸试验区苏州片区聚焦市场准入、研发创新、生产制造、销售流通、健康服务、要素保障开展产业链各环节的联动创新。例如，在研发创新和生产制造环节，成功争取南京海关支持开展入境特殊物品联合监管机制试点。改变了传统多部门各自监管、逐批审核的模式，向以信用监管、风险防控为核心的更加高效的多部门联合监管模式转变，实现更加高效、安全的管理，解决了区内药明巨诺、罗氏诊断等试点企业在研发、生产过程中对人血、细胞、组织等进口特殊物品快速通关的需求。试点企业进口特殊物品可以集中申报、随到随评，大幅提升了特殊物品入境的便利化水平。推动开展长三角一体化特殊物品风评结果互认试点。有效解决现行制度下同企业、同种特殊物品在不同关区出入境需重复风评的难题，扫除沪苏两地海关互认障碍。药明巨诺、艾博生物等试点企业已率先享受到更加便利的海关通关服务，极大缩短了产品的通关时间。除此之外，山东自贸试验区济南片区与广东自贸试验区珠海横琴新区片区协同联动，推动建立符合中医药发展规律的标准体系、转化体系、服务体系，促进两地中医药产业创新融合发展，构建以济南产业资源为前端、横琴政策为中端、澳门海外推广为后端的中医药出海发展新模式。

三 自贸试验区在发挥枢纽功能方面存在不足

（一）开放促改革的枢纽功能有待深化

开放促改革的枢纽功能有待深化主要指目前自贸试验区进行的制度创新探索关注的重点还是在政府职能转变，在开放型经济体制的突破性改革方面仍需进一步提升。2013年党的十八届三中全会首次正式提出要构建开放型经济新体制，将其作为完善社会主义市场经济体制的重要组成部分。中国自贸试验区虽然在要素流动、政府职能转变、金融制度创新等方面进行了广泛探索，但许多经验还没有广泛渗透到经济生活的各个方面；有些经验虽然已经在全国层面复制推广，但由于相关配套机制建立不完善、政府对经济干预的路径依赖，自贸试验区通过开放促进改革的效应尚未完全发挥。例如，准入不准营的现象依旧存在。在现有 CEPA 框架下，港澳投资采取"准入前国民待遇+负面清单"的管理模式，然而在准入后阶段，需要参照相关外商投资管理办法，受到行业法律规定的约束，外资企业准入后，无法享受与内资企业一样的待遇。以物流行业为例，港资企业通过 CEPA 获准在内地经营物流业务后，还需符合与经营物流企业相关的经营管理、监督检查及法律责任等相关政策规定，增加了外资企业的经营成本与难度。

（二）改革促发展的枢纽功能有待规模化

改革促发展的枢纽功能需要规模化主要是因为目前中国各自贸试验区探索的同一领域的制度创新经验存在多版本的现象。这使改革促进发展的规模效应发挥受挫，甚至这种多版本的现象会对要素的便捷流动产生负面影响。以多式联运"一单制"的"多单制"现象为例。重庆自贸试验区从单证试点应用推广、物权属性发展完善、金融保险制度创新等方面，探索多式联运单证物权凭证功能。这一探索包括铁海联运提单、国际铁路联运提单、CIFA 等多种提单。四川自贸试验区成都片区制定了基于中欧班列的多式联运"一单制"运输提单。陆港公司作为货物承运人，负责对货物全程运输、监控，实现"交货—运输监管—提货"的全链条闭环。多式联运提单成为企业贸易结算、融资、提货的唯一凭证。浙江自贸试验区义乌片区"义新欧"在铁路运单物权化货物融资的控货模式下，在普通运单基础上增加提货码，在运输合同中明确客户须凭提货码才能到车站仓库提货，赋予运单控货功能，实现运单转化为物权属性的提单。虽然每个自贸片区都在努力地进行多式联运"一单制"的探索，但从全国整体看，这又恰恰出现了"多单制"的问题。因此，需进一步优化自贸试验区制度创新经验带来的规模效应以助于更好地服务改革促发展的枢纽功能。

四 自由贸易试验区枢纽功能提升的路径与政策研究

（一）自由贸易试验区枢纽功能提升的路径

1. 创新主体上下联动的系统性路径

创新主体上下联动的系统性路径指的是在探索制度创新的过程中，不同层级、不同主体之间建立起系统性的互动和合作机制，实现从上到下、从下到上的协同创新。建议通过"利益表达—民意吸纳—组织回应"的路径，实现创新主体的上下联动。首先，利益诉求的表达。自贸试验区在进行制度创新探索时，会出台许多扶持企业、产业发展的政策，出发点是好的，但由于政策制定时忽略了企业的诉求和现实情况，往往导致政策变成了"空政策"而无法落实。因此，针对社会主体和人民群众的需要进行制度创新经验的探索显得尤为重要。那么，需要为社会主体和人民表达意愿设立途径。通过递交人大会议提案的方式进行利益表达，有助于将利益诉求进行制度化的表达。其次，民意吸纳及推动。地方政府扮演桥接型制度企业家的角色，发挥机会识别、目标设定、资源整合和行动倡议的作用。① 最后，策略回应和压力处置。该阶段，各个职能部门面对来自地方政府领导高位推动的行政压力，出于服从上级行政命令和维护本部门利益的双重需要，做出策略回应。通过多方参与机制的建立，有助于使自贸试验区的制度创新探索与人民群众和市场主体的需要相匹配，最终最大化自贸试验区改革促发展的枢纽功能效应。

2. 创新内容多维协同的整体性路径

创新内容多维协同的整体性路径指的是在探索制度创新的过程中，对不同领域进行内容的多维度协同合作，这种路径着重于通过实现跨界、跨领域

---

① 陈天祥、张华、吴月：《地方政府行政审批制度创新行为及其限度》，《中国人民大学学报》2012年第5期，第125~133页。

的协同创新，推动制度创新成果的全面发展和应用，最终形成一个整体性的制度创新生态。自由贸易试验区的制度创新需要依附相应的产业，缺乏产业支撑的制度创新等于无源之水、无本之木。建议以产业链上下游的协同为基础，对于产业链各个环节衔接所遇到的政策和制度诉求进行创新探索，从而形成创新内容多维协同的整体性制度创新。例如，苏州片区聚焦"市场准入—研发创新—生产制造—销售流通—健康服务—要素保障"全产业链条，开展多维协同的整体性制度创新。在省市各级政府部门指导和支持下，在全国全省率先开展研易达、研易购、长三角区域一体化特殊物品风险评估结果互认、生物医药国际职业资格比照认定职称资格目录等试点，共计推出 29项改革创新举措。

（二）自由贸易试验区枢纽功能提升的对策建议

1. 探索建立中国自贸试验区制度创新案例库

首先，利用信息技术搭建网络平台，为中国自贸试验区制度创新案例库提供可靠的基础。通过建立专门的在线平台，实现案例库的数字化管理和实时更新，使其成为一个便捷、高效的经验分享平台。其次，通过片区主动上报、专人调研搜集等方式，对全国自贸试验区在贸易投资便利化、政府职能转变、金融制度创新等领域的制度创新案例进行归纳整理，以确保案例的全面性和准确性，为案例库的丰富性和多样性奠定基础。最后，在收集到的案例基础上进行筛选与合并，对目标相同、举措相似的制度创新案例进行合并，以避免重复和冗余。通过归纳总结出普遍适用的经验举措，可以缓解制度创新案例同质化、多版本的现象，为自贸试验区发挥开放促改革、改革促发展作用提供更具针对性和实效性的指导。另外，通过自贸试验区制度创新案例库建立，不仅可以为自贸试验区的改革提供参考和借鉴，还可以促进自贸试验区之间的经验交流与合作，进一步发挥自贸试验区复制推广的功能，推动经济的高质量发展。

2. 探索建立自贸试验区制度创新的容错机制

首先，从中央层面出发，统一协调各部委，制定实施中国自贸试验区容错机制。以自贸试验区改革中因缺乏经验先行先试出现的失误；国家尚无明确规定的探索性试验；为推动改革的无意过失列为容错的三大原则。通过科学设置容错认定程序，结合容错制度出台具体的配套细则。改革错误发生后，要组织相关部门评估，找出原因并提出修正意见，完善容错细则。其次，选定特定区域特定行业作为容错机制试验点。对一些风险可控又有较大改革效应的领域制订容错清单，对改革成功者进行奖励，对改革失败者进行鼓励。官员考核和评价除了经济指标外，还要加大对民生（教育、医疗、公共安全）的考核权重。此外，还要着力加强第三方机构及社会对地方领导的事中事后监管。目前，已有部分自贸试验区颁布了制度创新促进办法，如广州自贸试验区南沙片区，旨在从制度上保障制度创新的宽松环境，减轻创新主体因创新承受的不当压力。

3.赋予制度创新改革经验强制性

自贸试验区经历了多年的发展，探索出了一批批制度创新的经验，在打破制度堵点，打通要素流通上功不可没。但自贸试验区探索出来的许多优秀的制度创新成果，因不具备法律效应而无法真正落地，其制度创新成效难以得到最大限度的发挥。以负面清单为例，1995 年颁布的《指导外商投资方向暂行规定》和《外商投资产业指导目录》成为中国第一批鼓励外商投资中国特定行业的法规。之后，伴随着自贸试验区的设立，上海自贸试验区探索的"负面清单+国民待遇"的管理模式在全国推广。此后，自贸试验区不断进行改革经验的探索，最新的 2021 年版外资准入负面清单与 2020 年相比，全国的负面清单由 33 条缩减至 31 条，自贸试验区的负面清单由 30 条缩减至 27 条，压减比例分别为 6.1%、10%。① 负面清单是根据《优化营商环境条例》第二十条和《国务院关于实行市场准入负面清单制度的意见》制定并实施的，发布的通知仅为部门规范性文件，面临实施不畅等困境，因此，有必要将自贸试验区探索出来的改革经验转化成具有法律效应的制度法

---

① 《我国外资准入负面清单连续第五年缩减》，中国政府网，2021 年 12 月 28 日，https://www.gov.cn/xinwen/2021-12/28/content_5664866.htm。

规，从而更好地发挥其改革成效，使市场主体和人民群众更好地享受自贸试验区带来的制度红利。

参考文献

戴翔、张二震：《"一带一路"建设与中国制度型开放》，《国际经贸探索》2019年第10期。

李忠远、孙兴杰：《全球化分裂背景下制度型开放的内在逻辑与中国策略选择》，《国际经贸探索》2023年第3期。

魏浩、卢紫薇、刘缘：《中国制度型开放的历程、特点与战略选择》，《国际贸易》2022年第7期。

尹晨、檀榕基、周思力：《中国规制制度型开放的路径探析》，《复旦学报》（社会科学版）2023年第6期。

B.9
推进自由贸易试验区制度型
开放的路径

符正平 彭曦*

摘　要：　以开放促改革、促发展，是我国改革发展的成功实践，制度型开放是实现高水平开放的关键途径，自由贸易试验区是构建开放型经济新体制的重要工具。本报告对制度型开放的定义、内涵和外延等核心概念进行界定，自由贸易试验区在落实制度型开放的相关措施中主要难点包括对标国际高标准经贸规则有差异、改革权限较低、缺乏推动制度型开放的主体以及如何确保因地制宜地开展差异化探索。为应对这些问题，建议实现自主式开放与协定式开放的高度统一，建设"走出去"综合服务平台和营造国际化营商环境，培育贸易新业态新模式，加强服务贸易制度的对接和开放，推进绿色贸易制度的对接和开放，以及推动跨境数据有序流动的规则衔接。

关键词：　制度型开放　自由贸易试验区　经贸规则

一　推进自由贸易试验区制度型开放的背景及意义

2023 年 7 月，中央全面深化改革委员会第二次会议审议通过了《关于建设更高水平开放型经济新体制促进构建新发展格局的意见》，习近平总书记在主持会议时强调："建设更高水平开放型经济新体制是我们主动作为以开放

---

* 符正平，中山大学自贸区综合研究院院长，主要研究领域为自由贸易港、产业集群与新兴产业发展、国际投资与跨国公司等；彭曦，中山大学粤港澳发展研究院副研究员，主要研究领域为自贸区和自贸港、区域经济等。

促改革、促发展的战略举措，要围绕服务构建新发展格局，以制度型开放为重点，聚焦投资、贸易、金融、创新等对外交流合作的重点领域深化体制机制改革，完善配套政策措施，积极主动把我国对外开放提高到新水平。"①党的二十大报告明确提出，要稳步扩大规则、规制、管理、标准等制度型开放，并强调了要加快建设海南自由贸易港、实施自由贸易试验区提升战略。这标志着中国自由贸易试验区的发展进入了一个新的阶段，制度型开放成为自由贸易试验区发展的核心任务。经过十多年的建设，已经成为推动国家经济社会高水平开放高质量发展的关键力量。2022 年，21 个自由贸易试验区以不到千分之四的国土面积，贡献了全国 18.1% 的外商投资和 17.9% 的进出口贸易，② 充分展示了自由贸易试验区在促进开放型经济发展中的重要作用。截至 2023 年 9 月，我国已经批准设立了 22 个自由贸易试验区，发布了 29 个自由贸易试验区建设方案，实施了 3400 多项试点事项，国家层面复制推广了 300 多项制度创新成果，各省（区、市）自行复制推广了 2800 多项制度创新成果。③

制度型开放是新时代新征程上更高水平的开放。我国的改革开放是逐步扩大的过程，第一阶段，在党的十一届三中全会以后，中国确立了"对内改革、对外开放"的政策方针，这一时期主要实行的是进口替代和出口导向战略。第二阶段，随着社会主义市场经济体制的确立，中国对外开放开始向多层次、宽领域的方向展开，大规模进行关税削减，多举措推进贸易便利化，通过"复关"和"入世"谈判嵌入全球生产分工体系。第三阶段，中国于 2001 年正式加入 WTO，将 WTO 协议的要求作为我们开放的标准，继续大幅削减关税，降低非关税壁垒，加快推进货物贸易和服务贸易两个领域的协同开放。前三个阶段主要是要素资源型开放，吸引外商直接投资（FDI），

---

① 《习近平主持召开中央全面深化改革委员会第二次会议强调：建设更高水平开放型经济新体制 推动能耗双控逐步转向碳排放双控》，中国政府网，2023 年 7 月 11 日，https：//www.gov.cn/yaowen/liebiao/202307/content_6891167.htm。
② 《向着更高水平：中国自贸试验区这十年》，《求是》2023 年第 24 期。
③ 《十年来部署三千四百多项改革试点任务 努力建设更高水平自贸试验区》，中国新闻网，2023 年 9 月 28 日，https：//m.chinanews.com/wap/detail/chs/zw/10086089.shtml。

采取鼓励出口等政策，中国成为第一制造业大国和货物贸易大国。而进入新时代，中国提出构建人类命运共同体理念，推动构建互利共赢、多元平衡、安全高效的开放型世界经济体系。制度型开放是国内规则体系的开放，包括部分规则与国际通行规则一致，开放从"边境"延伸到了"境内"。与之相比，要素资源型开放本质上是商品、资本、人员和技术的跨境流动，主要目的是实现贸易和投资的自由化和便利化。

制度型开放更为强调规则的制定，以往国际社会的经贸规则更多的是遵循 WTO 的规则，之后需要在双边、多边之间来构建新的规则体系，制度型开放更多的是强调规则导向的治理。特别是在两国或者两个地区制度发生冲突的时候，就需要强调政策的协调性，需要强调规则的统一性和兼容性。自由贸易试验区经过十多年的建设，存在碎片化、数量竞争、低水平重复等缺点，集成化、差异化的制度创新相对较少。需要从更深层次进行制度创新，需要与制度型开放相结合：一是要在更高层次上实现国内外两种资源、两个市场要素自由流动和资源优化配置的目的；二是要解决我国改革开放的深化与扩大问题，为更广泛的地区提供可复制、可推广的改革经验；三是要为开放型世界经济探索发展创新的经验，提供汇聚各方利益共同点的试验场所，进一步激发全球利益日益融合的发展潜力。通过制度创新，与国际高标准经贸规则相衔接，吸引全球的人才、技术、资本等高端要素到自由贸易试验区集聚，实现高质量发展。

制度型开放的内涵包括以下四个方面。一是从政府治理的角度。进一步明确政府权力分配、权力制约和参与机制等，以确保政府在高水平开放过程中政府治理的透明度、责任性和合法性。强调建立健全的法治体系，使各类参与者在市场和社会中能够遵循明确的规则。二是从市场准入和公平竞争的角度。制度型开放关注市场准入的公平性和公正性，避免歧视性的限制措施，促进国内外各类市场主体在公平竞争的基础上实现合作与创新。三是参与国际合作与规则制定。制度型开放强调积极参与国际合作，参与制定国际规则和标准，以确保在国际交往中的平等和公平。四是更为强调社会的包容性。制度型开放鼓励社会内部的多元性和包容性，尊重不同文化、信仰和价值观，实现社会的和谐与稳定。制度型开放是改革开放以来的政策延续，是新时代新征程上更高水平的开放。

二 推进自由贸易试验区制度型开放的理论逻辑

制度型开放建立在一系列明确规定和约束的基础上，以避免不受控制的风险和不稳定性。江小涓[①]认为制度型开放是"中性"的开放。一是在出口和进口之间保持"中性"。通过出口扩大市场、获得规模经济和分工的益处，与通过进口引进各种短缺资源、提升国内产业技术水平同等重要。二是在吸收外资和对外投资之间保持"中性"。吸收外资带来的资金技术管理经验，与对外投资带来的投资收益和当地生产优势同等重要。三是在外资企业和内资企业之间保持"中性"。公平竞争能筛选出竞争力较强的企业，促进整个产业效率和竞争力的提升。从更为广泛的定义来看，制度型开放是一个涉及政治、经济和社会领域的概念，强调国家在内部建立健全制度体系，以便更好地适应和参与国际合作和竞争。这个概念强调开放不仅是简单地开放市场，还包括政府治理、法律体系、社会制度等各个方面的改革。

（一）制度型开放要对标国际高标准经贸规则

制度型开放是稳步扩大规则、规制、管理、标准等开放，就规则而言，自由贸易试验区要围绕制度创新积累丰富的经验，有力支撑制度型开放。制度型开放的关键抓手是对标国际高标准经贸规则，处理好政府与市场的关系，进一步优化营商环境和外商投资的管理模式。落实好《区域全面经济伙伴关系协定》（RCEP），对标《全面与进步跨太平洋伙伴关系协定》（CPTPP）、《中欧全面投资协定》（中欧 CAI）等高标准经贸规则，在自由贸易试验区内进行差异化探索。具体来看，以 RCEP 条款作为优先对标的基础，对传统议题

---

① 江小涓：《制度性开放是中性的开放》，中国发展高层论坛，2021。

（货物贸易、服务贸易、自然人流动、外资准入等）和横向议题（竞争政策与商务便利化、中小企业、监管一致性等）进行改革探索。相较于 RCEP，CPTPP 不仅降低了货物贸易成本，更是在服务业、知识产权等方面提出了更高的贸易标准。尤其是在电子商务章节，强调了贸易的数字性质，在合理合法的基础上，促进信息和数据在更大范围内的流动和应用。CPTPP 重视数字贸易中数据保护等规则，有助于促进区域内数字经济的发展。可针对 CPTPP 的更高开放标准，在数字贸易、政府采购、透明度和反腐败等领域进行渐进对标和调整。中欧 CAI 中对营商环境等有更高要求，提出在竞争性中立与国有企业、环境和劳工标准、争端解决等方面进行探索。

（二）制度型开放要协调好政府与市场的关系

经济规制是监管机构通过制定针对性政策文件等方式介入行业市场经营活动，干预市场交易价格、进出、服务、投资等的行为。政府规制改革能够解除限制创新发展的束缚，为市场主体的创新创业提供便利条件，从而激发市场主体的积极性和创造力。首先，提升规制的公开性和法治化水平。规制公开性意味着政府在制定规制政策时需充分听取利益相关者、中小企业、行业协会等的意见。特别是在制定涉及外资的政策时，必须邀请外资企业参与，并清晰、完整地公布规制政策的内容和意见采纳情况。规制法治化能确保企业在有序市场中开展商业活动，降低生产经营的不确定性，同时保护私有产权，有效解决商事纠纷。需要加强政府规制的法律基础，坚持法治理念，运用法治思维和方式来进行规制。其次，自由贸易试验区要进一步优化规制流程。自由贸易试验区长期存在偏向"事前审批"而轻视"事中、事后规制"的现象，政府过于关注对市场主体准入条件和经营资格的审批，且审批程序烦琐，在一定程度上妨碍了企业投资和生产经营的积极性，对市场经济的健康可持续发展不利，要从"粗放式规制"转向"精细化规制"，实现审批与规制的衔接，提升规制的精准度和智能化水平，降低规制成本。最后，自由贸易试验区要探索多元治理模式。从"单一政府规制"向"多元规制治理"转变，如鼓励行业协会和企业内部进行自我规制，构建多元协同的规制治理模式；采取简约和审慎的规制原则，为市场主体创造宽松的发展环境；要从"运动式规制"转向"常态化规制"，自由贸易试验区引入"双随机，一公开"规制制度，通过随机抽查和公开结果，威慑市场主体，增强守法意识。

（三）实行更高效的管理模式，制定更完善的标准体系

自由贸易试验区要实行高效的管理模式，制定更完善的标准体系。一是《外商投资法》的颁布标志着我国在吸引外国投资方面迈出了重要一步。该法明确了保护外商投资的合法权益，强调平等待遇原则，禁止强制技术转让，增强了外商的投资信心。同时，《外商投资法》规定了投资者的权利和义务，明确了外商投资项目的保护措施，为外商在中国投资提供了更加稳定、透明、可预期的法律环境。二是国民待遇加负面清单管理制度的引入，实现了市场准入的透明化和可预期性。我国不断缩减外商投资准入负面清单，取消或放宽了许多限制，为外商提供了更广泛的投资领域。特别是服务业负面清单管理制度的改革，打破了以往"大门开，小门关"的现象，大幅增加了外商在服务业领域的投资机会。这种积极的改革举措，有助于吸引更多优质外资，推动我国服务业的发展和升级。除此之外，我国还在推动相关法律法规的系统性升级，不断完善法律框架，以适应快速变化的国际经济环境。这种努力有助于提升我国的法治水平，为外商投资提供更加稳定和可靠的法律保障。与此同时，持续优化营商环境也是我国改善外商投资环境的重要任务。通过简化审批流程、提升服务质量、减少行政干预等手段，我国努力营造公平、透明、便利的投资环境，为外商提供更好的投资体验。我国积极推动与共建"一带一路"国家的国际合作，促进全球经济的互利共赢。

（四）扩大服务业开放，优化外商投资营商环境

首先，当前制度型开放最为关键的就是服务业开放问题。当前我国的行政法规中仍然存在较多的"玻璃门""弹簧门"，导致很多行业仍然是"准入不准营"，境外资本在国内有较高的制度成本，外商投资在整个国民经济

中的比重偏低。在自由贸易试验区内通过进一步优化外商投资者的管理模式、放开非公有制经济的投资领域等措施，"示范带动"促进新一轮的改革开放。其次，持续推动金融、服务贸易等领域的开放。要进一步扩大金融开放，加强与国际金融体系的对接，服务贸易领域的开放也为外商提供了更多的投资机会，助力我国服务业的升级。此外，加大标准的开放力度。自由贸易试验区在制定各类标准时应该充分考虑国际化和国际竞争。国际化的标准也能够为企业拓展海外市场提供便利，促进产业的国际化发展。政府在标准制定中应扮演积极引导和监督的角色，确保企业按照标准进行生产和服务，保障消费者的权益和安全。最后，持续优化营商环境是改善外商投资环境的重要措施。简化审批流程、提升服务质量、减少行政干预等手段，我国努力营造公平、透明、便利的投资环境，为外商提供更好的投资体验。

三 自由贸易试验区推进制度型开放面临的难点

自由贸易试验区具有进行压力测试的优势条件，能够为进一步扩大制度型开放提供试验的土壤，从而为深化制度型开放探索具体方向。结合自由贸易试验区制度创新经验和外向型经济发展历程，在加大压力测试力度和扩大制度型开放的具体实践中，面临对标国际高标准经贸规则有差异、改革权限较低、缺乏推动制度型开放的主体等问题。

（一）自由贸易试验区制度型开放对标高标准经贸规则有差异

CPTPP 的"货物的国民待遇和市场准入"章节规定成员国应加快减让至零关税。一是相较于单独签署的双边贸易协定，该协定关于关税的相关规定更加全面，不仅在成员国之间形成统一标准的关税取消规则要求，而且对于某一成员的关税优惠将自动赋予其他所有成员。二是 CPTPP 采用负面清单模式，要求各成员国除了限制或禁止开放的领域外，应当以一般自由化措施予以全面开放，如金融服务和投资。三是涵盖领域差异。CPTPP 将更多高水平自由化规则纳入贸易框架，包括知识产权保护、环境标准、劳工标准、国企改革等。四是 CPTPP 还创新性地对国有企业规定了相应的规则，确保了竞争中立原则。五是服务行业开放差异。CPTPP 不仅降低了货物贸易成本，更是在服务业、知识产权等方面提出了更高的贸易标准。

（二）自由贸易试验区仍然面临改革权限较低难题

具体实践过程中，制度创新和压力测试可能面临改革审批层级高、改革流程长、改革推动者事权错位等诸多问题，改革权限问题很大程度上限制了制度型开放的探索空间。这一部分问题是由我国"双轨制"的矛盾导致的，面临着国家整体自上而下的管理体制与自下而上的改革形式之间的矛盾。自由贸易试验区制度创新既要求合法合规，又要求打破既有制度约束，要求自由贸易试验区进一步明晰权限边界。而在明晰权限边界之余，在对接高标准国际经贸规则方面的制度创新上（如对接 RCEP、CPTTP 等），仍需主动对标和对接国际先进的规则、规制、管理、标准等，统合清理既有的不合理、不相容的法律法规与制度体系。换言之，深入推进制度型开放，推动制度创新，有待进一步推进顶层设计和平台建设，一方面需放开权限提高容错，另一方面需提高标准对标国际。此外，对自由贸易试验区持续加大开放压力测试力度，目前尚未形成具体保障措施体系，制度创新和探索所需的激励机制和容错机制同样有待进一步完善。

（三）自由贸易试验区缺乏推动制度型开放的主体

对制度型开放具体改革措施的实施过程而言，其推进效率低下大多由于实施主体不明确、制度创新的系统集成程度较低。制度创新所涉及的改革事项往往涉及多个部门，需要统筹规划、合作推进。但在实际推动制度创新，尤其是加大压力测试力度过程中，由于分工细化和信息不对称等因素，跨部门协作的广度、深度和速度可能受到极大的制约，致使大部分制度创新经验与案例缺乏系统集成。此外，制度创新举措推进主体模糊还可能带来片区之间的信息不对称，相关制度创新缺乏全局部署，各片区间制度创新举措的同质化程度较高。因此，自由贸易试验区亟须设置专项工作组，明确制度创新主体，统筹各部门协作创新，搭建自由贸易试验区制度创新信息交流平台，推动形成一批高效能、可推广、集成性制度创新经验。自由贸易试验区推动制度创新必须以加强系统性、整体性、协同性为原则，打破部门职能分工界限，突破层级和部门壁垒，统筹各领域各部门资源要素和政策措施，强化信息共享和业务协同，高效率联动创新，避免出现制度创新"孤岛"，推动形成系统性、整合型的实施机构画像。

（四）自由贸易试验区要因地制宜地开展差异化探索

自由贸易试验区的制度创新需要各地区广泛开展差异化探索，在加快培育和塑造特色开放发展优势的同时，形成更多可复制可推广的制度创新成果。然而，从自由贸易试验区十年来的发展来看，除北上广深等自由贸易试验区"头雁"片区在深化差异化探索方面有突出成效外，大部分自由贸易试验区片区的制度创新举措战略定位较为模糊或趋同，相关优秀经验举措的本地化较差，难以真正惠及当地经济发展和企业成长。同时，部分制度创新举措多为国家对特定地区政策倾斜的结果，存在地域特殊性，难以满足可复制可推广的基本要求。因此，自由贸易试验区片区让制度型开放真正惠及当地经济发展，使之既能够带来经济实效，又能具有推广价值，其关键还在于制度创新实施前对自由贸易试验区定位分工、当地经济整体情况、改革实施主体等改革主客体进行深度调查研究，并在此基础上推出深入体制机制、具有集成效果、因地制宜的制度创新举措。

四　推进自由贸易试验区制度型开放的对策建议

（一）实现自主式开放与协定式开放的高度统一

自由贸易试验区与对标高标准经贸规则是我国经过长期的开放实践所形成的两种不同的开放模式，二者政策联动、融合发展，共同推动着我国全面开放新格局的形成和完善。一是自由贸易试验区的提升战略要与国家 FTA 和共建"一带一路"需要保持高度一致，使自由贸易试验区的试点、试验和压力测试具有充分的超前性、时效性。自由贸易试验区未来的发展方向要与高标准经贸规则相一致。二是要盯住 RCEP 的落地实施，并关注 CPTPP、《欧日经济伙伴关系协定》（EPA）和《美墨加协定》（USMCA）等高标准 FTA 的最新动向，瞄准新规则，打造自由贸易试验区升级版，探索实施一些自贸区政策。当前，大部分的制度创新还停留在"浅水区"，自由贸易试验区需要协同国家战略有选择地进行压力测试，为国家的对外开放提供有效的制度供给。三是出台对标国际高标准经贸规则的措施清单和权责清单。注重创新措施的整体性，通过对标国际高标准经贸规则促进经济新业态、新模式的发展，狠抓落实并让企业有切实的获得感。出台针对 RCEP 的落地措施和行动计划，推动 RCEP 各项协议内容落到实处。构建面向东盟的产业开放平台，筹建更多 RCEP 跨境国家产业园，进一步完善产业园区管理体制机制。

（二）建设"走出去"综合服务平台和营造国际化营商环境

一是自由贸易试验区要建设"走出去"综合服务平台。要充分发挥自由贸易试验区内联外通、通江达海、沿边开放的优势，加强与粤港澳大湾区合作，共同构建线上线下一体化的国际投融资综合服务平台。综合服务平台提供信息共享、项目对接、标准兼容、检测认证、金融服务、争议解决等一站式服务，共同打造服务"一带一路"建设的新贸易创新中心。二是自由贸易试验区率先实现"互联网+"数字政府服务体系。运用互联网、大数据、人工智能等技术，实现行政审批和政务服务事项申请材料结构化、业务流程标准化、审查规则指标化、数据对比自动化，建设自由贸易试验区联动区，将一些先进的做法在更大范围内复制推广。三是自由贸易试验区要探索建立服务业开放负面清单制度。在自由贸易试验区内先行先试相关开放措施。加强"边境内"规则、规制、管理、标准等与国际衔接，率先探索健全与负面清单管理模式相配套的事中事后监管制度，强化服务业高水平开放的法治保障，提升服务领域市场监管标准的国际化水平。

（三）对标国际经贸规则，培育贸易新业态新模式

在自由贸易试验区与保税区域开展内外贸一体化试点，推动企业深化全球营运管理、全球贸易结算、全球分拨配送、全球研发维修等业务发展。积极打造"丝路电商"合作先行区核心功能区，丰富保税展示功能，拓展跨境电商模式。推进跨境电商零售进口非处方药品业务政策突破。探索全球共享仓项目试点，推动实现"进、出、转、存"一仓多用。加快建设物流分拨枢纽，推动自由贸易试验区分拨中心和保税展示扩大业务规模。在符合监管要求基础上，支持开展交付前检验（PDI）保税检测业务，扩大进口汽车保税储存展示业务规模。建议开展保税维修检测、保税展示交易、保税租赁贸易、跨境电商等新业态。建立满足市场需求的国际结算机构、人民币在岸和离岸结算中心，最终形成以结算中心为连接点的网络化、多功能、多币种结算系统，构建支持对外贸易发展的全球金融结算、物流服务和法律服务体系。

（四）加强服务贸易制度的对接和开放

对标 CPTPP 服务贸易领域的规则，将自由贸易试验区内的"保税+"模式从检测领域拓展到维修、研发、设计、融资租赁等生产性服务领域。进一步加大和提升对现代服务业的开放力度与承诺水平，增强现代服务业和先进制造业的"双轮驱动"效果，促进自由贸易试验区经济高质量发展。加强金融业双向开放的机构创新、金融科技和特色金融的服务创新，以及区域金融合作和风险防控的监管创新。根据《关于在有条件的自由贸易试验区和自由贸易港试点对接国际高标准推进制度型开放的若干措施》，建议在试点的上海、广东、天津、福建、北京和海南自由贸易试验区，尽早实行金融服务的负面清单管理制度，可设立不设外资股比限制的合资银行、证券和保险交易（包括再保险）、信托以及资产管理公司。

（五）推进绿色贸易制度的对接和开放

支持外贸转型升级基地、进口贸易促进创新示范区等开放平台绿色转型，强化评价体系绿色发展导向，大力发展新能源、新材料、节能环保等战略性新兴产业，鼓励创建绿色企业、绿色工厂，发挥龙头引领和辐射带动作用，更好地利用对外开放平台优势，提升绿色产品贸易便利化水平。探索制定绿色低碳产品进出口货物目录，支持示范区围绕当地产业发展以及满足人民美好生活需要探索制定绿色低碳产品进出口货物目录，在财政、金融、税收、贸易便利化等方面出台政策，加大对列入目录的货物的支持力度。落实鼓励外商投资产业目录，吸引和引导外资投入清洁低碳能源产业和外贸产业领域。推动绿色"一带一路"建设。加大对共建"一带一路"国家和地区的绿色能源投资力度，严控新增煤电投资，改造已有煤电项目，加强环境技术援助和合作，大力推动清洁能源装备、技术和服务"走出去"。深化与共建"一带一路"国家和地区绿色金融伙伴关系，构建绿色金融发展的区域层面协调机制，制定区域统一的绿色金融标准体系。

（六）推动跨境数据有序流动的规则衔接

数据跨境流动涵盖了各种类型的数据，包括但不限于文字、图像、音频、视频、软件代码等，也可以是个人数据（如个人信息）、企业数据（如商业数据和财务数据）、学术研究数据、云计算数据等。粤港澳需要建立和达成合理的治理机制和共识，包括数据交换和数据标准等方面的规则。鼓励技术和知识的自由交流与传播，促进创新和技术进步。通过单一自贸区的建设促进粤港澳大湾区的贸易自由化和经济合作，提升区域的国际竞争力，实现互利合作和资源互补。系统提升高水平数字贸易服务能力。加强新形势下的新型数字基础设施建设，发挥我国5G的技术与场景优势，建设国际一流通信网络服务环境，提升数据传输质量与便利性，选取自由贸易试验区作为数据跨境试点，建立数据出境的企业和业务模式白名单，特别是引导企业构建完善的数据管理和数据安全制度体系，鼓励构建以龙头企业为核心的数据联合体，借助第三方机构实施数据跨境流动认证评估，联动国际权威大数据交易平台开展数据出境规则与业务合作。积极参与《数字经济伙伴关系协定》（DEPA）等国际高标准数字贸易规则体系的谈判，以自由贸易试验区为试验载体，开展具有前瞻性和针对性的数据流动与出境压力测试。

区域篇

B.10
上海自由贸易试验区十年再出发，
新使命新机遇*

中山大学自贸区综合研究院课题组**

摘　要：　党的二十届三中全会强调，开放是中国式现代化的鲜明标识。要稳步扩大制度性开放，深化外贸体制改革，深化外商投资和对外投资管理体制改革，优化区域开放布局，完善推进高质量共建"一带一路"机制。2023~2024 年，中国自由贸易试验区制度创新指数发布，上海稳居第一，引领全国自由贸易试验区发展。2024 年，是上海自由贸易试验区建设的第十一个年头，十多年来，上海自贸试验区在贸易、投资、金融、航运、人才等方面，推出了一系列的开创性、标志性制度创新成果。未来，上海自贸试验区将不断扩大对外开放，提高对外开放水平，推动经济高质量发展。

关键词：　上海自由贸易试验区　对外开放　高质量发展

---

　*　本报告数据如无特殊说明，均由中国（上海）自由贸易试验区管理委员会提供。
　**　执笔人：董雪芹，金融学博士，中山大学自贸区综合研究院博士后，主要研究领域为自贸试验区金融改革创新、数字金融发展。

作为中国第一个自由贸易试验区，上海自由贸易试验区自 2013 年 9 月正式挂牌以来始终贯彻习近平总书记的一系列重要指示批示精神，在上海市委、市政府的坚强领导下，在国家有关部门的大力支持下，全力推进落实国务院先后批准实施的《中国（上海）自由贸易试验区总体方案》《进一步深化中国（上海）自由贸易试验区改革开放方案》《全面深化中国（上海）自由贸易试验区改革开放方案》《中国（上海）自由贸易试验区临港新片区总体方案》，确立了与国际经贸规则衔接的开放型经济新体制，成为全面深化改革的试验田、制度型开放的先行者。

2022 年 12 月，商务部、国家发展改革委、工业和信息化部等 10 部门联合印发《关于支持国家级经济技术开发区创新提升更好发挥示范作用若干措施的通知》，提出鼓励国家级经开区内符合条件的企业用好自由贸易试验区、综合保税区平台政策，按规定开展"两头在外"的保税维修、跨境电商贸易便利化等创新业务，支持自由贸易试验区和国家级经开区联动发展。

2023 年 9 月，习近平总书记就深入推进自由贸易试验区建设作出重要指示："新征程上，要在全面总结十年建设经验基础上，深入实施自贸试验区提升战略，勇做开拓进取、攻坚克难的先锋，在更广领域、更深层次开展探索，努力建设更高水平自贸试验区"。① 这为我们在新征程上深入推进自由贸易试验区建设指明了前进方向、提供了根本遵循。

一 2022年上海自由贸易试验区建设工作成果

自党的二十大报告提出"实施自由贸易试验区提升战略"以来，上海自由贸易试验区（以下简称上海自贸试验区）认真组织学习党的二十大精神，胸怀"国之大者"，落实好"五个中心"建设任务，提出"进一步深化

---

① 《习近平就深入推进自由贸易试验区建设作出重要指示强调：勇做开拓进取攻坚克难先锋努力建设更高水平自贸试验区》，中国政府网，2023 年 9 月 26 日，https：//www.gov.cn/yaowen/liebiao/202309/content_6906406.htm。

高水平改革开放，更好发挥浦东社会主义现代化建设引领区和自贸试验区临港新片区的改革开放试验田作用，不断推出更多首创性改革、引领性开放、突破性创新"。

（一）持续推动投资贸易自由化便利化

2022年2月，上海出台《上海市关于高质量落实〈区域全面经济伙伴关系协定〉（RCEP）的若干措施》，强调发挥外高桥保税区和虹桥国际中央商务区国家进口贸易创新示范区引领作用，新设一批RCEP成员国国别展示中心，培育一批面向RCEP区域的进口商品直销平台和国别商品交易中心，支持虹桥海外贸易中心建设，加快上海自贸试验区国别集中展示中心项目建设，集聚与进口贸易有关的国内外知名专业服务机构。

上海数据交易所依托上海自贸试验区建设，建立起数据交易管理办法、交易规范、指引等，数据交易规模实现跃升。截至2022年底，上海数据交易所已与800余家数商成功对接，签约数商企业超过500家。2022年，上海数据交易所数据产品累计挂牌数超过800个，数据产品交易额超过1亿元。①

（二）持续优化营商环境

2022年8月，《上海市浦东新区推进市场准营承诺即入制改革若干规定》开始实施。上海市浦东新区的市场准营承诺即入制改革使得告知承诺的适用范围从单个审批事项拓展到一个行业经营涉及的多个审批事项。上海自贸试验区以行业整体为视角，一次性告知市场主体从事特定行业许可经营项目须具备的全部条件和标准，已经符合要求并提交必要材料的，即可取得行政许可，这进一步破解"准入不准营"问题，推动构建以信用承诺为特色的"准营快车道"。

（三）落地国际航行船舶保税液化天然气加注业务

2022年，上海自贸试验区开展国际航行船舶保税液化天然气（LNG）

---

① 作者根据上海数据交易所官网新闻动态整理。

船到船加注业务，对开展国际航行船舶保税液化天然气（LNG）加注试点的概念、职责、流程、要求和业务监管等进行了规定，为临港新片区试点保税液化天然气（LNG）加注服务提供政策支持。国际航行船舶保税燃料市场是衡量港口配套服务能力强弱的重要指标，直接影响船舶停靠与否以及靠泊时间长短，并决定了后续衍生服务功能的实现，目前世界主要港口均具有非常发达的船舶保税燃料市场。洋山港作为我国唯一位于特殊综合保税区内的国际港口，开展国际航行船舶保税液化天然气（LNG）加注业务不仅填补了国内对国际航行船舶保税液化天然气（LNG）加注的空白，还让上海港成为全球少数拥有船到船同步加注保税液化天然气（LNG）服务能力的港口。

（四）持续深化金融开放创新

上海自贸试验区临港新片区开展跨境金融开放创新试点，进一步打造临港新片区"开放、创新、便利"的金融服务新生态，发挥其在金融改革创新和金融对外开放先行先试的引领作用，率先推动跨境金融开放。一是在全国率先取消外商直接投资人民币资本金专用账户。企业无须到柜台办理资本金专用账户开户手续，可通过现有账户直接从境外收取人民币资本金。二是简化优质企业跨境人民币结算办理流程，区内银行可在"展业三原则"基础上，凭企业收付款指令直接办理跨境贸易人民币结算业务。三是推动基于自由贸易账户的全功能可兑换跨境资金池落地，帮助企业实现集团内外、境内外、本外币资金的高效归集、自由流动和自由兑换。

（五）推动形成全流程特殊物品入境管理创新模式

上海自贸试验区开展生物医药特殊物品入境联合监管机制新探索，解决人血等特殊物品入境需求。微生物、生物制品、人体组织、血液及其制品等特殊物品是生物医药研发生产过程中不可或缺的生物材料。上海作为生物医药产业重地，每年都要进口大量特殊物品。卫生、药品、交通、环保等监管部门在各个监管领域对不同类型的入境人血，已有不同程度的管理要求，但各部门间尚未形成监管闭环，仍有部分人血在国内无主管部门，存在较大的风险隐患。上海自贸试验区建立了入境特殊物品安全联合监管机制，实行多部门联合管理，张江科学城建设管理办公室作为浦东新区人民政府的派出机构，组织开展多部门联合监管，成员单位包括浦东新区商务委、卫生健康委、市场监管局、科经委、生态环境局、建交委和上海海关等，负责进境特殊物品在科研、生产、储存、运输、销售、废弃物处置、口岸进境等各个环节的安全管理。各部门建立了信息交互、预警告知、联合执法等工作制度，形成了"企业建立完善生物安全控制体系+入境前特殊物品卫生检疫审批+入境时海关卫生检疫查验+入境后各部门后续监管"的全流程特殊物品入境管理创新模式。在此基础上，将诚信优质的企业纳入《张江科学城进境特殊物品试点单位名单》，允许名单内企业进口人血等特殊物品，并采用"一次申报、分批核销"的方式，简化企业申报流程。

（六）构建以大企业为核心的全产业链创新带动体系

上海自贸试验区全面实施大企业开放创新中心计划，强调大企业对中小企业的创新赋能，引导大企业通过生态构建、基地培育、内部孵化、赋能带动、数据联通等方式打造一批大中小企业融通典型模式，促进大中小企业创新链、产业链、供应链、数据链、资金链、服务链、人才链全面融通，着力构建大中小企业相互依存、相互促进的企业发展生态，增强产业链、供应链韧性和竞争力，提升产业链现代化水平。大企业负责赋能上下游中小企业，为其提供技术设备、技术培训项目、产业对接、投融资等全方位的企业辅导以及商业化支持，并开展创新合作。政府相关部门负责统筹政策、社会资源、专业服务全方位赋能创新生态，从主体注册、团队组建、选址确定、空间设计、功能谋划、企业招募、平台搭建等方面给予全方位协助。

（七）积极实现跨区域产业协同

上海自贸试验区积极推动跨区域环境科技产业协同创新模式，在全国率先从原始创新、产业、人才、行业标准等方面入手，突破区域间产业要素分布不均现状，在资源对接、合作共建、产业标准、人才流通等方面开展深层次合作，推进跨区域部门、院所、企业共建环境领域创新生态，有效助推环境产业"产、学、研、用"跨区域合作，突破了环境科技产业的共性制度障碍，打破跨区域资源流动壁垒，着力构建长三角环境科技领域生态圈，为科技创新引领区域产业高质量协同发展探索了示范样本。

2022年，浦东新区实现地区生产总值16013.4亿元、规模以上工业总产值13390.2亿元、商品销售总额59060.8亿元、社会消费品零售总额3599.5亿元、实到外资110.6亿美元、全社会固定资产投资总额3025.1亿元、财政总收入5201.4亿元，分别是2013年的2.5倍、1.5倍、3.6倍、2.4倍、2.2倍、1.8倍和1.9倍，以全国1/8000的面积创造了1/74的GDP。[①]

二 2023年上海自贸区建设工作成果

（一）高质量完成上海自贸试验区建设十周年系列活动

高规格举办上海自贸试验区十周年主题论坛，上海市委书记陈吉宁出席论坛并致辞，上海市市长龚正发表主旨演讲，全国21个自由贸易试验区共同发起《全国自由贸易试验区联动发展倡议》。上海自贸试验区管理委员会（以下简称上海自贸试验区管委会）在《求是》杂志发表理论文章《努力建设更高水平自由贸易试验区》，编制发布《中国（上海）自由贸易试验区建设10周年白皮书》，全面回顾上海自贸试验区成立以来的建设历程和发展情况。高质量举办上海自贸试验区十周年建设成就展，全面展现10年来上海自贸试验区取得的一系列制度创新成果。编制《中国（上海）自由贸易试验区创新发展典型案例》，筛选提炼100个改革创新案例，评选100家制

---

① 《2022年上海市浦东新区国民经济和社会发展统计公报》，上海市浦东新区统计局，2023年3月1日，https://www.pudong.gov.cn/zwgk/tjj_gkml_ywl_tjsj_gb/2023/103/309102.html。

度创新样本企业，充分展现了上海自贸试验区制度创新激发市场活力、推动市场主体高质量发展的成效。

（二）制度型开放取得新突破

国务院发布了《全面对接国际高标准经贸规则推进中国（上海）自由贸易试验区高水平制度型开放总体方案》《关于在部分自由贸易试验区和自由贸易港试点实施高标准对接国际经贸规则的措施》，"重点行业再制造产品进口试点"等一批高标准对接国际经贸规则的改革举措落地实施。国内首单"重点行业再制造产品进口试点"货物顺利通关。全国首个"丝路电商"合作先行区获批创建，核心功能区启动建设。国内首单海上保税液化天然气（LNG）船到船加注业务实施。此外，还启动了海关特殊监管区域内的诚信示范区建设，并在生物医药入境特殊物品联合监管检疫改革试点中推行"白名单"制度。同时，发布了境外职业资格证书认可清单和企业商业秘密保护指南。

（三）全球资源配置能级不断提升

上海国际能源交易中心成功挂牌交易了国内首个航运期货品种——集运指数（欧线）期货，这有助于优化航运行业的风险管理。上海期货交易所首次同步上市了合成橡胶期货及期权，进一步丰富了市场的商品种类和金融工具选择。全国性大宗商品仓单注册登记中心上海项目正式上线，累计服务846个客户，累计登记上链期货仓单保税铜1万余吨，20号胶4600余吨。上海石油天然气交易中心完成了全国首单国际原油跨境数字人民币结算交易，推动了国际能源贸易的便捷化和金融结算的创新。上海再保险"国际板"正式启动，深化再保险产品供给和创新能力。中国金融期货交易所推出了首批3个30年期国债期货合约，渣打中国成为首家获准参与国债期货交易的外资银行。上海自贸试验区离岸债务业务迅速增长。上海数据交易所启动了首个国际板、国内数据交易链建设，超过1700个产品挂牌，累计交易额超过10亿元。全球营运商计划新增了35家培育企业，累计达到218

家。全球机构投资者集聚计划推动新增了 34 家持牌金融机构，累计达到 1207 家；大企业开放创新中心计划新增了 25 家，累计达到 90 家。陆家嘴金融城在沙特利雅得设立了中东区域首个办事机构。上海自贸试验区 "一带一路" 技术交流国际合作中心的中亚分中心在哈萨克斯坦正式挂牌运营。

（四）科创策源功能进一步强化

软 X 射线自由电子激光用户装置、活细胞结构与功能成像线站工程已完成首轮用户实验。C919 大飞机正式开始商业运营，同时首艘国产大型邮轮下水。沪东中华造船（集团）有限公司设计的大型液化天然气（LNG）运输船获得四大国际船级社的 AIP 证书，标志着中国在 LNG 运输船建造领域迈出了重要一步。全球首个基因工程菌团体标准和国内首个零售药店 CAR-T 治疗药品服务规范已正式发布。上海微创医疗器械（集团）有限公司推出了两款全国首创用于治疗阵发性房颤的医疗器械，并获得了市场许可。再鼎医药（上海）有限公司的全球首款成人全身型重症肌无力创新药（FcRn 拮抗剂艾加莫德）也已获批上市。上海纽约大学等 9 家浦东博士后创新创业孵化基地获得授权，锦天城律师事务所等 6 家单位入选上海首批商业秘密保护示范站，同时成功设立了三大产业引导母基金，首期总规模超过 150 亿元。公共服务平台累计发布了 176 个项目，总投资意向超过 5 亿元。

（五）改革系统集成推出新举措

浦东新区正在试点实施行业综合许可证 "免申即办" 制度，提升办事效率。首次颁发了全国首张 "与人体健康相关的动物生物安全二级实验室" 行业综合许可证和 "现场个性化服务" 化妆品生产许可证。市场准营承诺即入制度已扩展至 22 个高频行业，这种制度的推行使得符合条件的市场主体能够更快速地进入市场，减少了无谓的等待和审批时间。全面推行了新入市场主体合规告知制度，这有助于确保新进入市场的企业明确了解和遵守相关的法律法规和行业规范，提高了市场的整体合规性和经营环境的透明度。

浦东新区率先进行建筑师负责制改革试点，推广了 50 多项举措至上海市和全国。在人才引进方面，推出了外籍高层次人才永久居留直通车，实施了"1+1+N"人才政策和"明珠人才"计划，首批选拔了800余人，并推出了"全球引才伙伴计划"。浦东新区发布了涵盖生态环境保护、融资租赁等领域的3部地方性法规。同时，浦东新区还制定了涉及免办强制性产品认证、无人驾驶装备等方面的8部管理措施。这些地方性法规和管理措施共同构建了"18部地方性法规+21部管理措施"的立法体系。这种体系不仅覆盖了多个关键领域，还强化了地方政府在治理和法律监管方面的能力。为了进一步推动市区合作，浦东新区将43项法规项目纳入上海市立法五年规划，并制定发布了相应的管理措施五年规划。

三 上海自贸试验区建设十周年制度创新改革成果

截至2023年9月，在国家层面复制推广的302项自由贸易试验区改革试点经验中，源自上海自贸试验区首创或同步先行先试的事项有145项，发挥了上海引领全国21个自由贸易试验区发展的"头雁"效应。2014年8月，《中国（上海）自由贸易试验区条例》施行，2022年3月，《中国（上海）自由贸易试验区临港新片区条例》施行。按照两个条例的要求，上海市人民政府精心组织，周密部署，上海和临港新片区管委会全力推进，上海自贸试验区建设成果丰硕，探索建立了有效的推进方式和经验做法，形成了一批创新成果。

（一）加大赋权力度，给予最大支持

《上海市人民政府关于下放浦东新区一批行政审批的决定》明确将61项市级部门审批事项下放至浦东新区实施，并通过一系列文件确定了下放三批市区两级共1215项行政事权的措施，支持临港新片区在深化改革创新方面的发展。在经济调节、人才引进等多个领域加大了赋权力度。

具体来说，上海市公安局除了将永久居留推荐权赋予"双自"区（上海自由贸易试验区和上海张江国家自主创新示范区），还进一步将外籍高层

次人才申请在华永久居留的推荐权下放至浦东新区、自由贸易试验区及临港新片区。上海市商务委将境外投资备案事权下放至外高桥保税区管委会，2015年后扩展至浦东全域，有效将审批时间从3~6个月缩短到3~5天。同时，上海市人社局向临港新片区下放了人才引进直接落户和留学回国人员落户审批权，增强了临港新片区在人才引进方面的自主性，赋予了该区重点机构推荐权。

这些举措不仅有助于减轻中央和地方政府的行政负担，还促进了区域经济发展，提升了人才流动的便利化，进一步推动了上海市特别是浦东新区和临港新片区的改革开放进程。

（二）积极推进首创性改革，持续增强发展新动力

一是率先对外商投资准入实施负面清单管理模式。2013年9月，上海市人民政府发布了《中国（上海）自由贸易试验区外商投资准入特别管理措施（负面清单）（2013年）》，标志着中国外商投资管理方式的重大转变。这一负面清单列出了外商投资受限或禁止的行业和领域，而未在清单上的领域则实行备案管理，这意味着对外商投资的准入进行了更为严格和透明的管理。2014年7月，发布了修订版的2014年版负面清单，进一步调整和优化了管理措施。2015年4月，国务院办公厅印发了《自由贸易试验区外商投资准入特别管理措施（负面清单）》，扩展适用范围至上海、广东、天津、福建4个自由贸易试验区，推动了负面清单管理模式在多个试验区的实施和完善。2016年10月，外商投资准入负面清单管理模式被推广到全国范围。这一举措标志着中国在外商投资准入管理上的制度创新和改革，从事前的审批制度向更为开放和透明的负面清单管理模式过渡，有效提升了外商投资的可预期性和市场准入的透明度。

上海自贸试验区率先实施了这一模式，为中国制定《外商投资法》提供了宝贵的试点经验。2018年由国家发展改革委、商务部推出全国版外商投资负面清单，2019年通过了《外商投资法》，《外商投资法》取代了原有的"外资三法"，全面推广了负面清单管理模式。上海自贸试验区版外

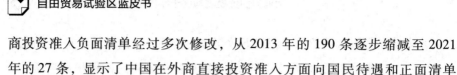

商投资准入负面清单经过多次修改，从 2013 年的 190 条逐步缩减至 2021 年的 27 条，显示了中国在外商直接投资准入方面向国民待遇和正面清单转型的重大制度变革。管理模式从事前审批向事中事后监管转变，有助于完善外商投资准入管理制度，形成高水平的自贸试验区，建立制度型开放新体制。

二是首创自由贸易账户体系，实施"分账管理、离岸自由、双向互通、有限渗透"。上海自贸试验区的自由贸易账户体系是中国金融体制创新的核心之一，旨在支持国家金融高水平开放。这一体系通过设立分账核算的自由贸易账户，实现资金流动的"一线宏观审慎管理和二线有限渗透"，从而构建了一套风险可控的金融审慎管理制度。

首先，在上海自贸试验区内，自由贸易账户体系先行先试了人民币资本项目可兑换和金融市场开放等政策，为全国金融改革开放提供了可复制推广的制度经验。金融机构可以通过设立分账核算单元为符合条件的主体开立自由贸易账户，并提供相关的金融服务。这些账户不仅可以办理跨境融资和跨境担保，还能进行其他跨境投融资创新业务。其次，分账核算单元为开立的自由贸易账户提供资金划拨、货币自由兑换等服务，并根据风险管理需要参与国际金融衍生工具交易。此外，自由贸易账户体系已经成功复制推广至中国其他自由贸易试验区（如海南、广东、深圳、天津等），成为全国各地自由贸易试验区进行跨境资金管理制度创新的重要模板和载体。2020 年 11 月，保险机构成功接入自由贸易账户体系，实现了银、证、保全覆盖，目前上海已累计开立自由贸易账户超过 14 万个，办理跨境结算折合人民币 142 万亿元。

三是高标准建设全国唯一的特殊综合保税区——洋山特殊综合保税区。海关总署颁布了《中华人民共和国海关对洋山特殊综合保税区监管办法》，这一举措系统性地重塑了海关监管作业流程，涉及申报模式、贸易管制、区内管理、统计制度、信息化管理和协同管理六大方面的改革创新。

特别是在海关监管方面，洋山特殊综合保税区引入了"一线"径予放行和"二线"单侧申报的新模式，同时取消了区内单独设立账册的要求。

这些措施标志着进出境制度体系的全面创新。通过推动木质包装的径予放行和针对南港口岸的特殊放行制度改革，使得"一线"径予放行货物的通关时效大幅缩短至 2 小时，同时企业报关成本减少了 50%。全国首创"一司两地"一体化监管模式，支持国产大飞机企业在该区域内的运作，积极推动民用航空等先进制造业的集聚和发展。保税区域诚信建设示范区试点启动实施。"中国洋山港"籍国际船舶登记管理制度落地实施。中国首单国际航行船舶保税 LNG 加注业务在洋山港实施。

（三）深入推进制度创新，量身打造支持政策

上海市委、市政府在促进上海自贸试验区临港新片区高质量发展方面采取了一系列重要的支持政策和措施。根据《关于促进中国（上海）自由贸易试验区临港新片区高质量发展实施特殊支持政策的若干意见》，上海市委、市政府明确规定，临港新片区所产生的所有地方收入必须全部用于临港新片区的建设和发展。这一政策的目的是确保临港新片区能够有足够的财政支持，促进其经济和社会高质量发展。上海市发展和改革委员会同相关部门制定了《关于支持中国（上海）自由贸易试验区临港新片区加快建设独立综合性节点滨海城市的若干政策措施》，涵盖了 23 条具体措施，旨在支持临港新片区的产业发展，从基础设施建设到各个行业的支持措施，为新片区的快速发展提供了全面支持。上海市商务委会同相关部门推出了《上海市生物医药研发用物品进口试点方案》，率先推动生物医药研发用物品在上海自贸试验区及临港新片区进口试点。

（四）持续制度型开放，形成一批创新成果

一是扩大开放取得新成效。全国首家外商独资券商、首批外商独资公募基金等一批首创性外资项目落户。全国首个外商独资整车制造项目特斯拉上海超级工厂投产运行，拉动供应链提升能级并推动国内新能源汽车产业提升整体制造水平。实施全球营运商计划，183 家企业纳入培育计划，管理范围向大中华区、亚太区乃至全球拓展。

二是贸易通关便利化取得新突破。持续深化"一线放开、二线安全高效管住、区内自由",推动口岸通关效率提升,同时降低通关成本,使得进出口货物能够更快更便捷地通过海关。针对生物医药等特殊行业的需求,开展通关流程的定制化和便利化试点,以支持相关行业的发展和创新。引入先进的区域管理理念,首创一线"先进区、后报关",区间"自行运输",二线"批次进出、集中申报"等创新制度。推出支持境内外企业进行设备维修和融资租赁的新制度,促进了相关服务业的发展,提升了企业运营的便利程度。首创推出境内外维修、融资租赁等 67 项创新制度,其中 33 项由国务院、海关总署向全国负责推广,进一步提升了整体国际贸易的效率和竞争力。

三是口岸监管服务不断完善。上海国际贸易"单一窗口"建设是一个在贸易领域具有重大影响的基础设施。它从最初的无纸化通关(1.0 版)发展到纳入监管许可(2.0 版),再到与港航物流信息系统的连接(3.0 版),持续进行升级和迭代。不仅为国家版"单一窗口"提供了基本框架和试点经验,还成为全球数据处理量最大的地方国际贸易"单一窗口"之一。服务超过 60 万家企业,处理全国 1/4 的进出口贸易量和上海每年 4 亿个集装箱的吞吐量。首创推出第三方检验结果采信、汇总集中征税、进口服装质量安全风险评价、"十检十放"等,实现了集装箱设备交接单和九成以上的自动进口许可证全程无纸化。这些措施基于安全监管、货物风险分类管理和信息化监管原则,与国际高标准的货物贸易监管理念保持一致。总体来看,上海口岸的整体通关时间从过去的 200 个小时以上压缩至 50 个小时左右,显著提升了口岸监管服务的集约性和效率,为企业提供了更高效、更安全的贸易通关环境。

(五)提升全球资源配置能力,打造一批高能级功能性平台

一是金融市场国际化水平大幅提升。上海自贸试验区陆续推出上海黄金交易所国际板、上海国际能源交易中心、再保险国际板等面向国际的重要平台。上海国际能源交易中心推出原油期货、20 号胶期货、低硫燃料油期货、国际铜期货、原油期权和集运指数(欧线)期货等国际化期货期权品种,占全国国际化品种的一半以上。

随着中国资本项目稳步开放和金融衍生品市场的国际化推进，"上海价格"体系不断扩容，目前已涵盖了股指、外汇、利率、重要大宗商品等金融衍生品类型，"上海金""上海油""上海铜"等价格国际影响力日益提升。以20号胶期货为例，2022年日均成交量已全面超越新加坡交易所和日本交易所同品种成交量。截至2022年底，全国5家外资控股理财公司均集聚上海，全国首批外商独资公募基金共3家（贝莱德、富达和路博迈）全部落户浦东新区，全国首家外资独资证券公司摩根大通证券获准完成股权变更。

二是积极开拓资金跨境通道。2022年，上海跨境人民币收付金额合计19.6万亿元，同比增长8.5%，占全国总金额的46.3%，继续保持全国第一，其中注册在上海自贸试验区的各类经济主体人民币跨境收付金额合计8.48万亿元，继续保持稳定增长。开展跨境双向人民币资金池、经常项下集中收付汇、跨国公司跨境资金集中运营管理、资本项目外汇收支便利化等创新业务试点，累计搭建各类人民币跨境资金池1849个，结算量占全国的56%，跨境人民币结算额快速增长。推出股票"沪港通""沪伦通"，开通中日ETF互通，实现内地资本市场与国际资本市场交易连通。跨境资金管理政策和其他政策共同发挥系统集成作用，使上海持续成为中国内地跨国公司地区总部最为集聚的地区，金融服务实体经济能力明显增强。

三是着力打造国际数据港。临港新片区已开通国际互联网数据专用通道，中国联通等3家运营商完成了通道建设，共有16家企业使用21条线路。同时，国家（上海）新型互联网交换中心已建成，成为亚洲领先的超算中心和高等级云数据中心之一。国家（上海）新型互联网交换中心正式运营，完成了10个节点建设并选择了2个扩展节点，接入带宽超过1 TB/s，峰值流量达200 GB/s。临港新片区正在建立数据跨境流动管理机制，探索建立数据跨境流动正面清单，并根据行业类别和数据出境风险进行分类分级管理。智能网联汽车数据存证中心也已设立。国际数据港正按照"1+5+N"整体框架体系建设，探索开发新型数据服务试验区，推动国际数据港数据流动创新试点运营，并设立临港新片区数据流动创新试点评估中心。

（六）大力推动政府职能转变，确立新型政府治理体系

一是全面深化简政放权。首先，浦东率先推行注册资本从"实缴制"到"认缴制"的改革，大幅简化了企业设立流程，加速了市场准入。其次，通过"证照分离"改革，将审批事项减少并简化流程，实现了"先照后证"，有效提升了办事效率和服务质量。此外，实施了"一业一证"改革，整合行业准入许可，降低了企业成本，激发了市场活力。同时，浦东新区还通过市场主体退出制度和企业简易注销制度等措施，优化了市场环境，加强了市场监管。这些改革措施不仅在浦东新区取得成功，对全国自由贸易试验区也展现了示范作用，为全国改革发展提供了有益经验。

二是加强事中事后监管。上海浦东新区在推广"六个双"政府综合监管机制方面取得了显著进展。该机制以"双告知、双反馈、双跟踪"许可办理和"双随机、双评估、双公示"协同监管为核心，通过部门间信息共享和联合奖惩，构建了市场主体全生命周期的监管闭环。自 2016 年起，浦东新区率先在所有涉及监管的 21 个部门中推广实施这一创新模式，为全国推广积累了宝贵经验。"六个双"政府综合监管机制的实施涵盖 106 个行业，包括制定并更新《"六个双"政府综合监管实施办法》和《"六个双"政府综合监管规范》等标准文件，以确保监管措施的有效执行和规范实施。浦东新区在 2018 年全面推进了"四个监管"，即动态监管、风险监管、信用监管和分类监管。这些监管方式强调了实时性、智能化研判和分类施策，有效应对了市场风险和行业特定挑战，提升了监管的针对性和效率。

三是不断优化政务服务。浦东新区在推动政务服务数字化转型方面展现了显著的成就和创新。其落实"1+7+300"[①] 企业办事服务体系和"36+33+1308"[②] 民生服务体系相结合的总体布局，全面推行"一网通办"。首先，

[①] "1+7+300"系一种企业办事服务体系，包括 1 个区级企业服务中心、7 个开发区分中心和 300 个银行网点。

[②] "36+33+1308"系一种民生服务体系，包括 36 个街镇社区事务受理中心、33 个分中心和 1308 个村（居）党群服务中心（站）。

企业办事服务体系包括区级企业服务中心、开发区分中心和银行网点，为企业提供全方位的服务支持。通过"一网通办"，企业可以实现从申报到审批的全程网办，极大地简化了办事流程，提升了办事效率和用户体验。其次，民生服务体系覆盖了街镇社区事务受理中心、分中心和村（居）党群服务中心（站），使个人社区事务能够在家门口得到便捷处理。这种服务模式不仅方便了居民生活，还增强了社区的服务功能，扩大了服务覆盖范围。

浦东新区在数字化转型方面积极推进"单窗办""智能办""掌上办"等新模式。通过将各部门审批受理窗口统一整合为综合窗口，实现了政务服务的一体化，为企业和个人提供了更便捷的服务通道。此外，采用人工智能辅助审批和政务智能办，使申报材料的生成和处理更为高效和准确，为用户提供智能预填、智能预审、自动审批等智慧服务。浦东新区还率先推出了移动端企业专属网页和远程身份核验等创新服务方式，通过技术手段实现了"数据多跑路、企业少跑腿"的目标，显著减轻了企业的行政负担并减少时间成本，提升了办事效率和用户满意度。

四 未来上海自贸试验区高质量发展方向

下一个十年，上海自贸试验区将深入贯彻落实习近平总书记考察上海重要讲话精神，全面实施自由贸易试验区提升战略，坚持以高水平开放为引领、以制度创新为核心，统筹发展和安全，高标准对接国际经贸规则，加快壮大发展新动能，打造国家制度型开放示范区，形成更多引领性、标志性制度创新成果。

一是以国家重大战略为牵引，高起点谋划实施重大改革任务。加快落实《全面对接国际高标准经贸规则推进中国（上海）自由贸易试验区高水平制度型开放总体方案》《关于在有条件的自由贸易试验区和自由贸易港试点对接国际高标准推进制度型开放的若干措施》，形成更多应用场景和实践案例。推动出台《中国（上海）自由贸易试验区及临港新片区建设行动方案》，强化开放型经济集聚功能和辐射效应。高质量完成上海自贸试验区考

163

核评估，对照指标要求充分检视各片区发展存在的问题和不足，不断提高上海自贸试验区建设质量。

二是以改革开放为动力，高水平推进"五个中心"核心区能级提升。丰富人民币离岸交易金融业务，深入实施全球资产管理伙伴计划。深入开展跨国公司本外币一体化资金池业务试点，打造跨国公司财资中心集聚地。拓展大宗商品登记上链品种、扩大登记规模。探索货物进出仓海关监管新模式，提升航运服务资质能力，开展对标国际的税收政策突破、跨境收支改革，提升国际船舶管理业全球竞争力。推动集成电路供应链服务平台浦东服务中心、人工智能算力中心等功能平台建设。探索生物医药分段生产试点。持续推进医产融合创新发展，深化创新药械产品优先快速应用机制。

三是以提升资源配置效率为重点，稳步推进要素市场化改革。大力实施浦东新区全球引才伙伴计划（GTP），率先打造吸引国际人才的"类海外"环境，加快集聚海内外高端人才。构建完善的产业用地综合绩效评估体系，推动工业上楼、打造智造空间。推进公共数据深度开放，深入探索公共数据授权运营。持续推动上海数据交易所建设，推进跨境数据产品交易有序合规开展，依托上海数据交易所探索数据资产入表新模式。深入气候投融资试点，创新碳金融与气候投融资产品。

四是全面对接高标准经贸规则，深入推进高水平制度开放。进一步扩大"先进区、后报关"、进口药品"柔性通关"等便利化举措的试点范围。深化离岸转手买卖先行示范区建设。推动重点领域企业发展"两头在外"保税维修业务，拓展重点领域再制造产品进口试点范围，研究国内大型医疗设备、医疗器械再制造产品出口模式。争取国家相关部门支持，加快推进增值电信业务开放试点。制定出台上海自贸试验区数据跨境流动负面清单(2024年版)、配套管理规定，推广若干正面应用案例。加强国际经济组织的引进、合作和交流，加快与国际规则、国际标准对接融入。

五是坚持对标改革，持续打造营商环境综合示范区。全面落实上海市营商环境行动方案7.0版，对标世界银行评估新体系，持续打造营商环境综合示范区。提升准入便利度，开展经营范围登记改革试点。优化完善工程建设审批机制，提升审批服务效能。优化纳税服务，推进全面数字化电子发票试点工作。促进公平竞争，全力打造商业秘密保护示范区。提升服务效能，拓展"免申即办"事项范围。精准高效做好企业个性化服务，全面推进落实重点企业"服务包"制度工作。

B.11
广东自贸试验区南沙新区片区打造国际一流营商环境的成效、短板及展望[*]

中山大学自贸区综合研究院课题组[**]

摘　要： 　南沙作为粤港澳大湾区重大战略性平台之一，肩负着建设科技创新产业合作基地、青年创业就业合作平台、高水平对外开放门户、规则衔接机制对接高地和高质量城市发展标杆的重要使命。南沙具有显著的区位优势和政策优势，发展基础优越，在打造国际一流营商环境方面积累了丰富经验，尤其是在政务服务、便利化贸易环境、宽松自由投资环境、财税金融支持政策、国际化法律服务等领域取得一定成效。但也面临一些短板，应从提升政务服务质效、开放平台能级、制度创新集成水平等方面持续优化营商环境。

关键词： 　自贸试验区　粤港澳大湾区　营商环境　高质量发展

一　研究背景

（一）区位优势

建设粤港澳大湾区是习近平总书记亲自谋划、亲自部署、亲自推动的国家战略。《粤港澳大湾区发展规划纲要》（以下简称《规划纲要》）赋予南沙"粤港澳全面合作示范区"的定位，日渐成为促进粤港澳三地协同发展、

---

* 本报告数据如无特殊说明，均由中国（广东）自贸试验区南沙片区管委会提供。
** 执笔人：刘颖妮，中山大学自贸区综合研究院研究助理，主要研究领域为自贸区制度创新。

面向世界的重要一极。南沙拥有显著的国家战略叠加优势（见表1）。2012年和2014年先后获批成为国家级新区和自由贸易试验区。2017年5月，广东省第十二次党代会要求南沙"建设成承载门户枢纽功能的广州城市副中心"。南沙在国家、省、市发展大局中的战略地位不断提升，形成了"三区一中心"（国家级新区、自由贸易试验区、粤港澳全面合作示范区和广州城市副中心）的发展新格局。2022年6月14日，国务院印发《广州南沙深化面向世界的粤港澳全面合作总体方案》（以下简称《南沙方案》），明确提出将南沙打造成为立足湾区、协同港澳、面向世界的重大战略性平台，赋予南沙新的定位目标和重大使命。

表1 自1993年以来南沙的战略定位

年份	战略定位
2022	立足湾区、协同港澳、面向世界的重大战略性平台
2021	国际化人才特区
2020	国家综合保税区、国家进口贸易促进创新示范区
2019	粤港澳全面合作示范区
2017	广州城市副中心
2014	自由贸易试验区
2012	国家级新区
2005	广州行政区
1993	经济技术开发区

资料来源：根据公开资料整理。

南沙拥有大湾区几何中心的地理优势。首先，作为粤港澳大湾区互联互通要地，南沙位于珠江口岸，东与东莞隔江相望，西与中山、佛山顺德接壤，距离香港38海里、澳门41海里，方圆80公里范围内汇聚了大湾区11座城市，是粤港澳大湾区的地理几何中心，也是连接大湾区、面向世界的开放窗口。其次，南沙位于国内经济最发达的广东省省会城市广州市，拥有全省政治、经济、文化中心的优势。南沙面积803平方公里，下辖六镇三街，实际管理人口120余万人。土地资源丰富，连片土地多，开发强度相对较小，要素成本也较低，拥有一、二、三产业融合发展的承载空间。南沙粤港澳立足湾区、协同港澳，更易形成集成优势。

值得一提的是，南沙拥有世界级海港资源，南沙港区是珠江西岸唯一的大型集装箱深水港区，是中国南方最具规模的集装箱和粮食通用码头。依托华南最大、功能最齐全综合性枢纽港，跨区域整合航运资源，累计开通 190 条班轮航线，2023 年集装箱吞吐量 1937.53 万标箱，同比增长 5.4%，是 2013 年的 1.9 倍，有力提升粤港澳大湾区港口群总体服务能级。2023 年进出口总额达 2912.08 亿元，是 2013 年的 18 倍之多（见图 1），已然成为粤港澳大湾区重要的外贸枢纽港。

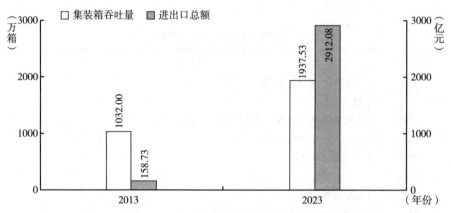

图 1　2013 年、2023 年南沙港区集装箱吞吐量与进出口总额

资料来源：广州市南沙区统计局。

（二）政策力度

《南沙方案》赋予南沙政策之实前所未有。为贯彻落实《南沙方案》的各项任务，从国家到地方颁布一系列配套政策，实现连续性、稳定性和开放性相统一，且针对重点领域、特色产业精准支持企业发展，提升企业满意度和获得感。在中央层面，自《南沙方案》出台至今，陆续在财政、海关监管、司法服务和保障、市场准入、跨境贸易等领域出台相关支持政策文件（见表 2）。

表2   2022~2023 年中央层面《南沙方案》配套支持政策

发文时间	发文单位	政策标题
2022 年 6 月 6 日	国务院	《广州南沙深化面向世界的粤港澳全面合作总体方案》
2022 年 9 月 20 日	海关总署综合业务司	《海关总署支持广州南沙深化面向世界的粤港澳全面合作若干措施》
2022 年 11 月 4 日	国家税务总局等	《广州市财政局 国家税务总局 广州市税务局关于印发广州南沙个人所得税优惠政策实施办法的通知》
2023 年 10 月 11 日	最高人民法院	《最高人民法院关于为广州南沙深化面向世界的粤港澳全面合作提供司法服务和保障的意见》
2023 年 12 月 4 日	国家外汇管理局	《国家外汇管理局关于进一步深化改革 促进跨境贸易投资便利化的通知》
2023 年 12 月 26 日	国家发展改革委、商务部、市场监管总局	《国家发展改革委 商务部 市场监管总局关于支持广州南沙放宽市场准入与加强监管体制改革的意见》

资料来源：根据公开资料整理。

在地方层面，自 2020 年起，南沙从政策发力，已推出了 30 多项区级政策，为企业发展护航。尤其是针对战略性新兴产业和未来产业等重点领域，靶向施策，密集推出了《广州南沙新区（自贸片区）促进独角兽企业发展扶持办法》（南沙独角兽"黄金牧场"九条）、《广州南沙新区（自贸片区）促进半导体与集成电路产业发展扶持办法》（"强芯九条"）、《广州南沙新区（自贸片区）促进专精特新中小企业高质量发展若干措施》（"专精特新九条"）、《关于支持广州南沙新区深化粤港澳台金融合作和探索金融改革创新的 15 条意见》（"金融 15 条"）、《广州南沙新区（自贸片区）进一步促进总部经济发展扶持办法》（"总部经济"）等政策，以及离岸贸易、涉外法律服务、气候投融资、知识产权高质量发展等系列特色专项政策措施，"真金白银"扶持商业航天产业、制造业、服务业、航运物流业、软件和信息技术服务、金融业等高质量发展。仅《广州南沙新区（自贸片区）促进制造业高质量发展十条措施》，针对企业的奖励最高就达 5000 万元。[①] 南沙还出台了首个

---

① 《广州南沙经济技术开发区工业和信息化局关于印发广州南沙新区（自贸片区）促进制造业高质量发展十条措施的通知》，广州市南沙区人民政府网，2023 年 7 月 7 日，https：//www.gzns.gov.cn/zwgk/zcwjjjd/zcwj/content/post_9101885.html。

国家级新区产业链、创新链、人才链、资金链"四链"融合产业政策体系，全生命周期支持企业经营发展，从企业经营、市场拓展、技术创新、资本融通、人才培育、政府服务等方面推出 30 条极具竞争力的政策措施。①

二 南沙自贸片区的发展基础与现状分析

（一）经济基础夯实

经济总量稳步增长，综合实力实现历史飞跃。党的十八大以来，南沙开发建设步入"快车道"。过去十年，南沙地区生产总值平均增速超过两位数，经济总量分别于 2015 年、2021 年突破 1000 亿元、2000 亿元（见图2），在较短的时间内实现了经济的快速发展。2023 年，南沙以实施《南沙方案》为牵引，地区生产总值达 2323.54 亿元；外贸进出口额为 2912 亿元，占广州市进出口总额的 26.7%；实际利用外资 17.7 亿美元，累计引进 270 余个世界 500 强企业投资项目，推动经济社会发展取得新突破。

图 2 2013~2023 年南沙生产总值变化趋势

资料来源：广州市南沙区统计局。

---

① 《【媒体解读】国家级新区首个！广州南沙发布"四链"融合政策体系》，广州市南沙区人民政府网，2022 年 6 月 7 日，https://www.gzns.gov.cn/zwgk/rdzt/zzyyzq/zcjd/content/post_8323477.html。

（二）产业结构转型升级

经济结构深刻变革，为建设现代化经济体系奠定良好基础。在新一轮科技革命和产业变革加速重塑全球经济和产业结构的当下，作为粤港澳大湾区重大合作平台中面积最大的平台，近年来，南沙充分发挥自身空间载体优势，凭借发达的港口与物流业等优势，积极引入高端服务业、高端制造业以及未来产业，打造更综合、更全面、更现代的产业集群，构筑与世界竞争合作的未来产业格局，成为大湾区产业向"新"突围的重要着力点。

十年间，南沙产业规模方面，第一产业增加值由 2013 年的 43.11 亿元增加至 69.54 亿元，第二产业增加值由 2013 年的 620.73 亿元增加至 976.49 亿元，第三产业增加值由 207.69 亿元增加至 1277.51 亿元，第三产业增加值比重实现跨越式提升（见图 3）。战略性新兴产业蓬勃发展。新增国家级专精特新"小巨人"企业 13 家，增长 6.5 倍；31 家企业入选 2023 年广州"独角兽"创新企业榜单；高新技术企业突破 1100 家。南砂晶圆、芯聚能、联晶智能等重点项目建成投产，实现国内首个第三代半导体全产业链布局。融捷能源锂离子电池制造基地与研发中心项目投产，融捷南沙产业基地（二期）项目开工建设，加快打造电化学储能产业链。广州巨湾技研有限公司南沙总部基地建成投产。目前，南沙加快布局建设"芯晨大海"产业集群①，为深化面向世界的粤港澳全面合作奠定了重要基础。

三 南沙自贸片区打造国际一流营商环境的成效与经验

营商环境是市场主体生存发展的土壤，打造一流营商环境，是经济全球化、建设全国统一大市场背景下广东自贸试验区吸引优质生产要素的必然选

① 建设"芯晨大海"产业集群指的是以加快发展"芯"片和集成电路研发制造为核心，以创新发展承载"晨"光和希望的战略性新兴产业和未来产业为引领，以强化发展高端装备、智能制造、汽车等"大"制造为根本，聚力发展"海"洋经济。

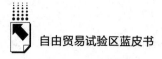

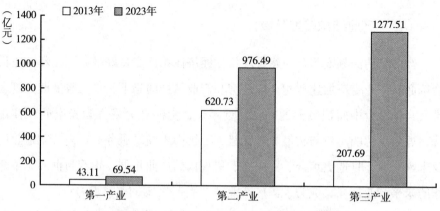

图3 2013年、2023年南沙三次产业增加值增长情况

资料来源：广州市南沙区统计局。

择，是保持经济平稳健康运行的重要举措，是打造区域竞争优势的有效抓手。南沙自贸片区正在着力打造国际一流的营商环境，自2015年成立以来为营商环境的优化积累了丰富经验。打造国际一流的营商环境，要对标国际一流水平，围绕整体优化目标，一体推进强市场促公平、强服务增便利、强法治稳预期、强开放提质量、强改革抓创新等工作。要更加注重回应经营主体突出关切，加快建设全国统一大市场，加强宏观政策取向一致性评估，营造稳定透明可预期的政策环境。而制度创新是建设国际一流的营商环境的关键之举，具体包括政务服务、贸易环境、投资环境、财税金融政策以及法律服务等方面。以更加精准的产业政策吸引企业、集聚企业，以企业的获得感和满意度为首要目标，打造公平竞争的市场环境、公平公正的法治环境、自由便利的投资贸易环境、暖心高效的政务服务环境，切实增强企业的获得感（见表3）。

表3 2022～2024年对南沙自贸片区营商环境建设要求的部分政策文件

发文时间	政策文件	重点内容
2022年6月	《广州南沙深化面向世界的粤港澳全面合作总体方案》	到2025年,市场化法治化国际化营商环境基本形成,携手参与"一带一路"建设取得明显成效; 到2035年,国际一流的营商环境进一步完善,在粤港澳大湾区参与国际合作竞争中发挥引领作用,携手港澳建成高水平对外开放门户,成为粤港澳全面合作的重要平台

发文时间	政策文件	重点内容
2023 年 12 月	《关于支持广州南沙放宽市场准入与加强监管体制改革的意见》	强调以标准先行、场景开放、资本推动、产业汇聚、体系升级为原则优化市场环境； 具体指出，要优化市场准入监管体系，完善事前事中事后监管，有效维护市场秩序，实现各领域市场准入全链条、多方位、多渠道监管，促进各领域规范健康高质量发展。创新优化新业态新领域市场环境，依法保障有关各方合法权益，激发市场发展潜力与活力
2024 年 1 月	《南沙深化面向世界的粤港澳全面合作条例》	在科技创新、产业发展、营商环境、人文交流、民生合作等方面，着力推进规则衔接、机制对接，深化粤港澳互利共赢合作； 具体提到，广东省人民政府应当加强统筹协调，加强资源保障和政策支持，加强与香港、澳门的沟通协商，营造市场化、法治化、国际化一流营商环境，推动解决南沙建设发展中的重大问题

资料来源：根据公开资料整理。

（一）整体成效

南沙自贸片区自挂牌运行以来，坚持以制度创新为核心，大胆试、大胆闯、自主改，推动形成了一批有特色、标志性改革创新成果和典型案例。2023 年，南沙自贸片区累计形成 997 项改革创新成果，其中在国家、省、市分别复制推广 45 项、130 项、236 项，已成为粤港澳大湾区重要的创新策源地。根据"2022~2023 年度中国自由贸易试验区制度创新指数"，南沙自贸片区得分为 90.42（见图 4），充分展现了南沙创新驱动的强劲发展态势。近三年，南沙自贸片区的总体指数得分及各分项指数得分保持稳定增长态势。

2023 年，课题组深入调研广东横琴、前海、南沙三大平台。在调研期间，通过向政府、事业单位、企业相关人员发放和收集问卷，调查横琴、前海、南沙三地的民众对于当地高质量发展现状的认识、看法以及

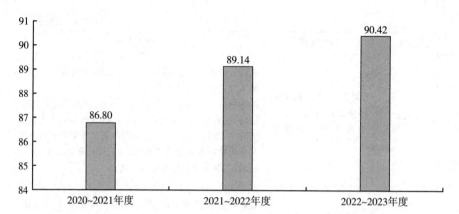

图4 2020~2023 年南沙自贸片区"自由贸易试验区制度创新指数"得分

资料来源：根据中山大学自贸区综合研究院历年发布的"中国自由贸易试验区制度创新指数"整理而得。

获得感程度。调查结果显示，南沙民众总体上对南沙高质量发展满意程度较高。其中，在"制度创新发展"方面，南沙民众的获得感最为强烈，认为其最能体现南沙高质量发展理念（见图5）。

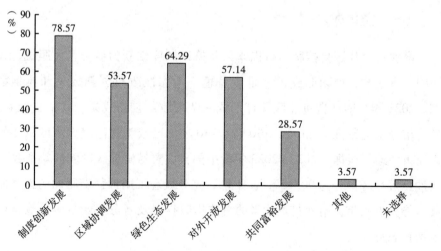

图5 受访者认为最能体现南沙高质量发展理念的因素

（二）高效运作的政务服务

南沙持续深化"放管服"改革，聚焦堵点难点痛点，以群众满意度为导向，进一步优化业务流程、健全服务机制，让企业和群众切身感受到政务服务的高效便捷。《规划纲要》实施五周年以来，"放管服"改革不断深化，建设全域大数据中心，打造全国首个元宇宙政务平台，深化"全区通办""跨域通办"和政策兑现市区联办，"无证明自贸区"减免证明事项拓至363项，"交地即开工"5.0为新开工项目节省3~6个月时间成本，成功纳入省信用建设服务实体经济发展试点。

课题组调研横琴、前海、南沙三大平台的问卷结果显示，南沙的民众对于政府职能转变和行政效率的提高均有着很高的满意度。80%以上的受访者认为政务服务效率有着明显的提高；80%以上的受访者表示在申请各类行政审批、办理各类行政手续过程中，能实质感受到"简化审批、简化程序、快速高效办理"的效果。

案例1 全方位构建"一件事"审批服务体系

主要做法

一是打破按部门或权力类别供给服务的传统模式，根据时间顺序和逻辑关系梳理服务事项，形成全生命周期矩阵式办理导图，为办事群众提供更集成、更直观的服务指引。二是围绕个人从出生到养老的9个阶段364项服务事项，以及企业从开办到注销的6个阶段624项服务事项，"串联"改"并联"，系统集成30个主题分类，实现精准服务的结构化管理目标。三是推动业务数据跨层级、跨部门流动，嵌入身份认证、电子证照、智能表单等应用，提供全流程、数字化、可视化导办服务，实现"一件事"在网上全流程"一次办"。

实施成效

截至2022年4月，南沙已在政务服务网上线133项政务服务"一件事"主题服务，涉及不动产交易、税务办理、电水气报装等高频业务，办理环节平均压缩47%以上、申报材料平均减少18%以上、办理时间平均压缩35%

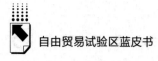

以上。切实降低企业和群众办事成本，提升政务服务用户体验，跑出政务服务"南沙速度"。

（三）便利化贸易环境

根据"2022~2023年度中国自由贸易试验区贸易便利化指数"的结果，南沙自贸片区在该项中得分为94.92，近三年得分呈现小幅上升，南沙在往年积累的丰厚制度创新成果和经验的基础上，结合自身资源禀赋及产业发展需求推出了一系列制度创新成果，稳居全国前列。

南沙港区是我国国家物流运输体系的重要枢纽。据统计，目前南沙港区已开辟151条国际班轮航线，其中"一带一路"方向航线124条。南沙港铁路常态化开行省际、城际和中欧（亚）班列，港区铁路直通华南、中南、西南等地30多个内陆无水港、办事处，形成航运物流大枢纽、大通道，构建立足湾区、协同港澳、面向世界的港口综合物流体系。一系列政策也为激发外贸新动能助力，《广州市南沙区建设进口贸易促进创新示范区的政策措施》《广州市南沙区建设进口贸易促进创新示范区的政策措施实施细则》等先后印发出台，企业最高可获3000万元奖励支持，增强了进口发展韧劲。2022年12月，广州市南沙经济技术开发区商务局印发《中国（广东）自由贸易试验区广州南沙新区片区关于促进新型离岸贸易高质量发展若干措施》《中国（广东）自由贸易试验区广州南沙新区片区"新型离岸贸易重点企业名单"管理办法》，为鼓励企业在南沙自贸片区开展离岸贸易业务提供了政策支持。此外，南沙自贸片区落地国际航运保险业务税收优惠、启运港退税、出口监管仓、大湾区机场共享中心、"一站式"海关监管服务模式等重大政策，助力南沙打造国家航运物流枢纽。

案例2　跨境电商出口退货"一站式"监管新模式

主要做法

一是打通跨境电商出口退货通道，支持跨境电商出口产业链建设。针对跨境电商出口退货难点痛点堵点，支持企业将境外的出口电商退货商品退回南沙综合保税区，在综合保税区仓库内一站式完成拆包、分拣、上架、存储、复运出口等业务，减少企业在境外设置退货仓的成本，完善跨境电商出口产业链。二是融合出口电商物流和保税物流，支持电商企业高效盘活区内仓储资源。利用"仓储货物按状态分类监管"制度，支持企业将来自境外退货的商品进入综合保税区保税存储，实现与跨境电商出口货物同仓存储、"合包"配送、集柜运输，充分利用保税物流解决跨境电商退货需求，为企业节约管理和物流成本。三是发挥南沙港的区位优势，推动跨境电商枢纽港建设。灵活采用海陆空多式联运，叠加海运运输、铁路运输、转关运输、口岸清关等一体化通关模式，有机连接南沙港与其他口岸，实现监管链条"一体化"延伸；整合利用南沙各监管场所和设备等优势资源开展集中验放，支持企业一站式办结相关手续，高效便利出口。

实施成效

第一，跨境电商产业集聚效应明显。天猫国际、唯品会、考拉海购、洋葱等全国排名靠前的电商平台相继落户南沙，带动上下游仓储、物流等产业集聚发展，助力打造粤港澳大湾区跨境贸易开放平台。第二，促进跨境电商企业大胆"走出去"。高效快捷畅通的跨境电商出口退货渠道，使跨境电商商品"出得去""退得回"。企业将境外退货业务集中至南沙，将退货与出口货物"合包"出口到世界各地，实现业务集聚，降低全球仓储费用，节约管理成本，每年可为企业降低综合物流成本约 5000 万元，助力外贸高质量发展。

（四）宽松自由的投资环境

近年来，南沙投资结构优化提升，态势良好。2023 年南沙区工业投资突破 200 亿元，同比增长 24.9%[①]；制造业投资显著提升，283 个项目投资

---

① 《2023 年广州南沙（开发区）国民经济和社会发展统计公报》。下同。

额同比增长 30.1%，占工业投资的 82.0%，其中先进制造业同比增长 15.4%；高技术产业投资稳步推进，同比增长 1.4 倍，其中电子及通信设备制造业、医药制造业投资同比分别增长 1.8 倍、39.5%；现代服务业投资提速，互联网和相关服务业、金融业投资同比分别增长 90.9%、81.8%。根据"2022~2023 年度中国自由贸易试验区投资自由化指数"的结果，南沙自贸片区在该项中得分为 95.48。"发布全国首个《对标 RCEP、CPTPP 进一步深化改革扩大开放试点措施》""抢占新技术制高点建设未来产业先导示范区"等举措均在投资自由化领域入选"中国自由贸易试验区制度创新十佳案例"。

以放宽市场准入试点为突破口，健全完善与放宽市场准入相适应的全链条监管体系。2023 年 12 月，国家发展改革委、商务部、市场监管总局联合发布《关于支持广州南沙放宽市场准入与加强监管体制改革的意见》（以下简称《南沙意见》）。南沙进行放宽市场准入与加强监管体制改革，部署了15 条具体改革举措，其中 11 条为放宽市场准入政策措施，4 条为加强监管的具体措施。4 条加强监管的具体措施，强调持续营造公开透明可预期的市场环境，特别是要优化新业态新领域准入环境，激发更多潜力活力。出台实施《南沙意见》，有利于充分发挥南沙乃至粤港澳大湾区市场条件较好、要素资源汇聚等优势，持续优化新业态新领域准入环境，更大力度激发经营主体活力，更好营造国际化法治化市场化营商环境，率先探索可复制可推广的现代市场体系建设经验。

（五）极具吸引力的财税金融支持政策

《南沙方案》赋予广州南沙多项重大财税支持政策，包括"对先行启动区鼓励类产业企业减按 15% 税率征收企业所得税""对南沙有关高新技术重点行业企业进一步延长亏损结转年限""对在南沙工作的港澳居民，免征其个人所得税税负超过港澳税负的部分"等。财政部、国家税务总局先后制定下发南沙港澳居民个人所得税、南沙企业所得税等 3 项政策文件，优惠政策均已落地实施，政策效应持续释放。截至 2023 年末，税收优惠政策累计惠及 475 名港澳居民和 34 家鼓励类产业企业，减免税额超 8.55 亿元。

构建金融业发展扶持体系，深化金融市场互联互通。2023 年 10 月，南沙出台《广州南沙新区（自贸片区）促进金融业高质量发展扶持办法》，为金融企业提供多方位支持，助力优质金融资源集聚；出台全国首份促进气候投融资发展的专项政策——《广州南沙新区促进气候投融资发展若干措施》（"气候投融资十条"），引导资金投向应对气候变化领域。全国首个混合所有制交易所——广州期货交易所开业运营，上市首个品种工业硅期货和期权，获批全国首批跨境贸易投资高水平开放试点、全国首批气候投融资试点，落地合格境内有限合伙人（QDLP）及合格境外有限合伙人（QFLP）试点政策。截至 2023 年，南沙已有 4 项经常项目便利化措施以及 9 项资本项目改革措施共计 13 项试点措施顺利落地实施，累计交易金额 304.54 亿美元。南沙金融业发展态势良好，金融产业集聚。2023 年上半年，南沙区本外币存、贷款增速均超 30%。截至 2023 年，南沙累计落户金融企业近 7000 家，明珠金融创新集聚区吸引入驻机构 46 家；开立自由贸易账户（FT）超 6900 户。

（六）面向国际的法律服务

坚持"法治是最好的营商环境"，南沙着力打造适应开放型经济体制的国际化法治环境，2020 年获评首批全国法治政府建设示范区，法治化营商环境评价居于国家级新区前列。根据"2022～2023 年度中国自由贸易试验区法治化环境指数"的结果，南沙自贸片区在该项中得分为 86.28，法治化环境指数得分逐年提升，成效显著。南沙着力打造面向世界的一流涉外法律服务高地，涉外法律服务不断优化，粤港澳法律服务规则衔接、机制对接不断深入。

优化制度供给，提供高水平法治保障。《南沙条例》通过立法破解南沙管理体制机制与建设发展需求不匹配、与港澳和国际民商事规则衔接机制对接不紧密、跨境要素流动不顺畅等问题，为南沙营商环境提供全方位法治保障。2023 年 10 月，最高人民法院发布《最高人民法院关于为广州南沙深化面向世界的粤港澳全面合作提供司法服务和保障的意见》，要求持续深化与港澳司法规则衔接机制对接，提升与港澳司法交流合作水平。

案例3　在全国率先打造劳动争议调解仲裁港澳全流程参调参审模式

主要做法

南沙在全国率先打造劳动争议调解仲裁港澳全流程参调参审模式。南沙劳动人事争议仲裁委聘任港澳人士担任仲裁员和调解员，参审劳动争议仲裁案件。同时，联合海南省（自由贸易港）、粤港澳大湾区五地搭建劳动争议仲裁区域合作平台，港澳仲裁员参审跨区域案件，推动粤港澳大湾区社会治理一体化、法治化、规范化、便利化发展，更好地推动港澳融入国家发展大局。

实施成效

第一，已聘任13名港澳人士担任仲裁员和调解员，参审参调劳动争议仲裁案件，港澳参调参审模式趋于成熟。第二，全国首例港澳仲裁员参审和粤港澳大湾区律师参解的劳动争议仲裁案件均在南沙开展，对全国具有示范作用。

四　在持续打造国际一流营商环境过程中显现的短板

（一）在政务服务质效方面，资源统筹整合能力有待加强

一是多区叠加，易受资源与人员限制。南沙涉及多个特殊功能区与行政区域，有广州行政区、国家级新区、自由贸易试验区、粤港澳全面合作示范区、《南沙方案》实施区域等。当前的行政体系存在"多块牌子，同一批人员"的现象，政务服务效率有待提升。由于部门间协调不顺畅及专业人员的相对匮乏，政策调整面临较多阻碍，且调整周期漫长，许多本应即时调整的政策无法迅速响应，这不利于精准高效地把握南沙高质量发展的关键机遇。

二是政府职能改革创新中涉及系统性集成性的改革创新水平有待提升，改革创新与产业发展之间的合力仍需增强。一方面，从2023年南沙区上报的制度创新案例来看，大部分案例强调在应用互联网技术、精简办事流程、简化政务手续等的技术性、事务性、执行性方面进行提升与变革，真正深层次的探索实践相对较少，缺乏足够的魄力推动深层次的改革创新。另一方面，相对缺乏以人为中心的创新导向，与服务与人的实际需求脱节，缺乏人性化的考虑。如在政策制定过程中，公众参与的渠道和方式有限；在提供服务时，对特殊群体的考虑不足；在行政监管中，对公民的权益保护不够重视等。

（二）在开放平台建设方面，服务保障能力有待提升

一是南沙的国际知名度与国际吸引力相对不足。与前海和横琴相比，南沙在国内外知名度不高，仍然缺少国家级的主场开放型平台。二是立足湾区、协同港澳、面向世界的合作平台和具体抓手尚不清晰。当前在推动港澳规则衔接方面亟待提速，一事一议缓步推进的事项较多，所取得的成果也较为分散。三是国际贸易的功能型平台发展仍不充分。南沙要服务整个广州建设国际贸易中心，但与之对应的功能性平台相对较少，南沙辐射带动产业发展的能力不足。四是面向国际的自由贸易试验区研究机构和人才仍较缺乏。仍未形成相应的研究机构和智库集聚区，国际化人才相对不足，没有构建起行之有效的强大网络。五是生活设施配套及公共基础设施供给不足。在生活配套方面仍需加强，南沙欠缺国际级大商圈和大型娱乐休闲项目，对周边中心城区的消费吸引力不强，难以起到支撑南沙地区产业发展的作用。

（三）在对标国际经贸规则方面，制度创新水平有待深化

一是从2023年南沙制度创新成果来看，其中与服务贸易有关的制度创新案例涉及搭建离岸贸易服务平台、跨境电商零售进口支付信息和订购人身份信息智能验核等，这些创新举措多基于技术改进、硬件措施搭建，与高标准国际经贸规则的衔接仍显不足。二是南沙在法治化营商环境建设方面的整体发展定位和目标不应只是协同港澳，还需要面向更广阔的国际舞台。但是

从近年来的情况来看，南沙在法治化营商环境建设领域，旨在解决本地法律问题的制度创新成果整体较多，面向世界的制度创新成果整体数量仍然偏少。三是从粤港澳合作的内容来看，制度创新的层面仍停留在人员自由流动层面，还未在资金、数据、社保等要素的自由流动层面有所突破，在对标国际最高标准最优水平的压力测试中承受力度不够，规则制度型开放探索不足，不利于营造国际一流的营商环境。

五　持续打造国际一流营商环境的下一步展望

（一）推动特殊功能区管理与行政区管理适度分离，提高制度创新效能

一是根据广东省人民政府印发的《关于加快推进质量强省建设的实施方案》，"完善质量治理体系，强化质量治理能力，创新质量治理方式，坚持依法监管、科学监管，综合运用法律、经济、行政等手段，激发市场主体追求高质量的内生动力，充分发挥市场配置资源决定性作用和更好发挥政府作用，推动质量共建共治共享，以高标准引领高质量发展，进一步提升质量有效供给，全力打造高质量发展高地"。建议支持南沙探索特殊功能区管理与行政区管理适度分离，把社会治理任务交给行政区，把改革任务交给自贸片区，把经济发展任务交给《南沙方案》先行起步区，逐步构建完善适应区域开发开放的治理结构，发挥"集中力量办大事"的优势，打造治理架构上的体制机制创新。二是为了解决适度分离带来的员额增加，建议通过设置法定机构的方式做出优化，以期实现"轻装上阵"，从而进一步提升利用制度创新实现高质量发展的效能。三是以一流营商环境建设为牵引持续优化政府服务，进一步提高政府服务效率，强化改革集成创新的要求，推动以人为中心的整体性营商环境打造，从企业、投资者和人才的角度出发，全面提升营商环境的便利性和舒适度，包括提供高效便捷的政务服务、完善的基础设施、优质的居住和工作环境等。

（二）对南沙经济、社会等方面的现状分析，分解现阶段优先发展的重点任务，建设六大国际合作平台

结合《广东省国民经济和社会发展第十四个五年规划和 2035 年远景目标纲要》、《广州市国民经济和社会发展第十四个五年规划和 2035 年远景目标纲要》与《南沙方案》，通过对南沙经济、社会等现状的分析，分解现阶段优先发展的重点任务，课题组提出南沙应建设六大国际合作平台。一是打造国际航运物流枢纽。携手港澳紧抓 RCEP 机遇共同发展港航服务业，探索建设南沙临港经济区，重点发展航运物流、临港制造、海洋经济、现代服务、科技创新等产业。共建广州国际航运交易所，扩大广州航运金融业务规模，提高航运金融创新能力。二是打造国际经济交往合作平台。重点围绕数字经济、金融科技、人工智能等前沿产业开展制度创新和政策设计，全方位对标 CPTPP 等国际高标准规则，建设粤港澳企业"走出去"经济信息共享服务中心，打造服务"一带一路"倡议的现代服务业综合性枢纽城市。三是打造国际科技创新合作平台。发挥三个重点平台（广东数据交易所、广州南沙国际数据自贸港、广州南沙全球溯源中心）功能作用，开展数据跨境流动的创新实践。四是打造国际青年创业平台。集中力量持续优化提升粤港澳（国际）青年创新工场和"创汇谷"粤港澳青年文创社区两个载体平台，将其打造成为对接国际专业服务领域的高端集聚区，争取推动在港澳社保接续、职业资格互认、减税降费、资金跨境流动、购房贷款等方面采取一系列政策措施。五是打造跨境法律合作平台。打造与国际接轨的"南沙涉外法治样本"，鼓励更多的港澳优秀法律人才参与南沙涉外法律实务工作，加强与境内外仲裁及调解机构交流合作，建设涉外法治的"南沙研究基地"，提升南沙涉外法治影响力。六是打造国际教育合作平台。以港科大广州校区发展为契机，探索协同共治的高校发展模式。支持依法合规引进境外一流教育资源到南沙开展高水平合作办学，参考海南自由贸易港构建本土化国际教育教学体系的相关经验，建立一套既具有本土特点又符合国际规范的教学机制。

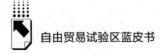

（三）打造高水平对外开放平台，全方位推进新时代南沙区高质量发展

一是扩大服务贸易和投资自由开放水平，提升全球优质资源集聚与配置能力。南沙应加快落实商务部近期发布的《跨境服务贸易特别管理措施（负面清单）》（2024 年版）和《自由贸易试验区跨境服务贸易特别管理措施（负面清单）》（2024 年版）。结合《南沙方案》中有关协同港澳的相关要求，在自由贸易试验区内优先推行开放力度更大的港澳版跨境服务贸易负面清单，适用对象限于香港永久性居民和香港本土企业但不包括香港外资企业。这样可以一方面促进港澳更好融入国家发展大局，另一方面又能确保风险防控的有效性。二是选择限定区域试行封闭管理模式，探索部分货物进口免税政策与境外人员入区便利化机制。南沙应参考海南自由贸易港、横琴粤澳深度合作区、上海东方枢纽国际商务合作区的封闭运作管理模式和经验，积极吸引国际商务活动和项目落地，为境外企业提供便利化服务，鼓励跨国公司在限定的封闭区域设立分支机构或总部，加速国际商务交流和合作。在限定区域内可大力发展商业服务新兴业态，提升境外人员进入该区域的通行便利性，对符合条件的境外入区货物实施保税政策等。

B.12
新疆自贸试验区建设成效与创新实践

中山大学自贸区综合研究院课题组*

摘　要： 　中国（新疆）自由贸易试验区是我国第 22 个自贸试验区，也是我国在西北沿边地区设立的首个自由贸易试验区。打造开放型特色产业体系是新疆自由贸易试验区的主要任务之一。立足新疆的资源禀赋和特色产业优势，打造"一中心五区一基地"，是打造开放型特色产业体系的重要战略目标。自挂牌成立以来，乌鲁木齐片区、喀什片区、霍尔果斯片区积极推进制度创新，在扩大对外开放、加速资源要素集聚等方面取得显著成效，但仍在产业基础、营商环境、引才用才等方面存在不足。本报告认为应着力提升产业集聚与协同发展能力；提升法治化营商环境的支撑能力；优化引才留才机制，全方位引进培养用好人才，推动新疆自由贸易试验区高质量发展。

关键词： 　新疆自贸试验区　制度创新　营商环境

建设自由贸易试验区是以习近平同志为核心的党中央在新时代推进改革开放的重要战略举措。在自由贸易试验区（以下简称自贸试验区）建设十周年之际，党中央决定设立中国（新疆）自由贸易试验区（以下简称新疆自贸试验区），进一步完善自贸试验区总体布局，这也是深入实施自贸试验区提升战略的新部署。2023 年 10 月，根据党中央决策部署，国务院印发《中国（新疆）自由贸易试验区总体方案》（以下简称《总体方案》），标志着新疆自贸试验区正式获批，成为我国第 22 个自贸试验区。新疆自贸试

---

* 执笔人：李碧瑜，中山大学自贸区综合研究院科研助理，主要研究领域为自贸区制度创新。

验区是我国西北沿边地区首个自贸试验区，自贸试验区的设立对新疆打造内陆和沿边开放高地提出了新的、更高的要求，必将对新疆经济社会发展产生重大而深远的影响。建设新疆自贸试验区不仅是国家实施自贸试验区提升战略、优化自贸试验区布局的重大举措，也是国家统筹解决区域发展不平衡不充分的重大举措，更是推进新疆加快形成新时代改革开放新高地的重大机遇和重要抓手。

根据《总体方案》，新疆自贸试验区实施范围 179.66 平方公里，涵盖乌鲁木齐、喀什、霍尔果斯三个片区，其中乌鲁木齐片区 134.6 平方公里（含新疆生产建设兵团第十二师 30.8 平方公里、乌鲁木齐综合保税区 2.41 平方公里），喀什片区 28.48 平方公里（含新疆生产建设兵团第三师 3.81 平方公里、喀什综合保税区 3.56 平方公里），霍尔果斯片区 16.58 平方公里（含新疆生产建设兵团第四师 1.95 平方公里、霍尔果斯综合保税区 3.61 平方公里）。新疆自贸试验区将通过积极改革探索，努力打造促进中西部地区高质量发展的示范样板，助力创建亚欧黄金通道和我国向西开放的桥头堡。

一 打造开放型特色产业体系的战略目标

2023 年 8 月，习近平总书记在新疆发表重要讲话，强调要立足新疆的资源禀赋、区位优势和产业基础，大力推进科技创新，培育壮大特色优势产业，积极发展新兴产业，加快构建体现新疆特色和优势的现代化产业体系。[1] 2023 年 9 月，习近平总书记就深入推进自由贸易试验区建设作出重要指示，指出要在全面总结十年建设经验基础上，深入实施自贸试验区提升战略，并专门提出要推动全产业链创新发展。[2]

---

[1] 《新疆扎实推进高质量发展（高质量发展调研行）》，人民网，2023 年 11 月 9 日，http://xj. people. cn/n2/2023/1109/c186332-40634436. html。

[2] 《习近平就深入推进自由贸易试验区建设作出重要指示强调：勇做开拓进取攻坚克难先锋 努力建设更高水平自贸试验区》，中国政府网，2023 年 9 月 26 日，https://www.gov.cn/yaowen/liebiao/202309/content_ 6906406. htm。

　　近年来，新疆深入推进延链补链强链，加快产业智能化、绿色化、高端化发展，构建以"八大产业集群"为主体，具有新疆特色和优势的现代化产业体系。目前，"八大产业集群"建设成效显著，形成了油气生产加工"三基地三盆地四区域"、煤炭煤电煤化工"两主两翼一环"、矿产勘察开发"两环八带"、绿色有机果蔬"一区三带八基地"等产业布局。扩大内需战略深入实施，重大项目建设如火如荼，截至 2024 年初，已建成十亿元级项目 41 个，开工建设百亿元级项目 12 个、千亿元级项目 1 个，重点项目投资达到 3230 亿元、同比增加 400 亿元。着力做活南疆"棋眼"，打破常规、特事特办，设立南疆发展专项资金，印发若羌新城建设发展规划，培育南疆发展新增长极。[①]

　　金融支持"八大产业集群"发展。围绕"八大产业集群"建设重点工作，综合施策，持续强化金融支撑。一是出台政策支持措施。联合自治区地方金融监管局、兵团地方金融监管局等多部门共同印发《金融支持新疆"八大产业集群"发展若干措施》，凝聚全区金融合力，提升"八大产业集群"金融服务质效。二是积极发挥债券市场直接融资功能。邀请银行间市场交易商协会在疆举办首次"银行间债券市场支持新疆八大产业集群建设座谈（培训）会"，为支持新疆高质量发展提供政策便利，2023 年，新疆企业累计发行非金融企业债务融资工具 95 单，涉及金额 578.5 亿元，发行额同比增长 19.1%。三是创设金融支持"八大产业集群"专项统计监测制度。统计数据显示，金融支持"八大产业集群"呈现"力度大、期限长、价格优、质量好"的特点。截至 2023 年 12 月末，全区"八大产业集群"贷款余额 1.03 万亿元，较上季度末增长 0.69%，占全区各项贷款余额的 33.49%，占全区企业贷款余额的 43.6%；全区"八大产业集群"中长期贷

---

① 《新疆举行 2024 年自治区两会新闻发布会（第二场）》，新疆维吾尔自治区人民政府网，2024 年 2 月 2 日，https://www.xinjiang.gov.cn/xinjiang/xwfb/202402/c5e5d02c91ff4b8c90c56d1e8976eb5d.shtml。

款余额 6209.15 亿元，占比 60.08%。[①]

《总体方案》提出，打造开放型特色产业体系是新疆自贸试验区的主要任务之一，"做大做强传统优势产业""推动制造业转型升级""推动数字经济创新发展"是打造开放型特色产业的重要方向。《中国（新疆）自由贸易试验区建设实施方案》（以下简称《实施方案》）立足新疆资源禀赋和特色产业优势，提出了打造"一中心五区一基地"的重点任务。新疆自贸试验区打造开放型特色产业体系主要包括以下几个目标。

（一）打造中亚等周边国家初级产品整合集成中心

积极承接东部地区出口导向型特别是劳动密集型产业链转移，通过整合中亚等周边国家初级产品、欧洲国家科技创新和高端部件制造能力，打造亚欧大陆产业链合作的重要节点。乌鲁木齐片区要积极整合中亚能源产品、矿产品、农副产品资源，引入东部地区产业链和欧洲先进制造技术，围绕化工产品、金属制品、食品、饲料等打造区域性国际初级产品加工和配置基地，建设开放型产业示范基地。喀什片区要依托综合保税区开展铜精矿等有色金属保税混矿试点，提升农副产品精深加工产品进出口规模，打造南疆进口资源加工制造基地和集散中心。霍尔果斯片区要联动口岸、综合保税区开展重要矿产品保税混矿试点，建设进口粮油加工基地，完善中转、集散、分拨、加工等功能设施，提升口岸粮油进口承载能力；建设中亚等周边国家中药材进口加工基地，发展特色医药产业。

（二）打造炼化与纺织服装全产业集聚区

充分释放棉花产业资源优势，加强产供储加销体系建设，打造国家优质棉纱生产基地，加快建设国家级棉花棉纱交易中心，推动期货现货联动发展。推动棉花产业和化纤产业耦合发展，立足补强"炼化纺"产业链，推

---

① 《新疆举行 2023 年金融运行情况新闻发布会》，新疆维吾尔自治区人民政府网，2024 年 2 月 8 日，https://www.xinjiang.gov.cn/xinjiang/xwfb/202402/2e3f324bd74b45958abe5403980457f1.shtml。

进乌鲁木齐片区原材料生产项目，延伸发展芳烃产业链。根据新疆纺织服装产业的总体布局，结合片区区位优势和资源禀赋特点，推动乌鲁木齐片区建设集纺织服装研发、设计、展销、结算、发布于一体的国际纺织品服装商贸中心；支持喀什片区以扩大就业为导向做强纺织服装产业，聚焦纺纱、织布、服装、针织、家纺延链补链强链，协同推动鞋帽皮具、箱包等劳动密集型产业集群发展。

（三）打造新能源新材料等战略性新兴产业集聚区

培育新材料创新中心、创新研究院等平台，支持乌鲁木齐片区建设铝基、硅基、碳基、锆基新材料精深加工基地；依托现有石油化工产业基础，推动发展高端聚烯烃、聚氯乙烯专用料、三聚氰胺树脂、可降解塑料等化工新材料产业；支持乌鲁木齐片区建设锂基新材料基地、喀什片区建设锂电池制造基地，推动锂资源产业集聚发展；支持喀什片区围绕电子产品组装打造能源电子、智能终端、电子元器件、半导体封测、电子材料等进出口产业基地；支持霍尔果斯片区发展高纯金属材料、粉体材料等新材料产业；推动自贸试验区石化产业高端化、多元化、低碳化发展，加大绿电配套力度，加快推进乌鲁木齐氢能产业示范区建设，构建炼油、芳烃、生物可降解新材料多产业链转型升级新格局；支持针对稀有金属的高端检测设备科研攻关，提升战略性矿产资源"探、采、选、冶、材"全链条发展能力。

（四）打造装备制造和通用航空产业集聚区

在装备制造业方面，积极承接中东部先进装备制造产业转移，引进协作配套企业，加快发展轨道交通装备、农牧机械、农产品加工装备、纺织专用装备、建筑与矿山机械装备等制造业，打造装备制造业产业集群。引进新能源汽车等零部件配套产业，引导企业加大对新能源汽车关键应用技术研发的投入，支持开发生产适应极寒地区的新能源汽车。在通用航空产业方面，推进通用航空配套基础设施建设，拓展通用航空商业化市场，支持发展商务飞行、旅游观光、教育培训等新兴通航服务业，推广通用航空在森林防火、抢险救援、地质勘探等传统领域的应用。培育通用航空器以及相关零部件组装、维修和制造等产业链。支持通用航空企业建设应急救援基地，加强通用航空应急救援队伍建设。

（五）打造特色农副产品和特色医药产业基地

打造特色农副产品产业基地，支持自贸试验区林果业、葡萄酒、乳制品等农副产品产业链、供应链企业创建自治区企业技术中心，加快关键环节、关键产品技术研发，建立应用标准体系。结合三个片区产业基础，支持乌鲁木齐片区以乳制品、粮食制品、番茄制品等特色农副食品为重点，喀什片区以核桃、红枣、新梅、巴旦木等特色林果产品为重点，霍尔果斯片区以食用油、饲料等特色粮油产品为重点，积极引进战略投资、加工制造、品牌策划、国际营销企业入驻自贸试验区，打造一流特色农副产品品牌。打造特色医药产业基地，加快发展以中药民族药为代表的生物医药产业，重点聚焦乌鲁木齐片区和霍尔果斯片区的区位优势和产业基础，支持乌鲁木齐片区打造生物医药研发制造基地，霍尔果斯片区建设面向中亚西亚的大宗原料药集中生产基地。提升医药产业综合竞争力，推进自贸试验区生物药、化学制药、中药民族药、中药材、医疗器械和医药衍生产业协同发展，促进产业集聚和产业链协同。

（六）打造绿色算力发展先导区

以建设"东部算力需求承接核心区、西向算力出口枢纽地带"为目标，在乌鲁木齐片区建设算力核心调度区，构建自主完备的算力调度体系，推动构建全疆算力一张网，打造绿色算力先导区。完善支持数字经济创新发展的政策体系，建设数字经济产业园，推动建设超算中心、国家数据备份中心、国际数据交换中心；试点推动与东部地区算电协同联建，建设绿色算力基地，带动数据中心相关产业向新疆转移。对接国际高标准数字贸易规则，积极探索与中亚国家依法有序开展数据信息交流合作，研究数据跨境流动规则与路径，按照数据分类分级保护制度，制定重要数据目录，优化数据流动监管机制。加快推进跨境光缆和国际电路出入口局建设，提升区域性国际出入口局承载国际数据专线业务及国际互联网业务转接服务能力；制定自贸试验区软件名园创建方案，加快布局软件及信息技术服务产业集群，重点面向中亚国家开展数字贸易合作。

（七）打造生态优先和低碳发展示范区

创建示范平台，争取生态环境部支持，在自贸试验区创建生态文明建设示范区、"绿水青山就是金山银山"实践创新基地，积极构建服务于片区的评价体系。推动重大生态环保改革举措优先在自贸试验区试点；研究出台自贸试验区企业自愿减排鼓励政策；制定碳减排量核算技术规范标准；实施企业环境信息依法披露制度，出台自贸试验区企业环保信用评价办法，实行生态环境领域信用修复机制；开展产业园区减污降碳协同创新试点。从信息平台应用上，优化自贸试验区"三线一单"生态环境分区管控，完善"三线一单"信息平台功能，探索面向部门和企业的移动端应用，拓展规划编制、政策制定、园区管理、项目选址、执法监管等应用场景。

二　新疆自贸试验区建设成效

党中央、国务院批复设立新疆自贸试验区，赋予新疆改革自主权。2024年自治区政府工作报告提出，将全面落实自贸试验区建设实施方案，高质量推进乌鲁木齐、喀什、霍尔果斯片区建设，推动落实总体方案确定的129项改革试点任务，确保2024年落地实施率达50%以上。

（一）乌鲁木齐片区建设成效

用足用好政策优势，建设对外开放新平台。乌鲁木齐片区多项重要项目成功落地，包括国家级棉花与棉纱交易中心、丝绸之路民商事争议调解中心，以及中国-乌兹别克斯坦新药"一带一路"联合实验室等。其中，国家级棉花与棉纱交易中心将积极探索从棉花种植到服装生产的溯源体系建设，建立棉花棉纱质量、品牌认证体系，并整合生产、加工、流通、消费等产业链各环节，为业界提供涵盖交易、仓储、物流、金融在内的全方位、一体化服务，推动新疆棉花与纺织服装产业集群高质量发展。丝绸之路民商事争议调解中心作为新疆自由贸易试验区设立的首个专业调解机构，旨在推进自贸试验区内各类民商事纠纷的多元化解。而中国-乌兹别克斯坦新药"一带一路"联合实验室，则积极响应"一带一路"倡议，就药物研发前沿领域深入合作，共同促进先进医药技术的成果转化，加强科技人才交流与合作，提升共建"一带一路"国家的科技能力。

夯实国家物流枢纽建设要素支撑，立体多元打造亚欧黄金大通道。乌鲁木齐国际陆港是丝绸之路经济带核心区标志性工程，同时也是新疆自贸试验区乌鲁木齐片区的重要发展区域，正全力塑造"天山号"这一新疆班列特色品牌，目前"天山号"已在中欧（中亚）间实现定期运营。在乌鲁木齐国际陆港区内，多式联运中心与集结中心实现一体化运作，即"两场合一"，此举显著降低了场站服务费用及吊装转运成本，大幅降低了进出口货物的物流成本。截至 2023 年 11 月底，该港区已开辟中欧（中亚）班列线路共计 21 条，覆盖中亚、中东及东欧地区的 19 个国家、26 座城市，构建起多点多向的班列运营网络，运载的货物由最初的日用百货、服装产品拓展至机械设备、汽车零配件等 200 多个品类。①

以企业需求为导向，持续优化营商环境。乌鲁木齐片区积极在各功能区域设立自贸试验区专属政务服务窗口，全面推广"综合窗口受理""线上服务一站式办理""专业代办服务"等创新模式，显著缩短了企业注册与运营筹备周期。此外，乌鲁木齐片区鼓励金融机构开展多元化、国际化金融服务，助力企业拓宽融资渠道，加速跨境资本流动，并着力提升跨境金融服务水平。在贸易便利化领域，乌鲁木齐片区开通了直连哈萨克斯坦的跨境国际道路运输快线，实现了货物"门对门、点对点"运输，有效提升了运输时效性，推动国际货运便捷

---

① 《新疆持续扩大对外开放　建设对外开放新平台》，新华网，2023 年 12 月 5 日，http：//www.news.cn/fortune/2023-12/05/c_1130010091.htm。

化。同时，通过引入科技创新综合体，加速了知识产权交易步伐与科技成果向现实生产力的转化。为了进一步促进科技创新，当地还设立了国际离岸科技创新中心，为入驻企业提供涵盖国际合作交流、技术转移、知识产权保护等全方位服务。2024 年 2 月，乌鲁木齐片区经开功能区块设立了市场采购贸易服务专门窗口。自新疆自贸试验区成立以来，新疆自贸试验区乌鲁木齐片区在短短 3 个月内便吸引了 4188 家新增经营主体的入驻，展示了其优化营商环境的成效。

（二）喀什片区建设成效

喀什片区以制度创新为核心，坚持差异化探索。结合喀什实际推出 33 项自主创新事项，其中"两国双园"国际合作、南疆海关业务集中审核中心、智慧口岸"属地直通"、综合保税区与机场"区港一体化"、数据交易服务机构、枢纽型综合功能"海外仓"、国际邮件互换局等 14 项制度创新事项取得积极进展，以制度创新赋能产业发展，构建商贸物流枢纽，营造一流营商环境。持续深化金融改革开放，出台 36 项金融措施，设立 50 亿元自贸试验区喀什片区高质量发展引导基金，支持企业落地发展。截至 2024 年 1 月，喀什片区新增注册企业 238 家，总数达到 2737 家，新签约项目 48 个、协议投资额 239.8 亿元，完成外贸进出口总值 518 亿元、占全地区外贸进出口总值的 63%，两项试点任务成功复制落地。①

充分发挥口岸优势，积极推进口岸经济带建设。喀什与塔吉克斯坦、巴基斯坦等八国交界或邻近，拥有红其拉甫、卡拉苏、吐尔尕特、伊尔克什坦及喀什航空港 5 个一类对外开放口岸，构成了多元化的国际通道体系。喀什已构建公路、铁路、航空"三位一体"的交通枢纽中心。现有 6 条国内国际直飞客货运航线，常态开行 6 条国内国际班列；"中吉乌"公铁联运效能进一步提升；喀什国际邮件互换局运营启动；国际货运包机首飞。喀什海关数据显示，2023 年，喀什地区外贸进出口总额达 836.8 亿元，占新疆全区

---

① 《从"试验田"变为"高产田"》，中国日报网，2024 年 2 月 2 日，http：//cn. chinadaily. com. cn/a/202402/02/WS65d469dfa3109f7860dd260c. html。

外贸进出口总额的 23.4%，相比 2022 年实现了 71.2% 的显著增长。

对标国际标准先行先试，扩大高水平对外开放。为贯彻落实《中国（新疆）自由贸易试验区建设实施方案》，喀什片区积极对接国际道路运输联盟（IRU），于 2024 年 5 月落地中国首个 IRU 认证的 TIR 集结中心。传统运输方式不能"一站到底"，每次出关、入关都要经历申报查验、吊装换车等烦琐程序。TIR 能做到一次申报、一车到底、一证直达，不仅能降低运输风险，还能节省大量运输时间。TIR 集结中心为 TIR 运输企业提供运输线路拓展、运力对接、仓储物流、国际交流合作的一站式服务，集结中心的投入运营，进一步缩短了货物出口通关时间，提升了贸易便利化水平，对喀什片区的对外贸易、商贸物流等产业发展具有积极意义。

（三）霍尔果斯片区建设成效

积极推进制度创新，落实改革试点任务。2023 年 12 月，霍尔果斯片区发布《中国（新疆）自由贸易试验区霍尔果斯片区制度创新举措》，公布了涉外法治化建设、口岸管理等方面的 8 项制度创新举措。目前，新疆自贸试验区霍尔果斯片区已成功复制实施了 96 项全国自贸试验区改革试点经验。在通关效率方面，霍尔果斯片区对公路口岸的入境与出境通关流程进行了大幅优化，入境流程由原先的 9 个环节精简至 3 个，出境流程由 12 个环节缩减至 3 个。同时，中欧（中亚）班列进出境数量显著增长，2023 年全年突破了 7000 列，实现了快速扩容。提出了涵盖 29 项内容的自治区级管理权限下放需求清单，这些事项广泛涉及医疗器械审批、企业投资审批、高新技术企业认定、二手车出口许可等多个关键领域。此外，片区规划了 2024～2026 年的 72 项重大项目，涉及总投资额达 289.61 亿元。发布《中国（新疆）自由贸易试验区霍尔果斯片区引进高层次紧缺人才公告》，面向全国招聘 62 名高层次紧缺人才，加快集聚高层次和急需紧缺人才。①

---

① 《向新而行 开放而生——新疆自贸试验区一线观察》，天山网，2024 年 1 月 1 日，https：//www. ts. cn/xwzx/jjxw/202401/t20240101_18299250. shtml。

优化营商环境，加速资源要素集聚。在霍尔果斯片区内，引领行业发展的年产10GWh储能锂电池生产线等关键产业链龙头项目已落地。同时，中哈霍尔果斯国际边境合作中心迎来了首家外资金融机构——哈萨克斯坦中央信贷银行入驻。霍尔果斯片区设立了"霍尔果斯市-西安交通大学丝绸之路数字经济研究院"，该研究院围绕数字丝绸之路建设，通过数字化、网络化、智能化新一代信息技术的应用，推动数字经济高质量发展。截至2024年1月，霍尔果斯片区已经落户各类金融机构和新兴金融企业840家，形成了初步集聚效应。新疆自贸试验区成立3个月，霍尔果斯片区出台全疆首个中小微外贸企业汇率避险专项政策、新增经营主体502户。

三　新疆自贸试验区存在的不足与发展建议

（一）存在的不足

1. 产业基础薄弱，协同能力不足

一方面，新疆产业发展层次不高，资源初加工产业占据主导，产业链条短且集约化程度低，战略性新兴产业和现代服务业发展刚刚起步，还未形成明显的集聚和带动效应。市场经济发展缓慢，劳动力、土地、原材料等形成的比较优势尚未充分发挥，外向型产业集群有待培育与优化。各片区经济规模小、带动能力弱，城市与口岸、腹地之间未能形成完整的产业链。另一方面，新疆制造业大多处于产业链上游粗加工环节，针对部分高技术含量与高附加值的重大装备产品及核心元器件，其生产配套体系的支撑能力较弱，在一定程度上阻碍了产业向价值链高端的跃升。同时，制造业缺乏"链主"企业，产业结构单一，缺乏产业多元化和交叉融合，并且上下游企业之间缺乏联合研发、联合采购、联合生产等合作机制，难以实现资源共享、协同创新，制约了当地的产业升级和转型，只能满足一部分中低端市场需求，难以适应大规模、高质量和多样化需求。

2.营商环境有待进一步优化

新疆自贸试验区持续优化营商环境，陆续出台了一系列政策法规，取得了一定成效，但"最后一公里"的问题仍然存在，部分政策在落实上存在痛点难点堵点，没有充分发挥政策优势。"放管服"改革不够深入、放权力度不够等问题仍是新疆优化营商环境的瓶颈。市场准入仍带有较多的显性和隐性壁垒，"准入不准营"等问题仍然存在；政府部门间的协同联动机制不够健全，存在审批标准不统一及重复审批等问题。企业群众对新疆政务服务中心服务水平满意度有待提高，获得感不强。

3.人才"留不住，引不来"

新疆自贸试验区的人口资源问题突出，如人口流动性不足、人口增长和人才引进动力不足，造成劳动密集型企业用工难、高科技型可用人才难寻、大中专院校毕业生留住难、疆外高校人才引进难等问题。新疆位于中国西北部，远离经济发达的东部沿海地区，高等教育和专业培训方面资源较为有限，经济发展水平低、产业结构单一，生活环境具有一定的挑战性，人才引进政策的优势也不明显，难以引才聚才。当地的企业面临人才缺乏的困境，存在技能与管理岗位难以填补、人才流失严重、教育水平较低、人才培养机制不完善以及缺乏创新意识和能力等问题。

（二）发展建议

1.提升产业集聚与协同发展能力

一是提升产业链质量。围绕产业链价值链成链、强链、固链靶向发力，着力提升产业链发展韧性，培育"链主"企业，帮扶引育优质企业补齐短板，通过煤化工、棉花、铝基新材料等特色产业提质增效，提高产业集聚效应，助推全区产业转型升级，实现高质量发展。二是优化环境推动技术创新。以高投入推动高质量，以促进企业加大研发投入为切入点，鼓励科技创新，提升产业科技研发程度，加快产业升级，促进成果转化；加强知识产权保护，支撑高水平科技创新，保持创新活力。三是发挥特色打造"新疆品牌"，推动产业集聚发展。推动形成优势互补、协同配套、特色鲜明的品牌建设思路，树牢"新疆品牌"形象，不断提升产品附加值和核心竞争力，推动产业品牌化发展，进一步助推产业集聚。

2. 提升法治化营商环境的支撑能力

一是深化"放管服"改革。打造透明的市场环境，建立严格有效的市场监管体系，建立健全市场监管制度，增强市场监管机构的监管能力。加强跨部门、跨地区的协调和合作，加强信息公开，建立信息公开制度，建设提高信息透明度，减少企业面临的不公平待遇和监管风险。建立沟通机制，加强与企业的沟通互动，推行帮办代办服务，强化跟踪问效，切实解决中小微企业关心的实际问题。二是建立政务服务约束机制。推进审批标准化、规范化、便利化，保障政务服务公正、透明、高效，并强化政务服务绩效评估，推动服务持续优化。加强监督执纪体系建设，严厉打击政务服务中的违规与不良行为，并借助政务公开、社会监督及媒体监管等多维度手段，进一步推动政府服务的规范化、透明化建设。三是提高监管效能、规范执法。整合各执法部门监管任务事项，进行联合执法监管，减少对中小微市场主体的监管频次，最大限度发挥"双随机、一公开"联席会议作用，进一步提升精准监管的科学化水平。

3. 优化引才留才机制，全方位引进培养用好人才

构建符合新疆实际的更加积极、开放和有效的人才政策环境和完善的人才服务体系，全方位培养、引进和用好人才。借力人才援疆，加大高层次紧缺专业人才、产业创新人才引进力度；新疆自贸试验区应加大制度创新力度，探索柔性人才引进政策，增加项目合作、智力引进、成果转移转化等柔性人才引进方式，整合形成多元化引才方式，突出引才政策的实效性；深化人才发展机制改革，聚焦社会保障、创业激励、融资渠道及成果转化等方面的问题，精准施策，构建全方位人才支持体系，为人才搭建干事创业的平台，完善支撑保障体系，解决人才的后顾之忧。

国际借鉴篇 ⟫

B.13
欧美企业区建设实践及其对中国优化
自由贸易试验区政策的启示

彭　曦*

摘　要：　本报告对比分析了欧美企业区与我国自由贸易试验区的政策差异，以及我国自由贸易试验区在企业优惠政策、产业扶持、政策兑现流程及人才引进等方面存在的问题，并借鉴欧美企业区建设实践，提出了优化我国自由贸易试验区政策的四个对策建议：出台产业领域"正面清单"，加强对重点产业领域企业的政策支持；利用自贸试验区制度创新功能，加强对新兴产业的企业扶持；完善相关法律依据，优化企业政策兑现流程；制定以就业为导向的惠企政策，促进就业与吸引高端人才。

关键词：　企业区　产业政策　自由贸易试验区

---

* 彭曦，中山大学粤港澳发展研究院副研究员，主要研究领域为自贸区和自贸港、区域经济等。

我国自由贸易试验区（以下简称自贸试验区）在建设之初就被定义为"是创新高地，不是政策洼地"，但企业普遍反映自贸试验区建设带来的获得感不强，如何增强自贸试验区对于企业的吸引力，推动各类企业在自贸试验区内聚焦发展，充分发挥制度创新的集聚效应和溢出效应，推动企业"走出去"与"引进来"，进而提升我国企业的国际竞争力，是我国自贸试验区建设的重要课题。因此，本报告从政策目标、产业选择、主体构成、政策优惠和空间区域等多个维度，分析欧美企业区（Enterprise Zones，EZ）建设实践的经验及其对我国自贸试验区下一步提升战略政策制定的启示，特别是像企业区这样的以地方区域为导向的政策值得深入研究其对劳动力和经济其他部分的影响。

企业区的概念起源于 20 世纪 70 年代末的英国，由英国财政大臣 Geoffrey Howe 提出，他主张减税以促进创造就业机会，其理论基础是降低税收和减少政府管制以吸引资本、劳动力和经济活动，从而刺激经济增长。[①] 企业区作为区域发展的工具，指基于失业、贫困、人口、住房存量和其他标准选定的地理目标区域，在这些区域内设立并创造就业机会的公司会获得税收抵免、减免和豁免。其基本假设是，通过资本或劳动力价格的降低，以及放宽管制扩大投资并创造就业机会。美国、中国、印度等国家，以及中东地区已经采用了某种形式的以地点为导向的政策——企业区或特殊经济区。其优势在于，新的经济形式和政策可以在一个小区域内以试验的方式进行尝试。如果有效，就可以扩展到国家的其他地区，避免了在不知道其效果的情况下施行全面计划的风险和成本。

关于企业区政策效果的实证研究结果并不一致。一些研究表明，企业区

---

① A. Hanson, S. Rohlin, "The Effect of Location-Based Tax Incentives on Establishment Location and Employment across Industry Sectors," *Public Finance Review* 2（2011）; J. H. Spencer, P. Ong , "An Analysis of the Los Angeles Revitalization Zone: Are Place-Based Investment Strategies Effective under Moderate Economic Conditions?" *Economic Development Quarterly* 3（2004）.

政策在短期内可能促进了就业和企业数量的增长。① 然而，也有研究发现，这些增长可能只是临时性的，或者仅仅是从周边地区转移而来，而非真正的新增。② 此外，一些研究指出，企业区政策可能更适用于那些已经具备一定经济基础的地区，而非传统意义上的经济落后区域。③ 也有学者建议定期评估企业区计划的效果、在计划实施五年后考虑终止政策、选择正确的税收激励措施等。④ 对企业区政策进行批评的学者认为其能引发州际为争夺投资而进行的税收优惠竞争，⑤ 以及可能导致公共资源过度支出⑥。此外，一些批评者指出，企业区政策可能并未真正促进当地居民的就业，而是吸引了一些本就打算在该地区投资的企业。⑦

国内也有学者关注欧美企业区的研究，认为企业区的建立对地区经济增长、就业创造和产业升级具有显著的推动作用。陈淑仪⑧研究表明，企业区能够吸引外部投资，促进技术创新和产业集聚，从而带动区域经济的快速发展，企业区效应并非一蹴而就，需要长期的政策支持和市场培育。陆涌华⑨认为，企业区多采用政府引导、市场运作的管理模式，通过公私合作、特许

---

① L. E. Papke, "Tax Policy and Urban Development: Evidence from an Enterprise Zone Program," *National Bureau of Economic Research Working Paper No. 3945* (1991); W. S. Moore, "Enterprise Zones, Fim Attraction and Retention: A Study of the California Enterprise Zone Program," *Public Finance and Management* 3 (2003).

② S. O'Keefe, "Job Creation in Californias Enterprise Zones: A Comparison Using a Propensity Score Matching Mode," *Journal of Urban Economics* 1 (2004); K. S. Sridhar, "The Incentive Programs and Unemployment Rate," *Review of Regional Studies* 3 (1999).

③ A. H. Peters, P. S. Fisher, *State Enterprise Zone Programs: Have They Worked?* (Kalamazoo: Upjohn Press, 2002).

④ "Enterprise Zones: A Review of the Economic Theory and Empirical," *Evidence House Research Department* (2005).

⑤ A. Hanson, S. Rohlin, "The Effect of Location-Based Tax Incentives on Establishment Location and Employment across Industry Sectors," *Public Finance Review* 2 (2011).

⑥ L. E. Papke, "Tax Policy and Urban Development: Evidence from an Enterprise Zone Program," *National Bureau of Economic Research Working Paper No. 3945* (1991).

⑦ S. M. Butler, *Enterprise Zones: Greenlining the Inner Cities* (New York: Universe Books, 1981).

⑧ 陈淑仪:《漫活美国的企业区》,《国际问题资料》, 1986 年第 9 期。

⑨ 陆涌华:《美国贫困地区吸引投资的优惠政策》,《湖南经济》1996 年第 7 期, 第 32～34 页。

经营等方式，可提高管理效率和服务质量。例如，美国地方政府通过实施城市企业区计划，提供财政税收奖励吸引企业进行投资，促进了城市经济发展。张艳[①]认为，在国内企业区的概念被引入，形成了具有中国特色的经济特区和高新技术产业开发区等模式，但需要更加深入地探讨企业区的可持续发展策略、政策创新并进行与国际企业区的比较研究，以期为中国特殊经济区的发展提供更多的理论支持和实践指导。

一　欧美企业区的建设实践

（一）英国企业区建设经验

2011年，财政大臣乔治·奥斯本在保守党春季会议上宣布创建企业区的计划，目的是促进英国经济落后地区的发展。2011年预算和《增长计划》宣布了建立24个企业区，并于2012年4月开始运营。2015年和2016年又进行了新增，目前英格兰共有48个企业区。主要优惠政策包含以下几个方面。一是企业区为商业和工业企业提供了多种激励措施，包括高达100%的商业税率折扣（五年内最高可达275000英镑）、增强的资本津贴以及简化的规划法规。二是资金计划，地方基础设施基金（LIF）于2013年宣布，旨在支持企业区内外的早期启动工作和大规模住宅开发；资本补助基金于2013年宣布，为完成基础设施项目提供资金，以提高企业区的商业可行性；大学企业区于2013年宣布的试点计划，旨在鼓励高科技企业集群靠近大学并与之互动；食品企业区于2015年邀请地方企业伙伴竞标，专注食品和农业。三是权力下放行政区的企业区政策，苏格兰、威尔士和北爱尔兰的企业区政策由各自的地方政府制定，且不强制要求采用。

此外，苏格兰和威尔士也有自己的企业区，威尔士有8个企业区，每个

---

① 张艳：《英国企业区建设实践及对我国的借鉴意义》，《现代城市研究》2006年第4期，第40~44页。

企业区定位一个特定工业行业，苏格兰有 4 个重点行业（生命科学、低碳可再生能源、通用制造业和增长行业）企业区，它们由 14 个独立战略地区组成。提供与英格兰类似的优惠政策，包括商业利率折扣、简化规划审批程序和连接高速带宽等。

从企业区设立的效果来看，建设结果不尽如人意。审计署（NAO）2013 年的报告指出，企业区的长期目标受到短期财政激励的阻碍，为企业带来不确定性。公共账目委员会（PAC）2014 年的报告指出，企业区创造的就业机会远低于财政部最初的预测。

英国政府于 2023 年 3 月公布了《投资区政策建议》，计划在全国范围内建立 12 个新投资区，以推动商业投资并促进国家发展。新政策明确了投资区的政策模式，并为选定地区设立了框架。该计划旨在为一些具有高潜力的地理集群提供激励，以提高生产力并推动经济增长。新政策文件提出，在具有适当特色组合的地方建立投资区，利用当地行业优势提高生产力，并利用人才、知识和网络力量实现可持续增长，使当地社区受益。

在产业选择方面，投资区的目标是培育关键产业和科技，并进一步扩展其潜力和优势，以获得显著的经济和就业效益。为实现这一目标，各投资区应关注以下五个优先产业，发展一个或多个产业集群。一是数码和科技产业，英国的数码和科技产业总值达 1430 亿英镑，创造的"独角兽"企业数量超过法国和德国的总和。二是生命科学产业，英国的生命科学产业直接雇用 268000 名员工，全球顶尖的生物制药公司和医疗科技机构大多在英国设置产业园区。三是创意产业，自 2011 年以来，英国的创意产业增长速度一直高于整体经济增长速度。四是绿色产业，全球向净零排放转型预计将为英国企业和创新者带来 1 万亿英镑的商机。五是先进制造业，英国的先进制造业总值达 930 亿英镑，2021 年制造业研发占英国企业研发总支出的 40% 以上。

新的优惠措施包括英国政府准备提供总额达 8000 万英镑的 5 年期财政资助，形式可以是资源及资本融资，或单独的 5 年期税收优惠。资助可用于以下领域：研究与创新、提升技能、当地基础设施、支援当地企业和商业、规划和发展。特定投资区地点可按照商定基准，100%保留新增的商业差饷，为期25年。英国政府将在各投资区内提供以下税务宽免：土地印花税、商业差饷、改善资本免税额、改善构建物和建筑物免税额、雇主国民保险供款宽免。此外，英国政府还在部分投资区内设立联合管理局，来管理特殊区域的运营。

（二）美国企业区建设经验

美国企业区政策于20世纪80年代兴起，旨在应对当时经济不景气和失业率高企等问题。企业区也是美国各州为促进经济发展、吸引投资和创造就业而实施的一项重要政策工具。主要是通过税收减免、补贴和其他激励措施，吸引企业在经济困难地区投资，从而促进当地经济发展和就业增长。通常由州政府实施，具体措施包括减免企业所得税、财产税、销售税以及提供培训补贴和基础设施支持。通过以下几种措施，促进经济困难地区的发展：提供企业所得税、财产税和销售税的减免，降低企业运营成本，吸引企业在企业区内投资和扩展业务；提供职业培训补贴，提升当地劳动力的技能水平，满足企业对高技能劳动力的需求；投资建设和改善当地的基础设施；简化行政审批流程，减轻企业的行政负担，加速项目的实施进度。

美国各州企业区政策存在差异。加利福尼亚州的企业区计划通过提供广泛的税收减免和其他激励措施，吸引了大量企业在经济困难地区投资。具体措施包括企业所得税的抵扣、固定资产投资的税收优惠以及培训费用的补贴等。康涅狄格州的企业区计划针对城市贫困地区，通过提供税收减免和培训补贴，吸引企业在这些地区投资。纽约市的企业区计划通过提供税收减免和基础设施支持，吸引了大量企业在布鲁克林和皇后区等经济困难地区投资。这些企业不仅带来了大量就业机会，还推动了当地商业和住宅区的发展，包括商业租金税的减免、新建和改造商业设施的财政支持以及基础设施的改善。底特律的企业区计划通过提供广泛的税收激励和培训补贴，吸引汽车制造业和高科技企业在该市投资，由于底特律在过去多年中经历了严重的经济衰退和人口流失，这些政策对于振兴当地经济发挥了重要作用。

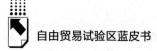
尽管美国的企业区计划在促进经济发展和就业方面取得了一定成效，但仍面临一些挑战和问题。一是成本效益问题，企业区计划的成本效益是一个需要进一步研究的问题。尽管这些计划在某些方面取得了成功，但其高昂的税收减免和补贴成本是否值得，仍需进一步评估。需要平衡短期经济刺激与长期财政健康发展之间的关系，确保企业区政策不仅能带来实际的经济利益，还能有助于维护财政的可持续性。二是区域不平衡，企业区计划的效果在不同地区和行业之间存在较大差异。一些经济基础较好的地区更容易吸引企业投资，而经济基础较差的地区则难以吸引企业。这种区域不平衡有可能加剧地区间的发展差距，导致资源分配不均和社会不公平。三是长期可持续性问题，尽管这些计划在短期内可能带来显著的经济效益，但其长期效果和可持续性仍需进一步研究。政府需要评估企业区政策对长期经济结构调整和高质量发展的影响，确保企业区不仅在经济复苏期发挥作用，还能在长期发展中保持稳定和可持续。

（三）法国企业区建设经验

1997 法国启动了第一代城市企业区建设计划，旨在通过税收激励振兴经济困难地区。对于企业来讲，在政策实施的初期，税收激励显著降低了运营成本，使企业在经济困难地区启动或搬迁更具吸引力，减轻了税收负担，释放了企业投资资本，促进了经济增长，增加了就业机会，有助于提高当地经济的稳定性。但是从长期来看，所带来的政策效果有限，企业可能过度依赖税收激励，一旦这些激励措施结束，其财务可持续性可能会动摇，也会影响企业的决策，会优先考虑从税收优惠中获得的短期收益，而不进行长期战略规划。通过一些政策评估发现，企业可能在税收激励结束后停止运营或在政策结束之后搬迁，导致企业区城市经济不稳定。

从产业部门来看，一是商业服务部门更容易从税收优惠政策中获益，高价值活动如咨询、IT 服务和金融服务，可利用税收激励显著降低运营成本。而一些零售部门通常利润较低，对当地消费者需求高度敏感，零售业务的运营可扩展性较低，员工的薪酬也相对较低，限制了它们从税收激励中获益的程度。制造业部门能够显著从减少资本投资成本的税收激励中获益，有利于提升当地的就业率，由于搬迁设施成本高，制造业公司更可能对某一地区做出长期承诺。技术公司能从支持创新的企业区政策中受益，技术部门的工作通常需要高技能水平并且提供竞争性薪酬，研究与开发（R&D）税收抵免和补助政策可助力其在企业区的整体发展。能源和重工业部门、资本密集型行业能够从法国企业区降低基础设施投资成本的税收激励中受益。对于大企业和中小企业而言，小企业更为灵活，可以较快地从企业区政策中获益，但小企业往往较难满足政策限制性要求。对于大企业来讲，可以带来显著的经济影响，吸引更多投资并创造大量工作岗位，但企业区政策提供的好处到期，大型企业更有可能搬迁，这可能导致经济的不稳定。

总的来讲，税收激励在吸引企业到经济困难地区并促进初期经济发展方面可以发挥关键作用。然而，为了实现长期可持续性，这些激励措施必须成为包括强有力的政策设计、行业特定方法和补充措施（如基础设施投资和劳动力发展）在内的更广泛战略的一部分。政策制定者在设计和实施企业区政策时，必须考虑这些部门差异，以确保实现预期的经济结果。通过针对不同部门的需求制定差异化的激励措施，并结合基础设施投资和劳动力发展等补充措施，可以促进企业区长期可持续发展。

二　企业区政策与中国自贸试验区政策的对比

国外的企业区更多是通过法律等相关制度，规定税收优惠等政策措施，并且设立的目的也很明确，就是为了促进当地经济的发展和带动就业率的提升，与之相比较，我国自贸试验区承担的改革和制度创新的功能更多，但促进重点产业领域发展的优惠政策较少；选取的经济发展较好的地区多，发展落后或产业塌陷的地区较少；开放政策较多，但是税收等优惠政策较少。

（一）自贸试验区对重点产业领域的企业缺乏政策支持

各地的自贸试验区在先进制造业方面具备显著的发展优势，各地也出台

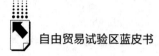

了各项政策支持，但更多的是地方产业招商政策，缺乏国家层面的自贸试验区产业发展规划和布局构想。例如，在国际航运方面，船舶代理、海事法律、海洋工程、船舶燃料供应等服务业务方面缺少相应的扶持政策，针对水水联运、海铁联运业务的专项扶持政策也不足。这种配套政策的缺失不利于自贸试验区内港航产业的集群发展。一些自贸试验区对金融行业的政策补贴较多，而对其他如商贸、法律、会计、资产评估、人力资源、管理咨询等专业服务业的政策支持显得不足。这种不平衡的政策分配，可能会限制其他服务业的发展，影响整体经济的多元化发展。许多自贸试验区内的金融服务业政策大多聚焦金融企业的发展，而忽视了金融服务体系的全面建设。如上海、深圳、天津等地自贸试验区在区内产业联动奖励、金融信息平台建设扶持、小微企业融资奖励以及融资租赁企业扶持方面，政策扶持对象范围较窄。

（二）自贸试验区对从事新兴产业的企业缺乏扶持政策

各地自贸试验区在新兴产业扶持政策设计上，普遍存在对存量企业、初创期中小企业及企业研发机构支持力度不足的问题。政策更是针对新落户、新认定的科技创新型企业，奖励方式以一次性奖励为主，对存量企业的持续奖励显得不足。许多自贸试验区在科技创新产业发展方面，缺乏配套实施细则，导致政策落地难，无法充分发挥产业政策的导向作用。政策对研发机构的支持侧重于高校和政府研发机构，企业研发机构则较少能享受到同等支持。很多自贸试验区在新兴领域较难出台支持政策，在人工智能领域，政策措施在企业价值认定、支持关键技术源头创新、生态体系建设和支持打造人工智能活动等方面关注较少，制约了新兴产业的高质量发展。

（三）缺乏法律依据，自贸试验区政策兑现存在较多障碍

相对于欧美企业区大多通过法律条文规定了优惠政策，国内的优惠政策出台更多，但为了规避风险，往往需要企业提交大量的纸质资料，而欧美企业区很多实现了全程电子化的兑现流程，企业无须到现场提交纸质资料。在

政策兑现条款上，也有诸多的限制，如给企业设置了统一的营收门槛，不仅要求产值，还要求同比增幅高于一定的比例。各部门政策数据未打通，政策申请需要向各部门分别提供各类证明文件，例如，调研中发现有的自贸试验区出台了《促进人工智能产业发展扶持办法》，对符合条件的企业及个人给予奖励。然而在实际兑现中，人工智能企业需通过专家认定评审才能申请，由于当前人工智能企业的定义不明确且评审条件过高，最终能兑现奖励的企业较少。

（四）促进就业与吸引高端人才仍然是自贸试验区的短板

国外企业区设立目的是促进就业，而我国自贸试验区往往缺乏这类功能。当前，自贸试验区对外国人就业往往没有特殊政策，对于部分企业存在的引才和留才困难问题，国家层面也没有出台针对境外高端人才的措施，例如，在南沙自贸片区调研时发现，人工智能企业如云从科技、暗物智能表明高层次的 AI 人才缺口较大，传统车企如广汽丰田缺少具备数字化和 IT 能力的数字化人才。对于促进就业，各自贸试验区往往不够重视，一些地方主要出台的是促进高端人才集聚的政策，而对于青年人才和高技能人才队伍建设缺乏相应的配套政策。

三　对中国自贸试验区出台惠企政策的启示

（一）出台产业领域"正面清单"，加强对重点产业领域企业的政策支持

一是建议从国家层面出台针对自贸试验区的产业规划，建立统一的国家级自贸试验区产业发展规划和布局构想，明确各自贸试验区的重点发展产业，避免地方政策分散和重复。针对汽车制造业、高端装备、新材料产业等支柱产业，出台专项扶持政策，提供资金、技术和市场支持。二是针对航运物流、国际贸易出台有针对性的政策。制定针对船舶代理、海事法律、海洋

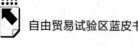

工程、船舶燃料供应等服务业务的专项扶持政策，促进港航产业集群发展。以自贸试验区为节点，加强对水水联运、海铁联运业务的专项扶持，提升物流效率和服务水平。针对数字贸易、服务贸易，出台自贸试验区发展相关产业的专项规划和政策支持措施。三是出台针对金融制度型开放和服务业企业的支持政策。扩大金融服务业政策支持范围，涵盖金融信息平台建设、小微企业融资奖励等领域。增加对商贸、法律、会计、资产评估、人力资源、管理咨询等专业服务业的政策支持，促进整体经济的多元化发展。

（二）利用自贸试验区制度创新功能，加大对新兴产业的企业扶持力度

一是加大对自贸试验区存量企业和初创期中小企业的支持力度，从国外企业区的经验来看，在政策过期以后，企业往往会迁移，应对存量企业提供持续性的奖励和扶持，避免一次性奖励的局限性。为初创期中小企业提供更多的资金、技术和市场支持，帮助其快速成长。二是完善科技创新产业的配套实施细则，制定详细的政策实施细则，确保政策落地，充分发挥产业政策的导向作用。扩大对企业研发机构的支持范围，提供与高校和政府研发机构同等的政策支持。三是出台更多新兴产业的支持政策，在更多自贸试验区内，借鉴上海自贸试验区临港新片区的经验，对从事集成电路、人工智能、生物医药、民用航空等关键领域的企业提供税收优惠。在人工智能领域，制定支持关键技术源头创新、生态体系建设和打造人工智能活动的政策措施，促进新兴产业的高质量发展。

（三）完善相关法律依据，优化企业政策兑现流程

一是制定明确的法律。通过立法明确自贸试验区的优惠政策，提供法律保障，减少政策执行中的不确定性和风险。借鉴欧美企业区的做法，减轻企业提交大量纸质资料的负担，实现全程电子化的兑现流程。二是简化政策兑现流程。建立统一的政策兑现服务平台，企业无须到现场提交纸质资料，所有信息收集及资料提交均可在线完成。取消不必要的限制条件，如统一的营

收门槛和过高的同比增幅要求，简化政策兑现的评审流程。三是打通各部门政策数据。建立跨部门的数据共享机制，避免企业重复提交证明文件，提高政策申请的效率。设立专门的政策兑现窗口，提供一站式服务，减轻企业的行政负担。

（四）制定以就业为导向的惠企政策，促进就业与吸引高端人才

一是制定促进就业的专项政策。借鉴国外企业区的经验，制定促进就业的专项政策，鼓励企业创造更多就业机会。针对青年人才和高技能人才，提供培训、就业指导和职业发展支持，提升就业质量。二是自贸试验区应有单独的境外高端人才引进措施。在国家层面出台针对境外高端人才的引进政策，提供签证、居留、税收优惠等便利措施。建立国际人才服务中心，提供一站式服务，解决境外高端人才在工作和生活中的各种问题。三是完善高端人才和青年人才的配套政策。制定针对高端人才的安居、教育、医疗等配套政策，提升其在自贸试验区的生活质量。增强对青年人才和高技能人才的政策支持，提供创业扶持、住房补贴等，吸引更多青年人才到自贸试验区发展。

参考文献

李本军：《美国地方政府是怎样吸引投资的?》,《政策》2004 年第 3 期。

王建优：《英国小型企业的政府政策支持》,《外国经济与管理》1998 年第 9 期。

B.14
东盟成员国特殊经济功能区的建设发展经验
以及对中国自贸试验区的启示

欧阳舟*

摘　要：　东盟已连续多年成为我国最大的贸易伙伴，也是我国高质量共建"一带一路"的重点地区。本报告对东盟成员国中具有代表性的菲律宾、印度尼西亚、越南3个国家的特殊经济功能区建设情况进行了梳理，并对其中具有代表性的园区或港区的建设发展经验进行了着重介绍，最后分析了这些建设发展经验对我国自贸试验区发展的启示和借鉴意义。

关键词：　共建"一带一路"　中国-东盟　特殊经济功能区

2013年，习近平总书记提出建设更为紧密的中国-东盟命运共同体，[①]我国与东盟的经贸合作持续加强。我国与东盟连续多年互为最大的贸易伙伴，2013年以来，与东盟贸易年均增速远高于同期全国整体水平。我国的广西和云南的自贸试验区与东盟成员国接壤，在边境贸易、跨境投资等方面面向东盟开展了一系列制度创新，取得亮眼的成效。东盟主要经济体于近年来也展现了强大的韧性，在吸引投资方面有着不俗的表现，再加上本地人口红利，经济保持了较快的增长速度。

与我国以及其他许多发展中国家相似，东盟成员国也不断出台促进产业

---

*　欧阳舟，中山大学自贸区综合研究院科研助理，主要研究领域为自贸区制度创新、贸易便利化改革。

① 《携手建设更为紧密的中国-东盟命运共同体》，中国政府网，2021年7月22日，https：//www.gov.cn/xinwen/2021-07/22/content_5626490.htm。

发展、完善营商环境的相关政策，其中很重要的一个载体就是特殊经济功能区。大多数东盟国家设立了自由贸易区、自由贸易港、经济特区、科技园等特殊经济功能区。虽然因各国的法律和政治环境差异，所沿用的名称会有所不同，但这种特殊经济功能区的概念基本是一致的，即在特定的区域内实行特殊的规则规制和优惠政策，以达到促进产业聚集发展、吸引投资、推动贸易便利等目的。本报告将介绍东盟成员国中具有代表性的国家——菲律宾、印度尼西亚、越南在特殊经济功能区建设方面的历程和经验，并分析其对我国自贸试验区建设的启示，以期为我国自贸试验区实施提升战略提供一些有益的思路和视角。

一 菲律宾特殊经济功能区的建设发展经验以及对中国自贸试验区的启示

（一）菲律宾特殊经济功能区基本情况及运作模式概况

菲律宾政府于 20 世纪 90 年代中期开始建设和规划经济特区，以吸引国内外投资。在过去的几十年里，菲律宾的经济特区已成为吸引外国投资的高地，特别是在制造业方面，荷兰、日本、新加坡、美国以及韩国是菲律宾的主要投资国。菲律宾政府分别出台了 1992 年《基地转型及发展法案》、1994 年《出口发展法》（EDA）以及第 7916 号共和国法（RA）（1995 年经济特区法），陆续设立了不同类型的特殊经济功能区，包括自由贸易区和自由贸易港。根据菲律宾经济区管理局（Philippine Economic Zone Authority）统计，截至 2023 年 4 月，菲律宾有 419 个不同类型的特殊经济功能区，78 个工业经济区、297 个科技信息园、17 个旅游经济区、24 个农业经济区以及 3 个医药旅游康养区。① 自由贸易区和自由贸易港的设立都是在这些特殊区域上进行叠加的。菲律宾经济区管理局是经济特区的管理和服务机构，隶

---

① https：//www.peza.gov.ph/.

属于菲律宾贸易和工业部，主要负责经济特区的区域选定、注册、优惠政策的实施以及为投资者和企业的运营提供服务和帮助。① 这些经济特区在菲律宾经济发展中发挥着重要作用，大宗商品出口约占全国的 56%，占国内生产总值的 16% 以上。② 2023 年，菲律宾经济区管理局批准的总投资额为 1757 亿比索（约为 30.5 亿美元），同比增长 24.9%。

菲律宾的自由贸易区和自由贸易港大多设立在靠近海港及空港的位置。如苏比克湾自由港区、克拉克自由港区、奥罗拉太平洋经济区和自由港等。菲律宾的经济特区中有 297 个位于吕宋地区，自由贸易区（港）也大多位于吕宋岛。吕宋岛位于菲律宾群岛北部，是国家的经济和政治中心，也是菲律宾最大、人口最多的岛屿。2024 年 4 月，菲律宾总统马科斯与日本首相岸田文雄、美国总统拜登举行了三国首脑会谈，并发布了联合愿景声明，启动"吕宋经济走廊"（Luzon Economic Corridor），通过现代化港口、铁路、清洁电力项目和供应链，连接菲律宾的苏比克湾自由港区、克拉克自由港区和菲律宾首都马尼拉，来推动半导体和其他行业的发展。

（二）菲律宾投资自由化举措及其对中国自贸试验区的启示

菲律宾是世界贸易组织（WTO）、亚太经合组织（APEC）和东盟（ASEAN）成员国。目前，菲律宾已与近 40 个国家和地区签订了各类双边经贸协定或安排；同 39 个国家签署了税务条约，这些条约旨在促进国际贸易和投资，避免双重征税。例如，欧盟给予菲律宾普惠制+（GSP+）待遇，使菲律宾 6000 多种产品可以零关税出口欧盟；日本给予菲律宾部分出口产品减免关税待遇。2023 年 6 月，《区域全面经济伙伴关系协定》（RCEP）正式对菲生效。

2021 年以来，菲律宾先后通过了《零售贸易自由化法》修正案、《公共服务法》修正案、《外国投资法》修正案等，总体放宽了外资准入，尤其是

---

① https：//training.itcilo.org/actrav_cdrom1/english/global/frame/epzppi.htm.

② https：//research.hktdc.com/en/article/MTcxMTAxNTgzNA.

降低了外资在菲开设零售实体、参与公共服务业部分领域的门槛。例如，《外国投资法》要求发布《外国投资负面清单》，放宽了对外国投资中小型企业实收资本、雇用当地员工人数等方面的要求。[①] 此外，前总统杜特尔特还签署实施了《企业复苏和税收激励法案》（以下简称 CREATE 法案），将外资企业税率降低了 5 个百分点（从 30% 降至 25%），并为外资企业提供最高达 17 年的一揽子税收激励。在 CREATE 法案出台之前，菲律宾经济区管理局的审批权限仅限于制造、加工、出口组装以及其他出口便利化措施，现在，其审批范围不再局限于出口导向型经济活动，而是拓展至战略投资优先计划（SIPP）下的所有行业，如信息科技和医疗旅游等。菲律宾经济区管理局和苏比克湾大都会管理局等投资促进机构（IPA）也获得了根据法律提供税收优惠的权力，并由财政激励审查委员会监督。[②]

从管理机制来看，菲律宾经济区管理局起到了较好的承上启下的作用，承接国家授权也较为便捷。虽然菲律宾的各个经济区也有各自的管理机构，但经济区管理局作为统筹所有经济区运营和规制的管理服务机构，拥有较大的裁量权，相关法案也保障了其自主改革或制定相关规定的权利。菲律宾国家层面赋予经济区和自由港区的优惠政策和特殊规定，都由菲律宾经济区管理局来承接和实施，同时对外商投资者提供的"一站式"服务也由其来进行统筹，因此在投资服务方面，菲律宾的经济区具有较强的一致性。我国自贸试验区也可在顶层设计上采取更为一致的规划，以适当规避由于设立时间、地方行政体制等因素造成的自贸试验区之间的差异，对于国外投资者来说也更为清晰明了、简单易懂。

（三）菲律宾自由港区集旅游休闲及制造业于一体的建设经验及对中国自贸试验区的启示

位于菲律宾邦板牙省的克拉克自由港区曾经是美国的空军基地，如今已

---

① https：//www. officialgazette. gov. ph/downloads/2022/03mar/20220302-RA-11647-RRD. pdf.

② https：//www. bir. gov. ph/images！bir fles/internal communications 2/RMCs/2021%20RMCRMC% 20NO. %2042-2021%620RA%20NO. %2011534. pdf.

重新开发，转变成一个现代工业园区，其管理机构是菲律宾的国有企业——克拉克开发公司。美国政府于 1991 年将该基地移交给菲律宾政府，该基地的跑道和其他设施已转作国际机场使用。菲律宾政府随后将该空军基地及其周边地区设立为自由贸易港和特殊经济区，统称为克拉克自由港区。1992年《基地转型及发展法案》颁布，制定了基地转型经济特区的创建、经营、管理和协调的法律框架与机制，并对苏比克湾自由港区和克拉克自由港区的激励措施和有关政策做了有关规定。① 港区逐渐完善的工业和交通设施吸引了外商投资，从而刺激了吕宋岛的经济增长。截至 2023 年 8 月底，港区成立了 1113 家企业，雇用了 136836 名正式员工。其中包括菲尼克斯半导体有限公司、住友电装汽车技术、德州仪器、劳斯莱斯、横滨轮胎菲律宾公司等大型外资企业。克拉克自由港区还持续打造便利的营商环境，推动贸易许可证申请、监查和电子出入境通行证申请等程序自动化。

克拉克自由港区在地理位置上也具有一定优势。菲律宾马尼拉市的道路、机场及港口拥堵挤塞，而克拉克国际机场和苏碧港则避开了马尼拉市繁忙的交通，为客运和货运提供了另外的选择。

克拉克自由港区是一个绿地（Greenfield）项目，与典型的工业用途棕地（Brownfield）发展项目不同，目的是成为适宜工作、生活及娱乐的地方。区内设有完善的社区及休闲设施，如运动场、餐厅、商店、诊所、国际学校及高尔夫球场，区内学校亦与克拉克开发公司及其他企业进行合作，为在区内企业提供相关的职业培训。在克拉克自由港区工作的外籍员工亦能享有舒适的生活环境。

克拉克自由港区与我国的海南自由贸易港有许多相似之处，定位都是要打造集高端产业、娱乐、旅游、康养于一体的自由贸易港，两者都颁布了专门的法律来对自由贸易港的运营和运作模式进行规定，也都享有与其他区域与众不同的优惠政策。与海南自由贸易港不同的是，克拉克自由港区以及与之相邻的苏比克湾自由港区，在航运和空运交通方面被视为是菲律宾首都马

---

① https：//boi. gov. ph/ra-7227-bases-conversion-anddevelopment-act-of-1992/.

尼拉市的补充和替代，并建立了与马尼拉市之间较为完善的公路和铁路网络，与首都区域的互联互通和联动发展，是菲律宾政府一直强调的重点。我国的海南自由贸易港以及其他的自贸试验区，可以进一步加强与周边区域的联动发展，或形成错位发展的战略方向，实现更具有地方特色和自身优势的发展路径。

二 印度尼西亚特殊经济功能区的建设发展经验以及对中国自贸试验区的启示

（一）印度尼西亚特殊经济功能区基本情况及发展概况

虽然早在 1996 年，印尼政府就开始设立综合经济区以及推行各类其他形式的特殊经济政策，但大多数都是设立以推动工业化、出口加工为主要导向的特别区域。然而，印尼政府在 2007 年开始设立自由贸易区和自由贸易港，2009 年起又陆续增设了经济特区，转向了以制造业为核心，打造具有国际竞争力的、结构均衡经济体系的长期规划。[①] 2007 年，印尼政府设立了四个自由贸易区（港）：位于廖内群岛的巴淡岛、民丹岛、卡里蒙以及位于苏门答腊岛的沙璜。与我国大多数自贸试验区相似，这些地区都具有多项政策叠加的特点。巴淡岛、民丹岛以及卡里蒙均在 20 世纪 70 年代初获批工业聚集区，1978~1990 年获批出口加工区。到 2017 年，这三个地区又进一步升级为经济特区。

印尼经济特区的概念是在 2014 年佐科·维多多总统上台时宣布的。由于印尼之前设立的自由贸易区（港）取得了较为理想的成效，印尼政府决定进一步设立经济特区。经济特区被定位为与全球市场联结最紧密的地区，旨在最大限度地提高工业发展水平、进出口和其他具有高附加值产业的活跃

---

① Special Economic Zones in the Indonesia－Malaysia－Thailand Growth Triangle：Opportunities for Collaboration，https：//doi.org/10.22617/tcs210449-2.

度，政府还会给这些区域提供各类优惠政策和基础设施支持，以此来提高这些经济特区在全球市场中的竞争力。① 截至 2022 年，印尼共有 19 个经济特区，其中 12 个已投入运营，其余处于建设阶段。其中 8 个聚焦旅游业，剩下的则主要发展制造业和加工业。② 截至 2023 年第三季度，经济特区的投资额达到 141.3 万亿印尼盾（约合 650 亿元），并提供了 8 万余个就业岗位。③ 除吸引投资和创造就业机会外，印尼的经济特区还是实现"打造印尼4.0"战略的重要抓手。"打造印尼 4.0"也被称为"工业 4.0"，于 2018 年由总统佐科·维多多提出，其目标是将国家制造业转型为更高附加值的产业，并力争新增约 1000 万个就业岗位。例如，位于中爪哇省的肯德尔经济特区就是对印尼经济做出贡献的经济特区之一，园区在出口导向型工业领域、高科技产品以及支持"工业 4.0"的特殊应用、基于"工业 4.0"的物流方面表现出色。

（二）印度尼西亚数字经济发展进程及特殊经济功能区在其中的作用

印尼是东南亚数字经济体量最大的国家，无论是数字经济规模还是电商规模都居首位。据 eMarketer 数据，2022 年，印尼电商销售额达到了 809.5 亿美元，同比增长 34%，成为东南亚最大的电商市场之一。④ 印尼 2023 年电子商品交易总额约达到 820 亿美元，预计到 2025 年会突破千亿美元大关。谷歌、淡马锡和贝恩公司联合发布的《2022 东南亚数字经济报告》显示，印尼数字经济腾飞的背后，离不开电子商务为其提供的强有力支撑。报告中也提到，由于智能手机的广泛应用，越来越多印尼的消费者因为舒适便利而对网络购

---

① https：//www.jiipe.com/en/home/blogDetail/id/372.
② *Opportunities in Indonesia's Special Economic Zones - Latest Issue of ASEAN Briefing Magazine*，https：//www.aseanbriefing.com/news/opportunities-in-indonesias-special-economic-zones/.
③ 《推动印尼经济增长的两大经济特区》，每日印尼网，2023 年 12 月 14 日，https：//www.indonesia-daily.com/page_31506.html。
④ https：//www.emarketer.com/chart/c/T12053/retail-ecommerce-sales-southeast-asia-by-country-2022-1.

物青睐有加。除此之外，新冠疫情也为印尼经济的数字化转型提供了契机。印尼的中小微企业数量占到印尼企业总数的 99%，对印尼 GDP 的贡献率超过 61%，并吸纳了 97% 的本土劳动力。[①] 由于在疫情期间民众对线上办公、线上购物和线上教育的需求激增，印尼的中小微企业也加速把业务迁移到线上平台，从而数字转型的潮流就开始势不可挡，并出现了爆发式的增长。

然而，印尼的数字化转型也面临着不同领域的挑战。一是印尼岛屿众多、经济发展不平衡，导致各地基础设施建设程度差异非常大。[②] 二是在网络安全、数据隐私方面的政策或法律法规也不够健全。在这些方面，印尼设立的自由贸易区（港）以及经济特区扮演了重要的角色。它们凭借相对完善的数字基础设施，优越的地理位置以及国家资源和政策的倾斜，成为印尼领先的数字化转型平台和外资进驻的首选地。下面将着重介绍巴淡岛自贸区（经济特区）的建设情况，并分析其发展经验对我国自贸试验区的启示。

巴淡岛位于印度尼西亚廖内群岛，与新加坡隔海相望，旅客从新加坡乘坐 45 分钟的渡轮可以到达巴淡岛。巴淡岛于 2007 年被设立为自由贸易区，区内有农萨数码工业园（Nongsa Digital Park）和巴淡航空技术公司，并于 2017 年被升级为经济特区。经济特区能享受更大力度的优惠政策。投资协调委员会（BKPM）的数据显示，巴淡岛的外国直接投资过去五年平均增长 4.1%，约 66.4% 来自亚洲，其中新加坡排名第一，其次是日本、中国、马来西亚和韩国。[③] 大部分投资集中在工业领域，主要集中在机械工业、电子、保健器械、电力设备、工程和精密制造以及光学等领域。

巴淡岛有两个经济园区，一个是狮航集团旗下的巴淡航空技术公司设立的飞机维修厂，专门提供客机维修和保养服务。另一个则是农萨数码工业园，最初定位是发展数码技术和旅游业，后来业务也逐渐扩展到研发、教育

---

① https：//www. indonesia – investments. com/finance/financial – columns/micro – small – medium – enterprises–in–indonesia–backbone–of–the–indonesian–economy/item9532.

② https：//en. antaranews. com/news/290841/govt – building – ecosystem – to – support – start – up – development–minister.

③ Aadarsh Baijal et al. , E-conomy SEA 2022——Through the Waves, Towards a Sea of Opportunity, 2022.

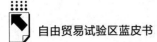

和创意产业。该园区于 2018 年开业，此前印尼和新加坡进行了双边讨论，双方意图把巴淡岛建设成为两国之间的"数字桥梁"。① 农萨数码工业园现有 100 多家来自新加坡的科技公司入驻，也逐渐成为其他国家的资讯科技公司进入印尼的首选地。截至 2022 年 8 月，农萨数码工业园已实现投资总额 1.707 亿美元。② 2021 年，我国的万国数据控股有限公司与印度尼西亚主权财富基金印尼投资局（INA）达成合作，共同在农萨数码工业园投资建设超大规模数据中心园区。2023 年 2 月，新加坡数据中心公司 Princeton Digital Group 宣布投资 10 亿美元，将其数据中心足迹扩展到巴淡岛，并在农萨数码工业园建立一个人才培养基地。

总的来看，农萨数码工业园建设之所以颇有成效，主要得益于以下几个优势。一是得益于印尼政府的顶层设计。目前，数据存储相关的基础设施主要集中在雅加达，印尼政府为了让各个地区的数字经济发展水平更为均衡，选择了在廖内群岛的巴淡岛布局另一个数据发展枢纽。二是巴淡岛的地理位置优越。巴淡岛处于"无地震区"，避开了印尼的地震带，保证了数据存储地的安全。另外，巴淡岛借助毗邻新加坡的优势，吸引了来自新加坡的众多投资和贸易。三是巴淡岛的基础设施建设较好，并不断发展完善。农萨数码工业园拥有印尼最多的登陆站和单路电缆，其中包括连接新加坡、马来西亚和雅加达的 12 个海底电缆系统。四是巴淡岛所在的廖内群岛是仅次于巴厘岛的第二受欢迎的旅游胜地，其优美的自然环境以及完善的配套设施，也是吸引企业和人才的潜在优势。

对于我国的自贸试验区来说，巴淡岛的农萨数码工业园在数字经济领域有的放矢，重点面向新加坡吸引投资，是较为值得借鉴的经验。我国不乏在地理位置和战略地位上有特定开放对象的自贸试验区，如山东自贸试验区面向日韩、辽宁自贸试验区面向东北亚、广西自贸试验区面向东盟国家等，如

---

① https：//www.aseanbriefing.com/news/indonesias-batam-receives-two-new-special-economic-zones/.

② https：//www.aseanbriefing.com/news/investing-in-indonesias-nongsa-special-economic-zone/.

能把握邻国产业链或投资需求，利用好自贸试验区制度创新的优势，精准提供相应的平台或政策，则能进一步提升当地对外开放水平，实现差异化发展。

三 越南特殊经济功能区的建设发展经验以及对中国自贸试验区的启示

（一）越南特殊经济功能区建设和发展概况

截至 2023 年，越南在全国范围内建立了四个关键经济区域（KER）。这些地区覆盖了越南的北部、中部、南部和湄公河地区的主要省份，也囊括了越南最主要的经济和投资中心。在关键经济区内，越南设立了经济特区，在明确的地理边界内实行特殊的功能或优惠政策。一是为企业提供低成本的营商环境。相对较低的管理成本加上税收减免和其他财政激励措施，为许多中小企业提供了一系列财务收益。二是经济特区通常位于主要交通路线附近，临近主要公路、港口、机场，保障了物流顺畅并降低了运输成本。此外，这些园区还配备了通信网络和设施，确保企业无须大量投资于基础设施即可高效运营。三是产业链上下游生态系统较为完善。经济特区吸引了众多供应商、制造商和服务商，他们协作互补，以缩短生产周期、降低成本。①

以沿海的庆和省中部北云峰经济特区（BacVan Phong Economic Zone）为例，越南计划投资部于 2022 年对进入该区域的外国人给予 60 天免签证的待遇。与我国在海南、横琴实施的"境内关外"以及上海东方枢纽国际合作区的签证政策概念一致，如果要前往经济特区以外的地方，则必须按照正常规定由出入境管理机关签发签证。庆和省还被允许发行债券，也可以从中央政府的外国贷款中借款，所提未偿还贷款总额不超过该省预算收入的60%。为了促进北云峰经济特区的发展，庆和省在土地和海洋使用权方面也

---

① https：//www.fidinam.com/en/blog/vietnam-industrial-parks-and-special-economic-zones.

被赋予了较大的自主权：庆和省立法机构庆和人民委员会有权改变 500 公顷以内的农田和 1000 公顷以内的林地的土地用途；庆和人民委员会负责管理海洋养殖区，有权向越南组织和个人颁发海上水产养殖项目许可证，经济特区内的企业和个人享有免除海域使用金和企业所得税等优惠政策。①

（二）越南优化海港建设以及对我国自贸试验区的启示

越南的经济特区通常战略性地位于大型交通枢纽附近，大多毗邻海港或位于边境地带。因此，越南政府也非常重视基础设施建设，来满足日益增长的贸易和工业需求。越南政府将海港发展作为经济增长的一项战略，制定了到 2030 年发展建成现代海港系统的总体规划，并将总体规划延伸至 2050 年。根据规划，越南的海港将分为 5 个集群，分布在各沿海地区。到 2030 年，港口将具备处理 11 亿~14 亿吨货物的能力，与目前 5 亿吨的处理能力相比有大幅增长，其中集装箱吞吐量为 3800 万~4700 万标准箱（TEU）。新的标准化海港系统旨在提供优质服务，满足社会经济发展的需求，确保国防安全，同时促进环境保护。根据规划，越南的海港将按照规模和功能划分为特殊类海港（2 个）、一类海港（15 个）、二类海港（6 个）以及三类海港（13 个）。其中，2 个特殊类海港为海防市的莱县港和巴地头顿省的盖梅港，将优先升级作为国际门户码头的基础设施。随着整个现代海港体系的建设，越南希望与周边国家或地区的海港保持相近的发展水平，并在 2050 年前达到绿色港口的标准。

为了实现这一计划，到 2030 年所需的总投资额约为 136 亿美元，其中 95%将由私营部门筹集。国家资金将用于公共基础设施和重点工程建设。这种资本募集模式可以追溯到 2010 年越南制定的吸引外国投资者参与其海港建设的战略。2011～2020 年，约 88 亿美元（占交通基础设施总投资的 21%）被投入海港建设，其中 86%来自非国家预算资本。例如，全球最大

---

① https：//e. vnexpress. net/news/news/visa-exemption-proposed-for-foreigners-visiting-central-vietnam-economic-zone-4441105. html.

的海港运营商——新加坡港务集团（PSA Singapore）投资 3110 万美元，在盖梅港开发了一个新的集装箱码头。阿联酋第五大运营商迪拜港口世界集团投资并运营了胡志明市的西贡第一集装箱码头。其他投资方还包括中国香港的和记黄埔港口控股有限公司、日本的商船三井株式会社和中国台湾的万海航运股份有限公司等。①

　　总体来说，越南在海港建设方面引入了大量外资，且与其他国家进行了不同类型的合作，来加快其港口基础设施的建设速度以及提升其建造质量。在国家层面，越南也对其港口群进行了较为完整和深远的规划，对这些港口数字化、智能化以及绿色转型都将起到重要的作用。我国拥有港口的自贸试验区也探索了不少联动与合作发展的案例，但多数是流程性、行政审批层面的操作，在基础设施建设、人才培养以及科技创新应用方面还有很大的探索空间。

---

① https：//www.asiaperspective.com/vietnam-seaport-development/.

Abstract

The report of the 20th CPC National Congress proposed the implementation of a strategy to enhance the development of pilot free trade zones. In September 2023, President Xi made important instructions on advancing the construction of pilot free trade zones, stating, "On the new journey, we must deeply implement the strategy to enhance the pilot free trade zones, based on a comprehensive summary of ten years of construction experience. We must be pioneers in pioneering and overcoming difficulties, carry out explorations in a broader field and at a deeper level, and strive to build a higher standard of pilot free trade zones." In 2024, as China's construction of pilot free trade zones enters its eleventh year, it stands at a new starting point and ushers in new tasks. Pilot free trade zones should give full play to the role of taking the lead in trials and exploration, adhere to problem-oriented and target-oriented approaches, align with their own functional positioning and characteristics, actively and comprehensively connect with high-standard rules, further increase the intensity of stress testing, deepen relevant domestic reforms, and promote a high level of institutional opening up. "*Annual report on China's Pilot Free Trade Zones (2023~2024)*" provides a comprehensive and multi-angled in-depth analysis and interpretation of the institutional innovation experience of China's Pilot Free Trade Zones, adopting a global perspective with a unique Chinese viewpoint. The Blue Book is divided into five parts: the General Report, the Policy and Regulation Chapter, the Special Topic Chapter, the Regional Chapter, and the International Reference Chapter.

The General Report addresses the important question of how to deeply implement the strategy to enhance the pilot free trade zones. The Policy and Regulation Chapter closely follows the national strategy and deeply explores how pilot free trade zones can promote institutional opening up, advance the judicial protection of intellectual property rights, promote financial regulation, and drive the development of new-quality productive forces to lead and drive high-quality regional development. The Special Topic Chapter selects the most hotly debated, most concerned, and most forward-looking topics of the current year's pilot free trade zones, namely the research on the promotion path based on the coordinated development of new-quality productive forces and the opening of service trade; research on promoting China's green development mechanisms and strategies; and research on the promotion path of intellectual property rules connectivity, striving to provide the most timely in-depth analysis. The Regional Chapter selects three pilot free trade zones in Shanghai, Guangdong, and Xinjiang, reviewing and summarizing their construction achievements and innovative experiences over the past year. The selected regions have bright spots and characteristics in institutional innovation over the past year, to a certain extent, representing the development trends and directions of the next step of the pilot free trade zones. The International Reference Chapter deeply analyzes the construction experience of European Enterprise Zones and the park construction of ASEAN member countries, hoping to provide enlightenment and reference for the development of China's pilot free trade zones.

Overall, this book is comprehensive, with clear viewpoints and in-depth analysis. It systematically presents the development trends and progress of China's Pilot Free Trade Zones and related fields, closely focusing on major strategies, important policies, and vital issues in the construction of Pilot Free Trade Zones. Based on a detailed review of typical cases and data, the book conducts in-depth analysis and research from theoretical and policy perspectives, providing practical advice and guidance for a wide range of readers, including FTZ research institutions, FTZ management departments, and enterprises within FTZs. It offers theoretical support and practical references for understanding the theoretical dynamics, policy orientations, and institutional innovation progress in FTZ research and development.

Keywords: Pilot Free Trade Zones; Institutional Opening Up; Institutional Innovation

Contents

I General Report

Abstract: The 20th National Congress of the Communist Party of China proposed the implementation of a strategy to upgrade pilot free trade zones. On the whole, after a decade of development, the pilot free trade zones have achieved remarkable results. This paper systematically summarizes China's overall situation of opening up to the outside world, the development and the achievements of institutional innovations of pilot free trade zones, highlights the main directions of the upgrading strategy for advanced pilot free trade zones represented by Guangdong, Fujian, Zhejiang, and Jiangsu. Based on comparisons with advanced practices, this paper identifies the current shortcomings and issues in institutional innovation within pilot free trade zones and proposes ideas for the next phase of deeply implementing the strategy to upgrade pilot free trade zones. It emphasizes the need to further strengthen integrated institutional innovation, with a focus on exploring the construction of a new open economic system to lead and drive high-quality regional economic development.

Keywords: Pilot Free Trade Zones; Institutional Opening Up; An Open Economy

Ⅱ Policies and Regulations

Abstract: The report of the 20th CPC National Congress stressed the need to promote high-level opening up and steadily expand institutional opening up in terms of rules, regulations, management, and standards. Institutional opening up is not only related to the quality and efficiency of China's own development, but also an inevitable requirement for actively participating in global economic governance and building an open economy. The core task of the pilot free trade is institutional innovation, which plays a pivotal role in institutional opening up. Theoretically, institutional opening up has surpassed the previous open-up model that emphasized the free flow of goods and services, and instead focused on the international docking and integration on institutional levels such as rules, standards, and regulatory environment, with richer connotations and characteristics. The Pilot Free Trade Zone has obvious advantages in promoting institutional opening up. According to the latest index results released by Institute of Free Trade Zones of Sun Yat-sen University, the total score of the institutional innovation index of the 54 free trade zones in China in 2023 is 78.03 points on average, which is a significant improvement compared with last year. The free trade pilot zones (ports) across the country have been centered on institutional innovation, and have accomplished a large number of institutional innovation achievements, laying a solid practical foundation for promoting institutional opening up. In the next stage, the Pilot Free Trade Zones should take the lead in exploring ways to break through various barriers between domestic and foreign markets, continuously

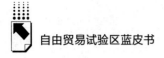

promote institutional opening-up, and make due contributions to building a new open economic system.

Keywords: Pilot Free Trade Zones; Institutional Innovation; An Open Economy

B.3 Innovation and Improvement of Judicial Protection
Mechanisms for Intellectual Property Rights in China's
Pilot Free Trade Zones   *Dong Chun'e, Zheng Shuyue* / 036

Abstract: An efficient and perfect judicial protection mechanism for intellectual property rights is an important safeguard of the rule of law for promoting high-level opening-up and implementing the strategy of upgrading pilot free trade zones. In recent years, on the road of innovation and mechanism reform of intellectual property judicial protection system, the FTZ has made many achievements, but there are also deficiencies. The degree of specialisation of judicial protection of intellectual property still needs to be further enhanced, the efficiency and quality of judicial trial of intellectual property need to be improved, and the degree of internationalisation of judicial trial also needs to be strengthened. The FTZ should continue to deepen the innovation and optimisation of the judicial protection mechanism for intellectual property, and strive to build a more perfect, efficient and fair judicial protection system for intellectual property by promoting the reform of the trial system and procedures, and enhancing the specialisation, efficiency and internationalisation of the trial.

Keywords: Pilot Free Trade Zones; Intellectual Property; Institutional Innovation; Business Environment

B.4　Financial Supervision Logic and Mechanism Innovation Path
of the Pilot Free Trade Zone in the New Era　*Xu Shichang* / 057

Abstract：The pilot free trade zone is a new strategic highland for the country to comprehensively deepen reform and expand opening up in the new era, The reform and opening up innovation in the financial sector have become the highlight in the pilot free trade zone. This paper firstly analyzes the logic of strengthening financial supervision in multiple dimensions, and then based on the analysis of typical cases of financial supervision in the existing representative free trade zones, extracts the shortcomings of financial supervision in the fields of "concept, system, technology", and gives optimization path suggestions from the four dimensions of giving full play to the advantages of the pilot system, building a new framework of full-dimensional financial supervision, adhering to the unity of "Strong Supervision" and "stable service", and strengthening the organic combination of "financial openness" and "financial security" .

Keywords：Pilot Free Trade Zone；Financial Regulation；Deepening Reform

B.5　The Impact And Challenges Of Creating A Negative List
For The Cross-Border Data Flows in Pilot Free Trade Zones
Liu Jinling / 071

Abstract：As part of the important strategic layout of China's opening up to the outside world, Pilot Free Trade Zones have played a key role in promoting trade and investment facilitation. However, with the accelerating flow of data and the proliferation of data volume, the regulatory issues arising from cross-border data flow have become more and more prominent. As a new mode of opening up to the outside world, the data negative list provides norms for the cross-border flow of data in the Pilot Free Trade Zones, ensuring the freedom and security of data flow to a certain extent. However, its construction also faces a series of challenges. This report combines the latest practice of Pilot Free Trade Zones to discuss the impact and challenges of the construction of negative data lists on cross-border data flows. The study shows that the negative list of cross-border data flow is of great significance in effectively promoting data convenience and protecting individuals' privacy rights and interests, but at the operational level, there are problems such as unclear definition, insufficient enforcement and inconsistency of international rules. In order to improve the effectiveness of the formulation and implementation of the negative list system for cross-border flow of data in the Pilot Free Trade Zone, it is recommended that data classification and management requirements be further clarified, international cooperation and harmonisation of rules be strengthened, and the capacity building of enterprises in terms of data compliance be enhanced.

Keywords: Negative List; Cross-Border Data Flows; Pilot Free Trade Zones

Ⅲ Special Topics

B.6 An Analysis and Evaluation of High-Quality Development
in Cross-Border Service Trade in Pilot Free Trade Zones
Driven by New Quality Productivity   *Huang Shutian* / 087

Abstract: In 2024, China's Ministry of Commerce released updated *Negative Lists for Cross-Border Service Trade* and *Negative Lists for Cross-Border Service Trade in Pilot Free Trade Zones*, marking a pivotal step in advancing high-level opening-up and aligning with international trade standards. New quality productivity, as a core driver of modern economic development, fosters high-efficiency, high-value-added industries through knowledge, technology, and innovation, thus spearheading high-quality economic growth. In pilot free trade zones, the synergy between the negative list framework and new quality productivity is essential to boosting regional economic prosperity and enhancing global competitiveness. This paper explores the impact mechanisms of the negative list on the development of new quality productivity within pilot free trade zones, analyzing improvements in the policy environment, market access liberalization, and enhancement of enterprise innovation capabilities. It examines how the negative list promotes institutional innovation and high-quality development in service trade within these zones, providing insights for policymakers and supporting the high-quality advancement of pilot free trade zones.

Keywords: Institutional Innovation; Pilot Free Trade Zones; New Quality Productivity

B.7   Research on the Mechanism, Challenges and Countermeasures

of Realizing Green Development in China's Pilot Free

Trade Zones   *Dian Jie* / 105

Abstract: The construction of pilot free trade zones is an important initiative for China to deepen reform and opening up, and also a key link to realize green development. This article first introduces the connotation of green development and the environmental effects of the construction of pilot free trade zones, and then analyzes the theoretical mechanism of realizing green development in the pilot free trade zones, that is, the construction of the pilot free trade zones promotes green development mainly through the promotion of technological innovation, the optimization of the industrial structure and the improvement of the efficiency of resource allocation. On this basis, it reveals the challenges faced by China's pilot free trade zones in realizing green development from five aspects, including ecological environment regulatory system, industrial green transformation tasks, green trade development level, green financial service quality, and green logistics facilities development. Finally, combining the theoretical mechanism analysis and practical challenges, this article proposes that China should promote the realization of green development in the pilot free trade zones by benchmarking the international high-standard economic and trade rules, developing strategic emerging industries, deepening the reform of the green trade system and mechanism,

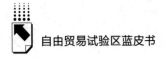

自由贸易试验区蓝皮书

unblocking green financing channels, and sounding the green and low-carbon logistic system, so that green will become the eye-catching "bottom color" of the pilot free trade zones at an early date.

Keywords: Green Development; Technological Innovation; Industrial Structure Upgrading; Pilot Free Trade Zones

B.8 Research on the Path and Policy of Promoting Hub

Function in Pilot Free Trade Zones *Wang Jue* / 119

Abstract: As a comprehensive pilot platform for China's reform and opening-up, free trade pilot zones should coordinate the promotion of deep-level reforms and high-level opening-up, further playing a leading and exemplary role in the new round of reform and opening-up. At present, free trade pilot zones have fully utilized their "open-up promoting reform" and "reform promoting development" functions through the approach of "international rules domesticated" and "domestic rules integrated", but there are still issues, such as the need for deeper integration of the "open-up promoting reform" function and scaling up the "reform promoting development" function. In light of this, the author proposes a systemic path of innovation involving vertical collaboration among key players and an overall path of innovation with multidimensional coordination to enhance the hub function of free trade pilot zones. To achieve this, the author suggests exploring the establishment of a case library for institutional innovation in China's free trade pilot zones, exploring the creation of a fault-tolerant mechanism for institutional innovation in these zones, and granting compulsory nature to the reform experiences of institutional innovation.

Keywords: Hub Function; International Rules Domesticated; Domestic Rules Integrated; Pilot Free Trade Zones

Abstract: Promoting reform and development through openness has been a successful practice in China's reform and development journey. Institutional openness is a key pathway to achieving high-level openness, and free trade pilot zones are crucial tools for constructing a new system of an open economy. This paper defines core theoretical concepts such as the definition, connotation, and extension of institutional openness. The main challenges in implementing measures of institutional openness within free trade pilot zones include differences in aligning with international high-standard economic and trade rules, insufficient reform authority, lack of clear implementation entities for institutional innovation, and ensuring that institutional innovation promotes economic development and enterprise growth. To address these issues, it is recommended to unify autonomous openness with agreement-based openness, build comprehensive service platforms and an international business environment, cultivate new forms and models of trade, strengthen the alignment and openness of service trade systems, advance the alignment and openness of green trade systems, and promote the orderly flow of cross-border data through rule convergence.

Keywords: Institutional Opening Up; Free Trade Pilot Zones; Economic and Trade Rule

IV Regional Rerorts

Abstract: The Third Plenary Session of the 20th Central Committee of the

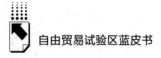
自由贸易试验区蓝皮书

Communist Party of China emphasized that openness is a clear sign of Chinese modernization. It is necessary to steadily expand institutional opening-up, deepen the reform of the foreign trade system, deepen the reform of the foreign investment and foreign investment management system, optimize the layout of regional opening-up, and improve the mechanism for promoting high-quality Belt and Road cooperation. The 2023-2024 Institutional Innovation Index of China's Pilot Free Trade Zones was released, and Shanghai ranked first, leading the development of the national pilot free trade zones. 2024 marks the 11th anniversary of the construction of the Shanghai Pilot Free Trade Zone, and over the past decade, the Shanghai Pilot Free Trade Zone has launched a series of pioneering and landmark institutional innovations in trade, investment, finance, shipping, and talent. In the future, the Shanghai Pilot Free Trade Zone will continue to expand its opening-up, improve the level of opening-up, and promote high-quality economic development.

Keywords: Shanghai Pilot Free Trade Zone; Opening Up; High-Quality Development

B.11 Achievements, Shortcomings, and Future Prospects of Building an International First-Class Business Environment in Nansha New Area of Guangdong Pilot Free Trade Zone

Research Group of the Institute of Free Trade Zone,

Sun Yat-sen University / 166

Abstract: As one of the major strategic platforms in the Guangdong-Hong Kong-Macao Greater Bay Area, Nansha shoulders the important missions of establishing a cooperation base for scientific and technological innovation industries, a cooperation platform for youth entrepreneurship and employment, a gateway for high-level opening up to the world, a highland for rule integration and mechanism docking, and a benchmark for high-quality urban development. Nansha boasts significant regional and policy advantages, as well as superior development foundations. It has accumulated rich experience in creating an internationally leading business environment, especially in the fields of government services, a facilitated trade environment, a relaxed and free investment environment, fiscal and tax support policies, and international legal services. However, it also faces some shortcomings, and continuous efforts should be made to optimize the business environment by enhancing the quality and efficiency of government services, upgrading the level of open platforms, and improving the integration of institutional innovations.

Keywords: Pilot Free Trade Zone; Greater Bay Area; Business Environment; High-Quality Development

B.12   The Construction Effectiveness and Innovation Practice of Xinjiang Pilot Free Trade Zone

Research Group of the Institute of Free Trade Zone,

Sun Yat-sen University / 185

Abstract: China (Xinjiang) Pilot Free Trade Zone (FTZ) is the 22nd Pilot Free Trade Zone in China and the first FTZ in China's northwestern border regions. Establishing an open characteristic industrial system is one of the main tasks of Xinjiang Pilot FTZ. Based on its resource endowment and characteristic industrial advantages, building "one center, five regions and one base" is an important way for Xinjiang Pilot FTZ to build an open characteristic industrial system. Since the official establishment of Xinjiang Pilot FTZ, Urumqi subzone, Kashgar subzone and Khorgos subzone have actively promoted institutional innovation, and achieved remarkable results in expanding opening-up and accelerating the gathering of factors. However, there are some shortcomings in industrial foundation, business environment and talent management. In the future,

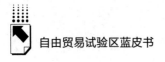
Xinjiang Pilot FTZ should make effort to improve its ability of industrial agglomeration and coordinated development, foster law-based business environment, optimize the mechanism of attracting and retaining talents, and promote high-quality development.

Keywords: Xinjiang Free Trade Zone; Institutional Innovation; Business Environment

V International Experience and Lessons

B.13 The Construction Practices of Enterprise Zone in Europe and American and Their Implications for China's Pilot Free

Trade Zones   *Peng Xi* / 198

Abstract: This paper provides a comparative analysis of the policy differences between enterprise zones in Europe and American and China's free trade pilot zones. It identifies issues within China's free trade pilot zones concerning enterprise preferential policies, industry support, policy implementation processes, and talent introduction. Drawing on the construction practices of enterprise zones in the West, the paper proposes four policy recommendations to optimize China's free trade pilot zone policies. The main policy measures include strengthening policy support for enterprises in key industrial sectors, improving policies for international shipping and related services, and balancing policy support between financial and other professional services. Additionally, it suggests increasing support for existing enterprises and small and medium-sized enterprises in their startup phase, refining supporting implementation details for technology innovation industries, and introducing more support policies for emerging industries. It also emphasizes establishing clear legal foundations, simplifying policy implementation processes, and integrating policy data across departments. Furthermore, it recommends formulating special policies to promote employment, introducing measures to attract high-end talents from abroad, and improving supporting policies for high-end and young talents. These measures provide strategic guidance for the next steps in enhancing free trade pilot zones.

Keywords: Enterprise Zones; Industrial Policies; Pilot Free Trade Zones

B.14 An Overview of Special Economic Zones in ASEAN
Countries and the Implications for China's Pilot
Free Trade Zones   *Ouyang Zhou* / 210

Abstract: China and ASEAN have been each other's largest trading partners for many years. ASEAN countries are also key to China's high-quality construction of the "Belt and Road Initiative". This chapter introduces the special economic zones or free trade zones in the Philippines, Indonesia and Vietnam, and looks into the history and development of the most significant zones or ports in these countries. Finally, this chapter summarizes the key takeaway and implications from these special economic zones that are valuable for the development China's Pilot Free Trade Zones.

Keywords: "Belt and Road"; China-ASEAN; Special Economic Zones

社会科学文献出版社

皮 书

智库成果出版与传播平台

❖ 皮书定义 ❖

皮书是对中国与世界发展状况和热点问题进行年度监测，以专业的角度、专家的视野和实证研究方法，针对某一领域或区域现状与发展态势展开分析和预测，具备前沿性、原创性、实证性、连续性、时效性等特点的公开出版物，由一系列权威研究报告组成。

❖ 皮书作者 ❖

皮书系列报告作者以国内外一流研究机构、知名高校等重点智库的研究人员为主，多为相关领域一流专家学者，他们的观点代表了当下学界对中国与世界的现实和未来最高水平的解读与分析。

❖ 皮书荣誉 ❖

皮书作为中国社会科学院基础理论研究与应用对策研究融合发展的代表性成果，不仅是哲学社会科学工作者服务中国特色社会主义现代化建设的重要成果，更是助力中国特色新型智库建设、构建中国特色哲学社会科学"三大体系"的重要平台。皮书系列先后被列入"十二五""十三五""十四五"时期国家重点出版物出版专项规划项目；自2013年起，重点皮书被列入中国社会科学院国家哲学社会科学创新工程项目。

皮书网

（网址：www.pishu.cn）

发布皮书研创资讯，传播皮书精彩内容
引领皮书出版潮流，打造皮书服务平台

栏目设置

◆ **关于皮书**

何谓皮书、皮书分类、皮书大事记、
皮书荣誉、皮书出版第一人、皮书编辑部

◆ **最新资讯**

通知公告、新闻动态、媒体聚焦、
网站专题、视频直播、下载专区

◆ **皮书研创**

皮书规范、皮书出版、
皮书研究、研创团队

◆ **皮书评奖评价**

指标体系、皮书评价、皮书评奖

所获荣誉

◆ 2008 年、2011 年、2014 年，皮书网均
在全国新闻出版业网站荣誉评选中获得
"最具商业价值网站"称号；

◆ 2012 年，获得"出版业网站百强"称号。

网库合一

2014 年，皮书网与皮书数据库端口合
一，实现资源共享，搭建智库成果融合创
新平台。

皮书网

"皮书说"
微信公众号

基本子库
SUB DATABASE

中国社会发展数据库（下设 12 个专题子库）

　　紧扣人口、政治、外交、法律、教育、医疗卫生、资源环境等 12 个社会发展领域的前沿和热点，全面整合专业著作、智库报告、学术资讯、调研数据等类型资源，帮助用户追踪中国社会发展动态、研究社会发展战略与政策、了解社会热点问题、分析社会发展趋势。

中国经济发展数据库（下设 12 专题子库）

　　内容涵盖宏观经济、产业经济、工业经济、农业经济、财政金融、房地产经济、城市经济、商业贸易等 12 个重点经济领域，为把握经济运行态势、洞察经济发展规律、研判经济发展趋势、进行经济调控决策提供参考和依据。

中国行业发展数据库（下设 17 个专题子库）

　　以中国国民经济行业分类为依据，覆盖金融业、旅游业、交通运输业、能源矿产业、制造业等 100 多个行业，跟踪分析国民经济相关行业市场运行状况和政策导向，汇集行业发展前沿资讯，为投资、从业及各种经济决策提供理论支撑和实践指导。

中国区域发展数据库（下设 4 个专题子库）

　　对中国特定区域内的经济、社会、文化等领域现状与发展情况进行深度分析和预测，涉及省级行政区、城市群、城市、农村等不同维度，研究层级至县及县以下行政区，为学者研究地方经济社会宏观态势、经验模式、发展案例提供支撑，为地方政府决策提供参考。

中国文化传媒数据库（下设 18 个专题子库）

　　内容覆盖文化产业、新闻传播、电影娱乐、文学艺术、群众文化、图书情报等 18 个重点研究领域，聚焦文化传媒领域发展前沿、热点话题、行业实践，服务用户的教学科研、文化投资、企业规划等需要。

世界经济与国际关系数据库（下设 6 个专题子库）

　　整合世界经济、国际政治、世界文化与科技、全球性问题、国际组织与国际法、区域研究 6 大领域研究成果，对世界经济形势、国际形势进行连续性深度分析，对年度热点问题进行专题解读，为研判全球发展趋势提供事实和数据支持。

法律声明

"皮书系列"（含蓝皮书、绿皮书、黄皮书）之品牌由社会科学文献出版社最早使用并持续至今，现已被中国图书行业所熟知。"皮书系列"的相关商标已在国家商标管理部门商标局注册，包括但不限于LOGO（ ）、皮书、Pishu、经济蓝皮书、社会蓝皮书等。"皮书系列"图书的注册商标专用权及封面设计、版式设计的著作权均为社会科学文献出版社所有。未经社会科学文献出版社书面授权许可，任何使用与"皮书系列"图书注册商标、封面设计、版式设计相同或者近似的文字、图形或其组合的行为均系侵权行为。

经作者授权，本书的专有出版权及信息网络传播权等为社会科学文献出版社享有。未经社会科学文献出版社书面授权许可，任何就本书内容的复制、发行或以数字形式进行网络传播的行为均系侵权行为。

社会科学文献出版社将通过法律途径追究上述侵权行为的法律责任，维护自身合法权益。

欢迎社会各界人士对侵犯社会科学文献出版社上述权利的侵权行为进行举报。电话：010-59367121，电子邮箱：fawubu@ssap.cn。

社会科学文献出版社